企业管理与企业社会责任研究

索 雯◎著

中国商业出版社

图书在版编目（CIP）数据

企业管理与企业社会责任研究 / 索雯著. -- 北京 : 中国商业出版社, 2024. 10. -- ISBN 978-7-5208-3167-3

Ⅰ. F279.2

中国国家版本馆 CIP 数据核字第 2024NG3833 号

责任编辑：许启民

策划编辑：武维胜

中国商业出版社出版发行

（www.zgsycb.com　100053　北京广安门内报国寺 1 号）

总编室：010-63180647　编辑室：010-83128926

发行部：010-83120835/8286

新华书店经销

武汉市卓源印务有限公司印刷

*

710 毫米 ×1000 毫米　16 开　14 印张　220 千字

2024 年 10 月第 1 版　2024 年 10 月第 1 次印刷

定价：68.00 元

****

（如有印装质量问题可更换）

作者简介

索雯，女，汉族，陕西省西安市鄠邑区人，目前就职于陕西水务建设集团有限公司，毕业于葡萄牙里斯本大学，管理学专业。主要研究方向：企业社会责任、ESG、上市公司慈善捐赠与违规行为对财务绩效的影响。

前言

企业，作为现代社会的核心组织，充满活力且结构复杂，不仅是经济社会的基石，更是推动经济繁荣的源泉。因此，对于企业管理者而言，掌握有效的企业管理知识至关重要。这些知识如同一盏明灯，照亮前行的道路，避免重蹈覆辙，使企业在竞争激烈的市场中稳步前行。

随着全球化的浪潮和企业管理理念的更新，企业的利益相关方开始更加关注企业在社会责任方面的表现。探索企业社会责任的披露与其战略、内部经营管理及企业文化之间的内在联系，对于构建健全的企业社会责任管理体系、优化企业运营和业务开展具有重要的意义。

在当今复杂多变的环境中，企业面临着前所未有的挑战。经济结构的调整、科技的飞速发展以及商务模式的变革，都为企业带来了巨大的压力。在这样的背景下，企业管理者必须全面掌握企业管理的理论和知识，运用科学的管理技能，以适应这些新挑战和新机遇。肩负新时代使命的企业家应保持清醒的头脑，居安思危是追求卓越的关键。只有不断创新，紧跟时代步伐，企业才能在激烈的市场竞争中立于不败之地。

企业社会责任已成为现代企业管理中不可或缺的一部分。越来越多的中国企业开始意识到，主动承担社会责任不仅有利于实现长期经济目标，更能体现企业的社会价值。然而，也有部分企业因忽视社会责任而走向失败，这为其他企业敲响了警钟。企业必须深刻认识到，只有全面履行社会责任，才能实现可持续发展，赢得社会的广泛认可和尊重。

全书共分九个章节，主要介绍了企业管理理论、企业管理的基本职能、企业战略管理、企业财务管理和企业社会责任的基本概念，以及企业对员工、消费者、环境和政府等其他利益相关方的社会责任。本书内容体系完整，逻辑顺畅，语言简洁易懂。

本书参考和借鉴了其他学者的研究成果，在此谨向这些学者表示诚挚的敬意。受笔者水平以及掌握资料的限制，书中难免存在不足之处，敬请各位专家和广大读者批评指正。

目 录

第一章　企业管理理论的产生与演变

第一节　管理理论的形成与管理的发展趋势

虽然管理理论已经出现了很长时间，但学术界对于管理的定义尚未形成统一的认识。其原因在于管理主体、管理客体及管理环境的不同，人们在管理实践中所从事的管理活动具有显著的差异，从而导致人们对管理活动产生不同的理解和认识，并最终形成了众多的管理定义。本书认为，管理是指管理者在特定的环境中，为实现既定的组织目标，在充分利用组织资源的基础上，进行的一系列的计划、决策、组织、指挥、协调、激励、领导和控制等工作。

一、管理理论的形成

（一）中外早期的管理思想

虽然系统的管理理论直到19世纪末20世纪初才在西方社会得以整合，但是，人类有关管理的观念与实践却由来已久，有文字记载的中外早期管理思想可以追溯到几千年以前。可以说，凡是有人群的地方，就会有管理的存在。管理活动的出现必然促使一些人对其进行研究和探索，中外早期的管理思想就在这种管理实践的过程中逐渐萌发。

1. 中国早期的管理思想

我国是一个历史悠久的文明古国，人们在社会实践中形成的管理思想源远流长。我国历史上曾经涌现了一大批杰出的管理思想大家，他们的管理思想至今仍然深刻地影响着我们的管理活动。在今天的管理者看来，早在2000多年前问世的《孙子兵法》就是一部战略管理巨著。此外，周公关于组织方面的管理思想、管仲和范蠡等关于经营方面的管理思想、老子的以人为本的管理思想、孔子和孟子所倡导的儒家管理思想等都是这一时期管理思想的重要代表。

中国早期管理实践和管理思想的主要特点是：第一，历史悠久，可追溯到春秋战国时期；第二，涵盖内容广，涉及经济、军事、政治、文化、工程等多个领域；第三，适用层次多，既可应用于家庭、家族的日常事务管理，也可作为“治国平天下”的韬略；第四，影响深远，例如，《孙子兵法》的战略思想被众多中外企业家应用于企业管理中。总之，我国古代的管理思想极为丰富，它是古人留给我们的一笔宝贵遗产，其中许多观点至今仍然深刻地影响着我们的管理实践。

2. 西方早期的管理思想

西方的管理实践和管理思想同样有着悠久的历史。西方早期的管理实践和管理思想主要体现在指挥军队作战、治理国家和管理教会等活动之中。古埃及、古巴比伦、古希腊和古罗马在这些方面都有过重要的贡献。古埃及的金字塔、古巴比伦王国的《汉谟拉比法典》，以及亚里士多德的《政治学》等都是这一时期管理实践和管理思想方面的杰出成果。

（1）古埃及的管理思想。古埃及修建了举世闻名的金字塔，金字塔成为人类文化的宝贵财产。如果没有严密的组织与管理，在当时要取得如此巨大的成就是完全不可能的事情。

古埃及人很早就懂得了分权。法老作为“赖神之子”享有至高无上的神权，法老之下设有各级官吏，最高为宰相，辅助法老处理全国政务。宰相集“最高法官、宰相、档案大臣、工部大臣”等职衔于一身，但军权仍由法老直接掌管。宰相之下设有官员，分别管理财政、水利建设以及各地方事务。在古埃及，上至宰相，下至书吏、监工，形成了以法老为最高统治者的管理机构。

古埃及人也是“管理幅度”原则最早的实践者。根据研究发现，在古埃及，“每一个监督者大约管理十名奴仆”。后来希伯来人在《圣经》里提出的“以十为限”的管理思想即来源于此。

（2）古巴比伦的管理思想。古巴比伦王国第六任国王汉谟拉比建立了强大的中央集权国家。国王任命各种官吏，管辖行政、税收和水利灌溉，总揽国家的全部司法、行政和军事权力，各级官吏是推行国王政令的工具。为了巩固其统治地位，汉谟拉比编制了《汉谟拉比法典》，作为国家行为的准绳。这部法典分为序言、正文和结语三个部分。法典正文共 282 条，内容涉及财产、借贷、租赁、转让、抵押、奴隶等多个方面，较全面地反映了当时的社会情况，并以法律的形式来调节全社会的商业交往、个人行为、人际关系、工薪、惩罚以及其他社会问题。

（3）古希腊的管理思想。在古希腊的荷马时代，部落管理实行军事民主制，氏族部落采取的是“一长两会”制。“一长”即军事首领，“两会”即长老会和民众会。军事首领是公举出来的部落领袖，平时管理宗教事务与裁决争讼，战时则为全体成年男子的统帅。长老会由各氏族的长老组成，有广泛的权力。民众会由成年男子即全体参战战士组成，原则上拥有全部落的最高权力。但事实上，由于贫富差距日益悬殊，军事首领和氏族长老的权力越来越大，由普通成员组成的民众会也逐渐失去了原先的作用，重大问题多由贵族事先决定，民众会表决成为形式。虽然如此，我们还是可以从古希腊的部落管理体制上看到“议会制”的某些端倪。在古希腊涌现了一批对管理有着许多精辟见解的思想家，苏格拉底、色诺芬、柏拉图和亚里士多德就是其中出色的代表。无论从哪个层面来讲，这些人的思想都对后人有着巨大的影响。

（4）古罗马的管理思想。古罗马最初是古意大利北部的一个奴隶制城邦，公元前 3 世纪，古罗马逐渐强大起来。在征服了希腊后，经过连年征战和吞并，古罗马逐渐成为一个庞大的帝国。在管理这个国家的过程中，古罗马人显示了高超的管理方法和技能。

古罗马的管理思想概括起来主要有以下几个方面：①古罗马有现代企业的某些性质。古罗马人发展了一种类似工厂的体制，并用建立“公路”体系的办法以保障军事调动和商品分配。②在古罗马帝国的建立过程中，古罗马人具有了集权、分权到再集权的实践经验。在这个过程的不同阶段，古罗马人建立了相应的管理机构和政治体制。③古罗马人在长期军事生涯中培养了遵守纪律的品格，同时又具备了以分工和权力层次为基础的管理职能设计能力。正因如此，古罗马帝国才能在它所处的历史时期势不可当，所向披靡。④奴隶主思想家贾图、瓦罗等对管理人员选择标准的论述，丰富了古代的经济管理思想。

（5）工业革命时期西方的管理思想。18 世纪 60 年代开始的工业革命，是从以手工技术为基础的资本主义工场手工业过渡到采用机器的资本主义工厂制度的过程。工业革命的出现，促使西方社会在工业技术和社会关系方面均发生了巨大的变化，大大加速了资本主义生产的发展。在这一时期，手工业受到机器大生产的排挤，社会的基本组织形式迅速从以家庭为单位转向以工厂为单位。这种以工厂为单位的社会生产组织形式，必然会产生许多新的管理问题，如协作劳动的组织和配合问题，在机器生产条件下人与人、人与机器的协调问题以及所有者、管理者与劳动者的关系问题等，这使得传统的管理方式和手段遇到了前所未有的挑战，许多新的管理问题需要人们去思考与解决。在这种情况下，管理理论得到了相应的发展。

（二）古典管理理论

古典管理理论的形成时间是19世纪末20世纪初，主要包括科学管理理论和古典组织管理理论两大部分。科学管理理论是由美国的管理学家弗雷德里克·泰勒首先提出的，并在泰勒及其追随者的共同努力下形成了一个完整的理论体系。而古典组织管理理论则是由法国管理学家亨利·法约尔的组织管理理论和德国管理学家马克斯·韦伯的行政组织理论所组成。下面就这三种有代表性的管理理论分别进行介绍。

1. 泰勒的科学管理理论

（1）泰勒及其对科学管理的贡献。弗雷德里克·温斯洛·泰勒（1856—1915），美国费城人，出身于一个富裕的律师家庭。泰勒小时候就很喜欢科学研究和试验，对任何事情都想找到“一种最好的解决方法”。泰勒18岁时进入费城一家小机械厂做工，4年后进入米德维尔钢铁厂当技工，由于工作出色，很快被提升为工长、总技师。泰勒一生做过大量的科学试验，在试验的基础上，他提出了众多有关提高生产效率的原则和方法，这为他以后创建科学管理理论奠定了基础。1901年以后，泰勒开始免费从事管理咨询工作，不断通过咨询、演讲和撰写文章等方式，推广他的科学管理理论和方法。

泰勒一生工作勤奋，提高生产效率是他毕生追求的目标。他喜欢把工作当成享乐，而且认为工作比享乐更有意义。泰勒的著作较多，主要有《车间管理》《计件工资制》《科学管理原理》等。其中《科学管理原理》一书被人们视为管理理论发展道路上的里程碑。1906年，泰勒担任了声誉很高的美国机械师协会的主席，9年后病逝，终年59岁。他的墓碑上刻着“科学管理之父：弗雷德里克·温斯洛·泰勒”，人们以此来纪念他为科学管理理论发展作出的巨大贡献。

泰勒的科学管理理论对管理界的影响是广泛而深远的，不愧为管理学发展史上的一座丰碑。科学管理促进了当时工厂管理的普遍改革，使得科学管理方法逐步取代了单凭经验的传统工作方法，大大提高了管理的科学性和有效性。在不断探索的基础上，泰勒的科学管理思想形成了一整套切实可行的管理制度，这对于当时美国企业的发展具有重要的意义。

（2）科学管理理论的内容。泰勒所倡导的以科学为依据的管理，其内容主要如下。

第一，提高劳动生产效率是科学管理的中心问题。泰勒认为，当时劳资矛盾的根本原因是效率低下，工人和工厂主对一天干多少活心中无数，而提高劳动生产效率的潜力是很大的。正是基于这一认识，泰勒的科学管理研究都是围绕着如何提高劳动生产效率而展开的，并且主要集中在定额研究以及工人与劳动手段的匹配上。

第二，企业需要科学地挑选工人并制订培训工人的科学方法。泰勒认为，为了提高劳动生产效率，必须挑选“第一流”的工人，即找出最适合干这项工作的工人。同时，还要通过培训和教育来最大限度地挖掘其工作的潜力，这样就可以达到更高的生产效率。

第三，动时研究与工作标准化可以提高生产效率。动时研究是泰勒科学管理的基础。管理者通过对工人操作的基本动作要素进行科学的分解、取消或合并，以实现简化工人劳动过程，提高生产效率的目的。此外，泰勒还建立了各种明确的规定、条例、标准，促使工人作业工具的标准化、作业环境的标准化以及每日工作量的标准化。

第四，激励性的报酬制度有助于刺激工人努力工作。泰勒认为，原有的工资制度存在很大的缺陷，不能满足效率最高的原则。他在 1895 年提出了一种具有很大刺激性的报酬制度——差别工资制。基本做法是按照工作定额，确定两种不同的工资率，如果工人达到或超过定额，以较高的工资率计件支付工资。对完不成定额的工人，则将全部的工作量按照较低的工资率支付，并给予警告，如不改进，就要被解雇。实行差别工资制度，有效地克服了工人“磨洋工”的现象，使工人在竞争中自发地加强劳动强度，提高劳动生产率。

第五，实行职能工长制度，加强对工人的指导和监督。泰勒在工厂的基层管理层设立了八种职能工长，如以生产工长、质量工长等来代替原来的一个工长，每个工长只承担一种管理职能。这些工长的任务不仅是把科学的工作方法教给工人，保证工人按科学的方法从事工作，更重要的是监督和敦促工人工作。

第六，在管理上实行例外原则，解放高层管理者。按照泰勒的例外管理原则，企业的高级管理者应将一般事务的处理权授权给下级管理者，而自己保留对例外事项（重要事项）的决策权和控制权。例外原则可以使高层管理者从日常的管理事务中解脱出来，专心处理重大问题。

（3）泰勒的科学管理理论的局限性。泰勒的科学管理是管理学历史上的一座丰碑，时至今日，其管理思想仍发挥着巨大的作用，可以说，现代管理学派是科学管理思想的必然延伸。但我们应认识到，与历史上的所有事物一样，泰勒的科学管理理论也存在着一定的局限性。其局限性主要表现在以下几个方面。

第一，泰勒的科学管理理论主要侧重于对生产作业的管理，因此，它的研究范围比较小，内容也比较少。对于现代企业的经营战略、市场营销以及财务管理都没有涉及，这显然是该理论的一大缺陷。

第二，泰勒过分强调职能管理的作用，忽视了直线部门的功能，这使得部门之间的关系难以协调，进而影响企业总目标的实现。

第三，泰勒将计划与执行的职能分开，把工人仅看作接受监督人员命令的工具。这种忽视计划和执行两者的统一性的管理方法是该理论的严重缺陷之一。

第四，泰勒的“经济人”假设将追求经济利益看成工人工作的唯一动机，这种假设显然是片面的。哈佛大学教授埃尔顿·梅奥在后来的研究中证实了工人的需求是多方面的，仅采取经济利益上的刺激并不能对工人产生良好的激励作用。

2. 法约尔的组织管理理论

亨利·法约尔（1841—1925）出身于法国的一个资产阶级家庭，他是欧洲历史上最杰出的管理思想家之一。1860 年，法约尔以优异的成绩毕业于圣艾蒂安国立高等矿业学校，并以采矿工程师的身份进入科芒特里—富香博公司。此后，法约尔一直都在为该公司工作，直到他 77 岁时退休。法约尔在科芒特里做了 26 年的工程师，47 岁时他被任命为总经理，其卓越的管理才能才得以显现。

法约尔在组织管理方面做了许多开创性的工作。他侧重于从中高层管理者的角度去剖析具有一般性的管理，1916 年出版的《工业管理与一般管理》一书集中体现了他的管理思想。在法约尔的管理实践中，他强调了管理活动的独立性和重要性，这对管理理论的发展和管理实践的繁荣起到了重要的促进作用。法约尔认为，经营和管理是两个不同的概念，管理活动在企业经营活动的六个方面中居于核心地位。法约尔指出，管理活动包括计划、组织、指挥、协调和控制五种职能，其中计划是管理活动的首要职能。法约尔第一次对管理活动的一般职能做了明确的分工，从而使其形成了一个完整的管理过程。他也因此被称为管理过程学派的创始人。法约尔在《工业管理与一般管理》一书中首次提出了管理的十四个原则。这十四个原则是法约尔一生管理实践的结晶，其在管理学界产生过巨大的影响。法约尔的十四个管理原则具体如下。

（1）劳动分工。法约尔认为，劳动专业化必然导致分工，分工是组织运转和发展的前提。管理者通过在技术工作和管理工作中进行专业化分工，可以提高工作效率。

（2）权力与责任。法约尔认为，管理者在行使权力的同时，必须承担相应的责任。不能出现有权无责或有责无权的情况。权力可以分为管理者的职位权力和个人权力，管理者应将这两种权力互为补充，并使权力与责任对等。

（3）统一指挥。法约尔认为，组织中的任何一位员工只服从一个上级并接受他的指挥。

（4）统一领导。法约尔认为，为达成同一目标而从事的组织活动只能在一个管理者和一个计划下进行。

（5）个人利益服从整体利益。法约尔认为，任何个人利益都不能置于组织整体利益之上。

（6）集权与分权。法约尔认为，集权与分权本身并没有好坏之分，合适的集权与分权比例将决定管理的效果。集权与分权的程度应由组织的性质、条件、所处的环境以及人员的素质来决定。

（7）等级链与“法约尔跳板”。法约尔认为，等级链是组织机构从最高层到最低层管理者的等级系列。它是自上而下和自下而上确保信息传递的必经途径。为了保证命令的统一，下级的请示要逐级汇报，上级的指令也要逐层下达。但是在实践中，组织往往由于规模的扩大、管理层次的增加而使信息的传递延误。为了解决这一问题，法约尔设计了一种“跳板”，即同级之间在一定条件下可以通过协商解决问题，只有在双方不能达成协议时才由高一层级的管理者作出决定。

（8）秩序。法约尔认为，秩序是一种对应关系，即一个职务需要一个合格的人员，一个人员也需要一个合适的职务。有地方放置每一件东西，而每件东西都放在该放置的地方。

（9）公平。法约尔认为，公平包括人与人之间的“亲切、友好和公正”，在对待下属上，管理者必须做到“善意与公道结合”。

（10）人员稳定。法约尔认为，人员尤其是管理者的经常变动，对企业不利。

因此，保持人员稳定是管理部门的工作内容之一。

（11）首创精神。法约尔认为，不断创造和更新是组织前进的动力，领导者不仅本人要有创新精神，还要激发下属的创新精神。

（12）人员的团结。法约尔认为，组织要有凝聚力，在组织内部要形成团结、和谐与合作的气氛。

（13）报酬合理。法约尔认为，公平的报酬、恰当的奖励薪酬制度是管理的基本准则。

（14）纪律。法约尔认为，全体员工必须服从和遵守组织运作中的各种规则。

除了提出著名的十四个管理原则之外，法约尔还认为管理能力可以通过教育获得。他大力提倡在高校中讲授管理学，这也体现了他将管理学视为一门科学的思想。法约尔关于管理的职能、管理的原则以及组织管理方面的研究，弥补了泰勒科学管理思想过于强调生产效率的不足，体现了他对现代管理问题的非凡见解。

3. 韦伯的行政组织理论

马克斯·韦伯（1864—1920），德国人，出生于爱尔福特的一个富裕家庭。韦伯于 1882 年进入海德堡大学学习法律，之后又就读于柏林大学和哥廷根大学。他曾于 1883 年至 1888 年参加过四次军事训练，因而对德国的军事生活和组织制度有相当深入的了解，这对他日后建立行政组织理论有很大的影响。韦伯曾从事教师、政府顾问、编辑、作家等多种职业，他对社会学、经济学、历史、宗教等许多问题都有自己的观点和独到的见解。

韦伯对管理理论的主要贡献是提出了“理想的”行政组织体系理论。所谓“理想的”行政组织体系理论，原意是通过职务和职位，而不是通过个人或世袭地位来从事管理工作。至于“理想的”不是指最合乎需要，而是指现代社会最有效和合理的组织形式。

韦伯的“理想的”行政组织体系理论主要有以下要点：第一，任何组织机构都应有确定的目标，人员的一切活动，都必须遵守一定的程序，其目的是实现组织目标。第二，为了实现组织的目标，必须实行劳动分工。第三，按照等级制度对各种公职或职位进行法定安排，形成一个自上而下的指挥链或等级体系。第四，人员实行委任制。除个别需要通过选举产生的公职外，所有的管理者都是任命的。第五，人员的任用要完全根据职务的要求，通过正式的考试来选拔员工。第六，管理者是“职业的”管理者，有固定的薪金和明文规定的升迁制度。第七，管理者的行为靠规则和纪律来约束，组织中的人员关系完全以理性的原则为指导。

韦伯认为，理想的行政组织体系最符合理性的原则，其在精确性、稳定性、纪律性和可靠性方面优于其他组织形式。因此，行政集权组织理论能够适用于各种管理工作和各种大型组织，如教会、军队、政党和其他团体等。韦伯的许多关于经济组织和社会组织方面的独特思想，对后来组织理论的研究和发展产生了重要的影响。

4. 古典管理理论的系统化

人们在研究古典管理理论学派各种管理思想时，发现它们有许多相似之处。以厄威克和古克利为代表的学者对古典管理理论进行了较为全面的总结，并且在总结过程中也加入了自己的管理思想，创造了一些新的体系。

（1）厄威克和古克利对古典管理理论系统化的贡献。林德尔·厄威克（1891—1983），英国人，著名的管理史学家、教育家，是公认的管理学方面的权威学者。他于 1933 年发表了《明日的管理》，并在其中首先提出了“组织的纯理论”的概念。在 1938 年发表的《组织的科学原则》一书中，又将这一概念概括为可以应用于所有组织的八个原则。这八个原则具体如下：第一，目标原则。所有的组织都应规定明确的目标。第二，责权相符原则。权力和责任必须相符，拥有一定的权力必须承担相应的责任。第三，职责原则。上级对直接下级工作的责任是绝对的。第四，组织层级原则。组织从高层到基层可划分为若干层级。第五，管理幅度原则。一个管理者的直接下属不应超过 6 人。第六，专业化原则。即要求组织中每一个人均应尽可能地行使单一的职能。第七，协调原则。即在工作中使下属发生横向联系，在一个共同首长的名义下行事。第八，职务明确原则。对于每一项职务都要有明确的规定。

除提出上述管理原则外，厄威克还对组织设计问题有深入的研究。当然，厄威克的最大贡献还是在于他对古典管理理论进行了综合。他把泰勒的科学管理和科学分析方法作为指导一切管理的基本原则，将法约尔的十四个管理原则放在管理职能之下，并将法约尔提出的计划、组织和控制三个管理要素作为管理过程的三个主要职能。厄威克的管理著作很多，代表作有《管理备要》《管理的要素》《行政管理原理》。

卢瑟·古克利（1892—1993），美国人，著名管理学家。古克利把关于管理职能的理论系统化，提出了著名的“管理七职能论”，正是通过对这七种职能的分析，古克利实现了对古典管理理论的系统化。古克利提出的管理七种职能包括：计划、组织、人事、指挥、协调、报告和预算。他的七职能论代表了古典管理理论的职能理论研究的范畴。此外，古克利还根据古典的管理理论提出了十个管理原则。

（2）古典管理理论的基本原则。通过厄威克和古克利对古典管理原则所进行的归纳，我们可以看出，古典管理理论在管理原则上的一些基本观点。

第一，劳动分工与工作部门化原则。古典管理理论认为，分工是组织运转和发展的前提，无论是泰勒及其追随者还是法约尔等人，都强调劳动分工和工作部门化在管理实践中的重要作用。

第二，职权相符原则。管理者在行使权力的同时，必须承担相应的责任，不能出现有权无责或有责无权的情况。在各级管理者中，责任和权力必须是相称和明确的。

第三，统一指挥与领导原则。组织中的任何一位员工只服从一个上级并接受他的指挥，为达到同一目标而从事的组织活动只能在一个管理者和一个计划下进行。

第四，为组织机构配备合适的人员。根据管理活动需要确定相应的组织机构，再采取措施为组织机构配备合适的人员。

第五，授权原则。授权不但可以使管理者从日常事务中解脱出来，而且还有助于调动下属的工作积极性，增强其工作责任感。因此，授权是高层管理者进行有效工作的最重要条件。

第六，管理幅度原则。管理幅度容易受到工作性质、管理者自身能力、下属的成熟程度等诸多因素的影响，因此，一个管理者直属的下级人员数量是有一定限度的。古典管理理论认为，每一个上级管理者所管辖的相互之间有工作联系的下属不应超过 6 人。

第七，参谋人员的使用原则。参谋人员的存在对于许多组织来说是必要的，他们可以弥补直线人员在管理上对专业技能知识的不足。但是，参谋人员的存在往往会增加管理的复杂性，如容易出现直线人员与参谋人员的矛盾问题等。这就要求企业正确处理直线人员与参谋人员的关系，充分发挥参谋人员的合理作用。

（三）人际关系学说与行为科学理论

行为科学是研究人的行为的一门综合学科，它研究的对象是人的行为产生的原因和影响行为的因素。行为科学产生于20世纪二三十年代，于1949年在美国芝加哥大学召开的一次跨学科的科学会议上被正式命名。行为科学是由人际关系学说发展而来的，内容涉及心理学、社会学、社会人类学等多门学科，其中现代管理心理学和组织行为学是行为科学的主要组成部分。

1. 人际关系学说

人际关系学说是建立在霍桑试验的基础之上的，因此，在讲述人际关系学说之前，有必要对霍桑试验做一下简单的介绍。

（1）霍桑试验。霍桑试验开始于1924年，历时8年，直到1932年才结束。试验是在美国芝加哥郊外的西方电器公司的霍桑工厂进行的。之所以选择在该工厂进行试验，是因为当时该厂出现了许多令人困惑的现象：这个工厂拥有比较完善的娱乐设施、医疗制度和养老金制度，良好的工作环境和物质条件，工人本应士气高昂，但事实上工人仍然愤愤不平，生产效率也很不理想。为探明原因，1924年美国科学院组织了一个包括各方面专家在内的研究小组，对该厂的工作条件和生产效率的关系进行了全面的考察和多种试验。

霍桑试验主要采取“控制组”和“试验组”对比的方法，是一项以科学管理的逻辑为基础的试验。霍桑试验前后共进行了两个阶段，分为四个具体试验。其中，第一个阶段是从1924年11月至1927年5月，在美国科学委员会的赞助下进行的；第二个阶段是从1927年至1932年，在哈佛大学教授埃尔顿·梅奥的主持下进行的。

霍桑试验的第一个阶段是“照明试验”，其目的是弄清照明强度对生产效率所产生的影响。试验挑选了12名绕线女工，并将其分成两个组，每组6人，分别在两个房间里工作。其中一组为“控制组”，其照明条件始终保持不变；另一组为“试验组”，照明条件可以变化。两个组的工作性质是一样的，都是一些高度重复而又单调的工作。开始时，两个组的照明条件一样，在试验过程中，试验组不断被降低照明强度，并一直减弱到近似月光的程度。两个组的工作条件的差距产生了，但试验结果表明，两个组的产量均大大增加了，而且增加量几乎相同。这说明照明情况与生产效率之间并不存在正相关关系。后来，试验者又尝试通过改变工资报酬、工间休息、每日工作长度、每周工作天数等因素来研究它们对生产效率的影响。但是，根据试验结果也看不出这些因素与生产效率的直接关系。至此，试验似乎是失败了，许多人都想退出试验。

霍桑试验的转机发生在 1927 年哈佛大学教授埃尔顿·梅奥应邀主持之后，在他的领导下，霍桑试验进入了第二个阶段。梅奥等人首先挑选了一些继电器装配工人，让他们脱离工头独立工作，进一步试验改变工资支付方式和改善工作条件对生产效率的影响。在试验过程中，产量一直保持上升趋势。后来，梅奥等人突然取消试验措施，为工人提供试验前的工作条件。他们以为这种剧烈的改变会给工人带来一种极大的消极影响进而使其产量降低，结果却并非如此。事实上产量不仅没有下降反而继续提高。梅奥等人经过深入研究发现，产量提高源于工人积极性的提高。这是因为工人由原来的工头监督改为由研究人员领导，他们受到了研究人员的重视和各方面的广泛注意，研究人员和工人之间形成了一种融洽的人际关系，使工人的精神方面发生了巨大的变化。这说明，在调动员工积极性方面，人际关系比经济刺激更有效。

在此之后，梅奥等人又相继进行了大规模访谈计划——“访谈试验”和继电器线组的工作组试验——“群体试验”。这些试验表明了人与人之间社会关系的重要性，同时也证实了企业中“非正式组织”的存在。这些试验结果为人际关系学说的产生奠定了坚实的基础。

（2）人际关系学说。在霍桑试验后，梅奥等人对试验结果进行了总结，并陆续出版了《工业文明的人类问题》《工业文明的社会问题》《管理和士气》等管理学著作，形成了人际关系学说，其主要观点如下。

第一，员工是“社会人”，而非“经济人”。科学管理理论认为，人是“经济人”，刺激员工积极性的唯一动力是金钱。但是，霍桑试验则证明人是“社会人”，影响人的劳动积极性的因素除物质利益外，还有社会心理方面的诸多因素。员工并不单纯追求经济收入，他们还有社会方面和心理方面的需要，即追求人与人之间的友情、安全感、受人尊重和归属感的需要。因此，管理者必须从社会和心理方面尽力满足人的需要，才有可能提高生产效率。

第二，企业中存在着“非正式组织”。“非正式组织”是指人们在组织内共同工作的过程中，由于情感交流需要和兴趣爱好相投等而形成的一种非正式团体。这种组织在企业的组织结构图中是找不到的，但却是客观存在的。“非正式组织”

不仅能有效保护组织成员免受因组织内部成员的疏忽所造成的损失，如产量的过多和过少，还能有效保护组织成员免受因外部管理者的干涉所造成的损失，如降低工资或提高产量标准等。梅奥等人认为，“非正式组织”与正式组织相互依存，它可以通过影响工人的工作态度来影响企业的生产效率和目标的达成。管理者应正视“非正式组织”的存在，并采取恰当的措施引导“非正式组织”为正式组织的活动和目标服务。

第三，新型的领导能力在于提高员工的满意程度。梅奥等人从“社会人”和“非正式组织”的观点出发，认为企业的管理者不能采取把员工当成机器的附属品的管理方式，而应了解他们的真实意愿，进而提高他们的工作积极性。人际关系学说认为，生产效率的高低主要取决于员工的士气高低，而员工的士气高低则取决于他们的各种需求的满足程度。因此，新型的管理者应认真分析员工的需求，通过各种有效的策略来尽量满足员工的这些需求，以充分激励员工，从而达到提高劳动生产率的目的。

人际关系学说运用多学科的理论真正开始了对“人的行为”的研究，它开创了管理理论的又一个崭新的领域，为行为科学理论的发展奠定了基础。

2. 行为科学理论

20 世纪 40 年代以后，随着人际关系学说的产生，行为科学理论逐渐兴起。这一理论学派众多，各个学派的侧重点主要集中在以下三个领域，即对个体行为的研究、对群体行为的研究和对组织行为的研究。

（1）对个体行为的研究。研究人的基本行为规律是行为科学理论的基础，因为人是组成组织的基本单位，也是组织活动的具体制订者和执行者。对个体行为的研究主要关注人的需求、动机和激励等要素。众多管理学家通过对个体行为的研究，取得了一系列具有代表性的研究成果。其中以马斯洛的需求层次理论和赫茨伯格的双因素理论最为著名。

（2）对群体行为的研究。群体行为理论的代表人物是美籍德国心理学家库尔特·卢因，他曾任德国柏林大学的教授，先后在美国艾奥瓦大学、麻省理工学院和密执安大学从事群体行为理论的研究。卢因首次应用“群体力学”一词对团体中人与人的相互关系和影响所形成的结构进行了描述。他是在社会心理学方面给群体的研究带来革命性变化的人。卢因的群体动力学思想主要体现在以下几个方面：第一，群体不是静止不动的，而是处于一种相互作用、相互适应的“相对静止”的环境中。群体行为正是受到这种错综复杂、相互影响的力的影响而产生的。第二，非正式组织（群体）与正式组织一样，都由活动、相互影响和情绪这三个要素组成。这些活动密切相关，它们相互影响、相互作用并且共同地接受投入和共同地对外提供产出。第三，群体的目标、内聚力、规范、结构和规模等因素不仅对正式组织是必需的，而且对非正式组织也是不可忽视的。第四，领导方式有专制、民主和自由放任三种，其中民主的领导方式是最有效的群体领导方式。第五，群体中存在着群体压力，这种压力的存在容易使群体成员产生从众心理。

（3）对组织行为的研究。组织行为是行为科学所研究的最高层次的行为，其核心问题是如何领导。西方管理学家对于组织行为有着比较深入的研究，其中最有代表性的理论是美国行为科学家亨利的“领导品质”理论、坦南鲍姆和施密特的“连续统一体”理论、加拿大学者明茨伯格的“经理角色”理论以及美国管理学家威廉·大内的“Z”理论。

二、管理的发展趋势

由于科学技术的巨大进步，尤其是信息技术的迅猛发展以及受全球经济一体化的深刻影响，自 20 世纪 80 年代以来，管理活动已发生了重大的变化。这些变化主要体现在以下六个方面。

（一）从管理科学到管理艺术

管理科学的观点促进了管理理论实践的发展。人们以科学的眼光去看待它、研究它，寻找管理理论的内涵，透过管理活动的表象以及管理活动中各种因素之间错综复杂的关系，揭示管理活动的一般原则和规律。不论是决策理论、盈亏平衡分析、关键路径等运筹学方法的应用，还是系统论、控制论、信息论的引入，抑或是耗散结构理论、协同理论、突变理论在管理研究中的运用，无不反映了管理科学的发展。然而，不管管理科学如何发展，即使它将管理的原则、过程、方法毫无遮掩地展现在人们的眼前，在复杂多变的环境面前，管理科学理论仍旧留有大量的空白。成功的管理实践活动，还需要管理者依据管理的基本原理去创造和发挥。因此，管理活动还是一种在适当的时间对适当的对象运用适当的方法和原则的艺术。将管理科学理论与管理实践艺术有效结合，越来越成为时代的潮流。

（二）从硬管理到软管理

19 世纪末 20 世纪初，管理科学化就起源于企业规模的扩大和活动内容的复杂、参与要素的增加。仅靠传统的经验再也无法管理好复杂的企业活动，于是，人们开始认识到，必须在总结管理经验的基础上，提炼科学的原则和方法，必须制订严密的生产经营计划，设计合理的组织机构与结构，建立严格的符合组织活动要求的规章和制度。在很长一段时间内，经营成功的组织都是计划严密、结构合理、规章细致的组织。管理方法特别是数量方法的发展，也促进了人们对计划、组织、规章等（被人们称为“硬件”）的重视。

21 世纪以来，在管理环境日益复杂化的今天，特别是随着知识经济时代的到来，组织中人的因素越来越突出，管理活动越来越需要从控制和规范参与者的行为层面，转向深入其精神层面。因此，仅有管理的“硬件”是不够的，这种重视创新的趋势，可以从管理学者的著作中窥见一斑。继《Z 理论》《企业文化》《日本管理艺术》《追求卓越》等畅销之后，倡导创新的《企业革命》《创新经营》《乱中求胜》《志在成功》等再度成为热门书籍。越来越多的人认识到，在新形势、新环境中，日本企业成功的奥秘在于“软件”的优越，即领导方式灵活、对人的重视、集体决策等，日本企业通过“软管理”帮助那些结构、制度、计划与竞争者相差无几的企业取得了更好的经营效果。于是，“软管理”方式渐渐得到管理者的推崇。

（三）从“手段人”到“目的人”

西方管理理论中对人的态度经历了三个阶段、两次转变。在 20 世纪 20 年代以前，无论是企业主的经验管理，还是泰勒倡导的科学管理，都是把人当作类似于机器的要素来看待，都认为人的需求主要是物质和经济方面，即人是经济人、理性人，驱使其去工作的动机是经济方面的需求，人在工作过程中是具有理性的，善于计算的。20 世纪 20 年代，梅奥、马斯洛、赫茨伯格等进行的行为科学研究表明，人不仅有物质方面的需求，还有社交、归属、自我实现等社会心理方面的需求。这是管理理论中对人的认识的第一次转变，即从“物质人”“经济人”到“心理人”“社会人”的转变。

无论是科学管理原理，还是行为科学理论，它们都是研究人的目的，都是为了提高人的工作效率，以更加有效地完成组织任务。因此，这些理论在实践中很容易引导管理者将人仅看作组织管理的一种资源，看作实现目标的一种手段。这种“手段人”的看法在21世纪受到越来越多的冲击。随着社会经济文化的发展，越来越多的劳动者把工作看成自己实现个人社会价值的重要手段，在工作中寻找人生的意义。这些冲击促使组织不得不更加重视对人的管理，不得不重视“工作生活质量”的改善，不得不重视员工个人职业生涯的发展，不得不把员工当作“目的”来看待。今天，“以人为本”的管理理念普遍为人们所接受，组织管理目标越来越多地从追求效益最大化，转向对人的全面发展的思考。

（四）从强调个人竞争到重视团队协作

整个西方文化是以个人主义为核心的。美国人始终追求的理想和目标是“个人自由”原则的全面贯彻和个性的全面发展。在这种文化的熏陶下，传统的西方企业，特别是美国企业在对人的管理中必须以“个人”为中心，尊重个人价值，鼓励个人间的竞争，强调个人的成功。这种以“个人”为激励对象的管理方式虽然可以在一定程度上刺激个人的工作热情，但在根本上与现代工业生产协作的要求是相悖的。现代工业生产分工精细，任何产品的制造都要经过许多环节，经由许多人的努力才能完成。没有劳动协作，任何产品的制造、任何科研项目的完成，都是难以想象的。

然而，以“个人”为刺激对象的管理和激励机制有可能引起群体内部个人之间过度的竞争，有可能使部门间及个人间的协作精神消失殆尽，因为在这种机制下，其他部门和人员的成功就意味着自己的失败。部门、个人之间相互保密、封锁、不合作的态度就是必然的后果。20世纪70年代以来，随着日本企业管理的成功和现代组织复杂程度的增加，许多西方企业开始检讨自己在管理上的失误。许多美国学者发现，日本企业员工大多具有强烈的“企业家族主义”的集体精神和协作意识，在日本企业里，个人的成功首先归功的不是自己的个人努力，而是团体协助的结果。西方企业逐渐认识到协作精神的重要性，许多美国企业试图模仿日本企业转向团队的奖励制度，注重培养合作精神。

（五）从集权到分权

以职能分工为基础，以统一指挥为核心原则，以集权倾向为主要特征的职责分明、结构严谨的等级制度仍然是许多西方企业的主要形式。这种组织的基本运行规则是上层决策、中层传达、基层执行。然而，随着技术进步速度的加快、信息手段的广泛应用，复杂多变的外部环境要求组织管理的内容和方针更加灵活多变。

（六）从外延式管理到内涵式管理

外延式管理是希望通过联合与兼并来扩大经营规模，提高市场占有率；内涵式管理则力求通过充分利用内部条件、加强企业创新、提高内部生产能力来增强企业竞争力。

20 世纪 60 年代，欧美企业外延式管理盛行，人们经常可以在传播媒介上看到有关企业兼并或收购的报道。受“规模效益”的诱惑，许多企业的管理者处心积虑地分析收购对象的市场状况和财务能力，设法通过公开或暗地收购其股票的方式达到吞并的目的，以扩大业务范围，获取规模效益。但规模效益的神话逐渐被打破，因为人们发现，企业经营规模超过某种范围后，带来的不是效益的增加，而是机构的臃肿、决策的迟缓、信息渠道的堵塞、管理的困难，从而导致效益下降。于是，自 20 世纪 70 年代中后期开始，一些企业开始从盲目的外延式管理转向内涵式管理。

第二节　现代管理理论的定义与主要分类

一、现代管理理论的定义

在西方古典管理理论和行为科学理论出现以后，社会生产力和科学技术的迅速发展以及市场竞争环境的改变，促使许多新的管理理论出现。这些理论相互影响、相互作用、相互渗透，形成了盘根错节、竞相繁荣的局面。

二、现代管理理论的分类

（一）社会系统理论

社会系统理论以组织理论为研究的重点，从社会学的角度来研究管理问题。这一理论的创始人是美国管理学家切斯特·巴纳德，其经典著作是 1938 年出版的《经理人员的职能》。

1. 社会系统理论的代表人物

切斯特·巴纳德（1886—1961），美国人，出生于美国的马萨诸塞州，哈佛大学经济学专业毕业。巴纳德长期在企业中从事管理工作，他于1909年进入美国电话电报公司（AT&T）统计部工作，专门研究欧洲一些国家电话、电报的收费问题，并且他很快成为这方面的专家。1915年，巴纳德被提升为公司的商业工程师，1922年担任该公司所属的宾夕法尼亚贝尔电话公司的副总经理助理，1926年担任这个公司的总经理。1927年后，巴纳德长期担任规模庞大的新泽西州贝尔电话公司的总经理。在巴纳德的职业生涯中，前10年他主要担任参谋人员职务，中后期长期担任企业的领导职务。这种丰富的经历对他以后创立社会系统理论提供了巨大的帮助。

巴纳德认为，组织是由两个或两个以上的人有意识地协调活动和效力的系统，要把这个系统作为整体看待，因为其中的每一个组成部分都以一定的方式与其他部分相联系。组织要生存下去，必须为实现确定的目标而进行协作活动。

2. 社会系统理论的主要观点

概括起来，社会系统理论的观点主要有以下几个：第一，社会系统理论认为，管理者所拥有的职能以及如何行使这些职能是由组织的本质、特性和过程决定的。第二，社会系统理论把决策而不是作业作为主要的研究对象。社会系统理论着重研究的是组织决策过程，这与科学管理理论的侧重点有着很大的不同。第三，社会系统理论属于描述性的管理理论。即通过对组织的本质（组织中人的行为）的描述来研究管理学的问题。

（二）经验主义理论

经验主义理论又称案例理论、经理主义理论，这一理论以向西方大企业的经理提供企业的成功经验和科学方法为目标。经验主义理论认为，管理学就是研究管理的经验，通过研究管理中成功和失败的经验，就能了解管理中存在的问题，从而学会进行有效的管理。

1. 经验管理理论的主要代表人物

（1）彼得·德鲁克。彼得·德鲁克（1909—2005），1909年出生于奥地利首都维也纳，1931年获得法学博士学位。1937年，德鲁克移民到美国，并成为美国公民。德鲁克曾担任美国通用汽车公司、克莱斯勒汽车公司、IBM公司等大企业及一些外国公司的顾问，并于1945年成立德鲁克管理咨询公司。德鲁克于1942年至1949年担任本宁顿学院政治和哲学教授，1950年至1972年从教于纽约大学研究生院，1972年后成为纽约大学的高级教授。

德鲁克一生勤奋，著述丰富，是公认的现代高产管理学家。他的主要著作有：《公司的概念》（1946）、《管理的实践》（1954）、《成果管理》（1964）、《卓有成效的管理者》（1966）、《管理：任务、责任、实践》（1973）和《创新与企业家精神》（1985）。德鲁克的管理思想影响了一代又一代追求创新以及最佳管理实践的学者和企业家，其本人也因此被誉为"现代管理学之父"。

（2）欧内斯特·戴尔。戴尔也是美国管理学家，曾担任美国和一些国际性的大公司的董事与顾问，是欧内斯特·戴尔协会的主席。他的主要著作有《公司组织结构的计划和发展》《伟大的组织》《企业管理的理论与实践》等。

2. 经验主义理论的主要观点

以德鲁克为代表的经验主义理论认为，归根结底，管理是一种实践，其本质不在于"知"，而在于"行"，其验证不在于逻辑而在于成果，其唯一权威就是成就。因此，他们认为管理理论"自实践产生而又以实践为归宿"。经验主义理论主张以经验分析来研究管理学的问题。归纳起来，经验主义理论的主要观点如下：第一，管理是管理者的技巧，是一个特殊的、独立的活动和知识领域。第二，提倡实行目标管理。该管理理论把以作业为中心的管理理论和方法同以人为中心的管理理论和方法综合起来，使个人在完成分目标的同时也保证了组织总体目标的完成。第三，管理的任务在于取得经济成果、满足工作人员对成就感的需要，并能够妥善处理企业对社会的影响以及企业承担对社会的责任问题。

（三）系统管理理论

系统管理理论是运用系统科学的理论、范畴及一般原理，全面分析组织管理活动的理论。其代表人物主要有理查德·约翰逊、弗里蒙特·卡斯特、詹姆斯·格黑尔·米勒和梅·萨洛维奇等。

系统管理理论的主要理论要点：第一，组织是一个由相互联系的若干要素组成的人造系统。第二，组织是一个由环境所影响，并反过来影响环境的开放系统。组织不仅本身是一个系统，同时也是一个社会系统的分系统，它在与环境的相互影响中取得动态的平衡。组织同时要从外界接收能源、信息、物料等各种投入，经过转换，再向外输出产品。

系统管理理论的理论基础是系统科学，他们认为，要进行成功有效的管理，就应对企业系统的基本问题进行系统的分析，以便找出关键所在。系统管理理论的研究内容和成果在很大程度上是符合社会化大生产的发展规律的，尤其是在当今新技术革命和产业革命的条件下更具有现实的意义。

（四）决策理论

决策理论是以社会系统理论为基础，吸收了行为科学和系统论的观点，运用现代计算机技术和运筹学的方法而发展起来的管理理论，它是当代西方影响较大的管理理论之一。

决策理论的代表人物是诺贝尔经济学奖获得者、美国管理学家赫伯特·西蒙和美国斯坦福大学的管理学教授詹姆斯·马奇。有关决策理论的经典著作主要有：《管理行为》（西蒙，1947）、《公共管理》（西蒙和史密斯伯格，1950）、《人类模型》（西蒙，1957）、《组织》（西蒙和马奇，1958）、《管理决策的新科学》（西蒙，1960）和《公司行为的一种理论》（马奇和赛尔特，1963）等。

西蒙认为，决策程序就是全部的管理过程，管理就是决策。决策过程从确定的目标开始，然后找出为达到该目标可供选择的各种方案，经过比较作出优选决定。在优选过程中要认真执行控制，以保证既定目标的实现。西蒙等人认为，决策包括一系列的过程，而不是仅从一组备选方案中选择一个的过程。决策的过程包括收集情报、拟订计划、选定计划和对方案进行评价这四个阶段。同时，上述四个阶段中的每一个阶段本身也是一个复杂的决策过程。

决策理论提出，以“令人满意的原则”代替传统决策理论的“最优化原则”，这无疑是一种较为切实可行的理论。西蒙等人认为，无论是从个人生活经验中，还是从各类组织的决策实践中，寻找可供选择的方案都是有一定限制条件的，因此要找到最佳方案是不现实的。

（五）管理科学理论

管理科学理论又称数量科学管理理论、数量理论，是对泰勒的科学管理理论的继续和发展。20 世纪 70 年代，随着运筹学的日趋成熟，管理科学理论逐渐成为系统的管理理论，并在工商界得到广泛应用。管理科学理论的代表人物是英国的兰彻斯特和希尔，以及美国哈佛大学工商管理学院的教授埃尔伍德·斯潘赛·伯法。管理科学理论的经典著作主要有《现代生产管理》《生产管理分析》《运筹学》等。

管理科学理论的特点是利用有关的数学工具，为企业寻找一个有效的数量解，着重用数学模型来解决管理的问题。管理科学理论强调用先进的技术成果和科学研究成果对管理学进行研究，这为现代管理决策提供了科学的方法。但是我们也应看到，管理活动非常复杂，许多管理活动都很难量化，因此，完全采用科学管理的定量分析方法去解决所有的管理问题是不可能的，也是不现实的。

（六）权变理论

权变理论产生于20世纪60年代末70年代初，它是在经验主义理论的基础上进一步发展起来的，其核心是组织管理要根据组织所处的环境和内部条件的变化而权宜变化。权变理论认为没有什么是一成不变的。权变管理就是“依托环境因素和管理思想及管理技术因素之间的变数关系来确定的一种最有效的管理方式”。

1. 伯恩斯和斯托克

伯恩斯和斯托克是最早运用权变思想来研究管理问题的学者。他们通过对生产电子设备、机械产品和人造丝等不同产品的20个企业进行的调查与研究，得出了“企业根据目标、任务、工艺以及外部环境等活动条件的不同，可以分为稳定型和变化型两大基本类型”的结论。“稳定型”的企业，适宜采用“机械式”的组织模式，而“变化型”的企业则采用“有机式”的组织模式较为合适。其中，机械式的组织模式的特征是：有一种严格规定的组织结构，有明确的任务、方法、责任和与各个职能相一致的权利，管理系统内部相互作用等。有机式的组织模式的特征是：有相当灵活的结构，可以不断调整每个人的任务；系统内部的关系不是等级控制，而是网络型的；在组织活动中，技能与经验处于领先地位；等等。

伯恩斯和斯托克认为，以上两种模式可以共存，它们在不同条件下都有效率。他们反对将机械式的组织模式看成陈旧的模式，也不认为有机式的组织模式就是进步和现代的模式。这两种模式的采用主要取决于企业所处的内外部经营环境。

伯恩斯和斯托克的主要著作有1961年出版的《革新的管理》和1967年发表的《机械式和有机式的系统》。在上述著作里，他们系统地论述了有关权变管理的思想。

2. 钱德勒

1962 年，美国战略管理专家钱德勒出版了《战略与结构》一书，强调了在不同条件下应有多种组织方案的论点。在对美国杜邦公司、通用汽车公司、新泽西标准石油公司等 70 余家大型企业组织结构的变化机理进行调研后，他指出组织的管理结构是随着企业战略的变化而变化的，而企业战略本身又是随着市场、金融、科学技术以及其他条件的变化而变化的。因此，钱德勒认为，组织管理的结构是一种动态的、变化的系统。

3. 劳伦斯和洛希

劳伦斯和洛希被称为现代权变学说的创始者。1967 年，他们合作出版了《组织和环境》一书，论述了外部环境和组织结构之间的依存关系。他们的观点是，组织结构最主要的特点是“分散化”和“整体化”。“分散化”就是把组织系统划分为各种分系统，每个分系统根据与它相适应的外部环境提出要求，发展其特有的性质。与此相适应，“整体化”是指努力使各个分系统在完成组织任务时达到统一的过程。

劳伦斯和洛希认为，普遍的“万能主义”理论与方法是不存在的，组织应按照不同的形势、不同的类型、不同的目标和价值而采取不同的管理方法。

4. 卢桑斯

卢桑斯是美国内布拉斯加大学的教授，权变学派的主要代表人物之一。他在 1976 年出版的《管理导论：一种权变学说》一书中比较详尽、系统地介绍了权变理论，提出了用权变理论统一各种管理理论的观点。卢桑斯把过去的管理理论划分为管理过程理论、行为科学理论、计量管理理论和系统管理理论。他认为，这几种理论都没有把管理与环境妥善地联系起来，同时，尽管这些理论的代表人物都强调他们的理论具有普遍的适用性，但实际上，上述任何一种管理理论中特有的管理观念和技术都不能使管理有效地进行。卢桑斯强调，权变理论主要是把环境对管理的作用具体化，并使管理理论与管理实践密切地联系起来。

卢桑斯认为，权变关系是两个或两个以上变量之间的函数关系。权变管理就是考虑有关环境的变量同相应的管理观念和技术之间的关系，使采用的管理观念和技术能有效地达到目标。卢桑斯把权变关系表述为一种“如果—那么”的函数关系，“如果”是自变量，“那么”是因变量。在一般情况下，环境是自变量，而管理观念和技术是因变量。这种关系表明，如果存在某种环境条件，那么对所要达到的目标而言，某种管理观念和技术的采用将比其他因素的变化更有效。

5. 菲德勒

菲德勒是当代美国著名的心理学家和管理学家，他早年就读于芝加哥大学，获得博士学位。菲德勒从 1951 年起进行了长达 15 年的调查，并在调查研究的基础上提出了“有效领导的权变模式”。他认为，没有什么固定的最优的领导模式，关键在于领导者必须与环境相适应。

菲德勒假设了两种主要的领导方式：一种是工作任务导向型，即领导者倾向于追求工作任务的完成，并从工作成就中获得满足；另一种是人际关系型，即领导者追求良好的人际关系，并从中获得尊重和地位上的满足。领导方式的选择不仅取决于领导者的个性，更应取决于所面临的组织环境。领导方式与组织环境的关系如表 1–1 所示。

表 1–1　领导方式与组织环境的关系

组织环境类型	非常有利			中间状态			非常不利	
上、下级关系	好	好	好	好	差	差	差	差
工作结构	高	高	低	低	高	高	低	低
职位权力	强	弱	强	弱	强	弱	强	弱
有效领导方式	任务导向型			人际关系导向型			任务导向型	

菲德勒的主要著述有 1965 年发表的《让工作适合管理者》和 1974 年出版的《领导方式与有效的管理》，在上述作品中菲德勒全面阐述了他的权变领导理论。

第三节　企业管理的概述

一、企业管理与企业管理者

（一）企业管理

企业管理在本质上与其他类型的管理是一致的，都是为了实现既定的目标，都要受到环境的影响和制约，都要开展计划、组织、领导、控制等活动，都要通过他人来实现管理目标。所以，管理的基本原理在企业管理领域同样适用。所不同的是，企业是营利性组织，要面对激烈的市场竞争，企业管理比其他组织的管理更具风险性和挑战性。

借鉴组织管理的定义，企业管理的概念可以理解为：企业管理者为了实现既定的目标，根据自身的特性及生产经营规律，在特定的环境约束下，充分利用企业所拥有的各种资源所进行的计划、决策、组织、指挥、协调、激励、领导和控制等一系列工作。

从上述定义中，我们可以明确以下问题。

（1）企业管理的目的是实现企业既定的目标。这就要求企业在开展管理活动时必须制订明确的、可行的目标。这不仅为企业指明努力的方向，也对企业员工产生一定的激励作用。

（2）企业的管理活动要受到内外部环境的影响和制约。有利的环境会促进企业的发展，不利的环境也会制约企业目标的实现。因此，对环境进行分析是企业管理活动的重要组成部分。

（3）在企业管理活动中需要投入各种资源。这些资源包括人力、物力、财力、技术和信息资源。在当今的管理环境下，资源外取已经成为重要的管理理念，即企业通过整合活动来获取希望得到的各种资源。

（4）企业管理由一系列的活动组成。这些活动包括计划、决策、组织、协调、领导、激励、控制等。这些活动并非孤立存在，而是相互联系、相互渗透、周而复始、循环不息的。

（二）企业管理者

企业管理者是企业管理活动的主体，其主要职责是制订整个企业或分支机构的目标，并创造良好的工作环境，通过协调他人活动来实现企业的既定目标。

1. 企业管理者的层次

企业管理者是企业中的重要成员，其工作职责与非管理者有很大的不同。非管理者又称操作者，是指直接从事某项工作或任务、不具有监督其他人职责的企业成员。例如，车间里的生产工人、饭店中的厨师和服务员等。而管理者是指挥别人工作的人，他们处于操作者之上的组织层次中，当然管理者也承担某些作业职责。企业管理者按层级可以划分为三个层次，即基层管理者、中层管理者和高层管理者。

基层管理者是最低层次的管理者，他们管理的仅是操作者不涉及其他管理者。他们的主要职责是传达上级的计划、指示，直接分配每一个成员的生产任务或工作任务，随时协调下属的活动，控制工作进度，解答下属提出的问题，反映下属的要求。在企业中，这样的管理者通常被称作领班、主管或工长等。中层管理者包括所有处于基层和高层管理者之间的各个管理层次的管理者，他们的主要职责是贯彻执行高层管理人员所制订的重大决策，监督和协调下一层级管理人员的工作。中层管理者可能是部门经理、项目主管、工厂厂长或者事业部经理等。处于或接近组织顶层的是高层管理者，他们承担着制订重大决策、为整个组织制订战略计划和目标的责任。高层管理者的典型头衔是董事长、总经理、总裁、执行董事、首席运营官或董事会主席等。

不同层次的管理者在管理职能上存在明显的差异。各个层次的管理者都具有计划、组织、领导和控制职能，但他们在管理职能实践的重点、依据的信息、占用的时间和对组织的影响上都存在差异。高层管理者在计划和控制职能上花的时间要多于基层管理者，而基层管理者在领导职能上花的时间要多于高层管理者。即使是同一职能的工作，不同层次的管理者从事的管理工作的内涵也不完全一样。

2. 企业管理者的角色

管理的成功取决于管理者对管理职能的履行情况。为了有效地履行各种管理职能，管理者必须明确自己所扮演的角色，并通过角色之间的配合和协作来完成任务。管理学家亨利·明茨伯格（Henry Mintzberg）在大量观察和研究的基础上，指出管理者扮演着十种不同的但高度相关的管理角色。明茨伯格将这十种管理角色组合成三个方面，即人际关系、信息传递和决策制订（见表 1–2）。

表 1–2 明茨伯格的管理角色理论

管理角色		描述	特征与活动
人际关系	1. 代表人	象征性的代表人，履行法律和社会义务	迎接来访者，签署法律文件
	2. 领导者	负责激励、人员配备、培训	从事所有有下级参与的活动
	3. 联络者	维护自行发展起来的外部关系和信息来源，从中得到帮助	从事公关活动
信息传递	4. 监督者	寻求和搜集内外信息，为决策提供服务	阅读期刊和报告
	5. 传播者	将有价值的信息传递给相关组织人员	召开信息交流会
	6. 发言人	向外界发布组织的计划、政策和结果等	召开董事会，向媒体发布消息

续表

管理角色		描述	特征与活动
决策制订	7. 企业家	寻求组织和环境中的机会，制订新的方案	组织战略制订会议
	8. 变革者	当面对组织危机时，充当纠正和变革的角色	对危机进行分析并采取行动
	9. 资源分配者	负责分配组织的各种资源	调度、授权、预算和控制
	10. 谈判者	在谈判中作为组织的利益代表	参加各种合同谈判

明茨伯格的管理者角色理论适用于所有的组织，显然对企业也同样适用。

3. 企业管理者应具备的技能

企业管理者的职责是动态和复杂的，企业管理者需要特定的技能来履行他们的职责。罗伯特·卡茨（Robert Katz）研究发现，企业管理者需要具备三种基本的技能，即技术技能、人际技能和概念技能。

（1）技术技能。技术技能是指企业管理者掌握与运用某一专业领域的知识、技术和方法的能力。对于基层管理者来说，技术技能是最重要的。随着企业管理者层级的提升，他们离实际的作业工作越来越远。因此，技术技能对企业的中高层管理者就不如对基层管理者那样重要了。

（2）人际技能。人际技能是指企业管理者处理人事关系的能力，即理解激励他人并与他人共事的能力，主要包括领导能力、影响能力和协调能力。人际技能对于不同层次的企业管理者来说都是十分重要的，因为具有良好人际技能的管理者能促使员工作出更大的努力，能更好地与员工沟通，从而对员工进行更充分的激励和引导。

（3）概念技能。概念技能是指企业管理者洞察事物未来的发展趋势以及采取措施趋利避害的能力。具体来说，概念技能包括理解事物的相互关联性从而找出关键影响因素的能力，确定和协调各方面关系的能力以及权衡不同方案优劣和内在风险的能力，等等。具有概念技能的管理者能够深刻识别组织中的问题，制订有效的行动方案并且进行有效的实施。他们往往把组织看作一个整体，能把握各个部分之间的关系，能正确行使管理职能。同时还能清晰地认识组织外部的环境，使组织适应动态环境并获得发展。对于高层管理者来说，这种技能更加重要。

从上述分析中可以看出，处于不同层次的企业管理者应掌握和运用的技能是有一定差异的。一般来说，企业的高层管理者应掌握更多的概念技能，而企业的基层管理者则应掌握更多的技术技能，人际技能则是对所有层次的管理者都同等重要的。

二、企业管理的基本原理

"工欲善其事，必先利其器。"企业管理的基本原理是指经营和管理企业必须遵循的一系列最基本的管理理念与规则。目前，关于企业管理基本原理的表述存在着不同的观点，可以说是仁者见仁、智者见智，企业管理的原理具体内容如下。

（一）系统原理

1. 系统的概念与特点

系统是由两个或两个以上相互联系、相互区别、相互作用的要素组成的具有特定功能的有机整体。一般来说，系统本身又是其所从属的一个更大系统的组成部分。从管理角度看，系统具有以下基本特征。

（1）目的性。任何系统的存在，都有一定的目的，为了达到这一目的，必有其特定的结构与功能。

（2）整体性。整体的功效应大于各个个体的功效之和。任何系统都不是各个要素的简单集合，而是各个要素按照总体系统的同一目的，遵循一定规则组成的有机整体。只有依据总体要求协调各要素之间的相互联系，才能使系统整体功能达到最优。

（3）层次性。每个系统都有子系统，同时它又是一个更大系统的组成部分，它们之间存在等级形态。任何系统都是由分系统构成的，分系统又由子系统构成。最下层的子系统是由组成该系统基础单元的各个部分组成。

（4）独立性。任何系统都不能脱离环境而孤立存在，只能适应环境。只有既受环境影响，又不受环境左右而独立存在的系统，才是具有充分活力的系统。

（5）开放性。管理过程必须不断地与外部社会环境交换能量和信息。若系统与外部环境交换信息和能量，就可把它看成开放的系统；反之，就可把它看成封闭的系统，而封闭的系统，大多具有消亡的倾向。

（6）相互依存性。管理系统各个要素之间是相互依存的，管理活动与社会相关活动之间也是相互依存的。

（7）控制性。有效的管理系统必须有畅通的信息与反馈机制，使各项工作能够及时有效地得到控制。系统要保持“体内动态平衡”，开放的系统要生存下去，必须从环境中摄取足够的投入物来补偿它的产出物和其自身在运动中所消耗的能量。

2. 企业管理系统的特点

企业管理系统是一个多级、多目标的大系统，是庞大的国民经济系统的一个组成部分，它具有以下主要特点。

第一，企业管理系统具有统一的生产经营目标，即生产适应市场需要的产品，提高经济效益。

第二，企业管理系统的总体具有可分性，即将企业管理工作按不同的业务需要分解为若干个不同的分系统或子系统，使各个分系统、子系统互相衔接、协调，以产生协同效应。

第三，企业管理系统的建立要有层次性，各层次的系统组成部分必须职责分明，各司其职，具有各层次功能的有效性。高层次功能必须统率其下属的低层次功能，低层次功能必须为高层次功能的有效发挥竭尽全力。

第四，企业管理系统必须具有相对独立性，任何企业的管理系统都处在社会经济发展的大系统之中，因此企业管理系统必须适应外部环境，同时又要保持独立，这样才能使企业管理系统处于良好的运行状态，从而达到企业管理系统营利最大化的最终目的。

（二）分工原理

分工原理产生于系统原理之前，其基本思想是在承认企业及企业管理是一个可分的有机系统的前提下，对企业管理的各项职能与业务按照一定的标准进行适当的分类，并由相应的单位或人员来承担各类工作。

分工是生产力发展的要求，早在17世纪大机器工业开始形成时期，英国经济学家亚当·斯密就在《国民财富的性质和原因的研究》（简称《国富论》）一书中，系统地阐述了劳动分工理论。20世纪初，泰勒又对劳动分工进行了更深的研究和拓展。分工的主要优势如下。

1. 分工可以提高劳动生产率

劳动分工使工人反复完成单项操作，从而提高劳动的熟练程度，带来劳动生产率的提高。

2. 分工可以减少工作损失时间

劳动分工使工人长时间从事单一的工作项目，中间不用或减少变换工作，从而减少工作损失时间。

3. 分工有利于技术革新

劳动分工可以简化劳动，使劳动者的注意力集中在一种特定的对象上，有利于劳动者创造新工具和改进设备。

4. 分工有利于加强管理，提高管理工作效率

泰勒将管理业务从生产现场分离出来之后，随着现代科学技术和生产的不断发展，管理业务也得到了进一步的细分，并成立了相应的职能部门，配备了专业人员，从而提高了管理工作效率。

分工原理适用范围广泛。从整个国民经济来说，可分为工业、农业、交通运输业、商业等部门。从工业部门来说，可按产品标志进行分工，设立产品专业化车间，也可按工艺标志进行分工，设立工艺专业化车间。在工业企业内部还可按管理职能不同，将企业管理业务分解为不同的类型，分别由相应的职能部门去负责，从而提高管理工作效率，使企业处于正常、不间断的良性运转状态。

分工要讲究实效，要根据实际情况进行认真分析，实事求是。一般企业内部分工既要职责分明，又要团结协作，在分工协作的同时要注意建立必要的制约关系。分工不宜过细，界面必须清楚，才能避免推诿、扯皮现象的出现。在专业化分工的前提下，按岗位要求配备相应的技术人员，是保证企业产品质量和工作质量的重要措施。在做好劳动分工的同时，还要注意加强对员工的技术培训，以适应新技术、新方法不断发展的新要求。

（三）弹性原理

弹性原理是指企业为了达到一定的经营目标，在外部环境或内部条件发生变化时，有能力适应这种变化，并在管理上表现出灵活的可调节性。现代企业是国民经济宏观系统中的一个子系统，它的投入与生产都离不开国民经济这个宏观系统，它所需要的生产要素由国民经济各个部门供给，它所生产的产品又需要向其他部门输出。可见，国民经济宏观系统是企业系统的外部环境，是企业不可控制的因素，而企业内部条件则是其可以控制的因素。当企业外部环境发生变化时，

企业可以通过改变内部条件来适应这种变化，以保证达到既定的经营目标。

弹性原理在企业管理中的应用范围很广。计划工作中留有余地的思想、仓储管理中保险储备量的确定、新产品开发中技术储备的构想、人力资源管理中弹性工作时间的应用等，都在管理工作中得到广泛的应用，并取得了较高的成效。

近年来，在实际管理工作中，人们还把弹性原理应用于产品价值领域，收到了意想不到的效果。人们称其为产品弹性价值。产品价值是由刚性价值与弹性价值两部分构成。形成产品使用价值所消耗的社会必要劳动量称刚性价值；伴随在产品使用价值形成或实现过程中附着在产品价值中的非实物形态的精神资源，如产品设计、制造者、销售者、商标以及企业的声誉价值，都属于产品的弹性价值，又称无形价值或精神价值，是不同产品的一种“精神级差”。这种“精神级差”是产品市场价值可调性的重要标准，是企业获得超额利润的无形源泉，商品在交换过程中获得更多的弹性价值，是当今企业孜孜追求的目标之一。

（四）效益原理

效益原理是指企业通过加强管理工作，以尽量少的劳动消耗和资金占用，生产出尽可能多的符合社会需要的产品，提供更优质的服务，不断提高企业的经济效益和社会效益。

提高经济效益是社会主义经济发展规律的客观要求，是每个企业的基本职责。企业在生产经营管理过程中，一方面要努力降低消耗、节约成本；另一方面要努力生产适销对路的产品，保证质量，增加附加值。从节约和增产两个方面提高经济效益，以求得企业的生存与发展。

企业在提高经济效益的同时，也要注意提高社会效益。经济效益与社会效益是一致的，但有时也会发生矛盾。一般情况下，企业应从大局出发，满足社会效益，在保证社会效益的前提下，最大限度地追求经济效益。

（五）激励原理

激励原理是指通过科学的管理方法激励人的内在潜力的充分释放和发挥，使每个人都能在组织中尽其所能、展其所长，为完成组织规定的目标自觉、努力、勤奋地工作。

人是生产力要素中最活跃的因素。创造团结和谐的工作环境，满足员工不同层次的需求，正确运用奖惩办法，实行科学合理的分配制度，开展不同形式的劳动竞赛等，都是激励原理的具体应用，都能较好地调动人的劳动热情，激发人的工作积极性，从而达到提高工作效率的目的。

激励理论主要有需求层次理论、期望理论等。严格地说，激励有两种模式，即正激励和负激励。对工作业绩有贡献的个人实行奖励，在更大程度上调动其积极性，激励他们完成更艰巨的任务，这类激励属于正激励；对由于个人原因而使工作失误且造成一定损失的人实行惩罚，迫使其吸取经验教训、做好工作、完成任务，属于负激励。在管理实践中，按照公平、公正、公开、合理的原则，正确运用这两种类型的激励，可以较好地约束员工遵守劳动纪律、调动人的积极性、激发人的工作热情、充分挖掘人的潜力，从而使他们把工作做得更好。

（六）动态原理

动态原理是指企业管理系统必须随着企业内外环境的变化而及时更新或调整自己的经营观念、经营方针和经营目标。为达到此目的，必须相应改变传统的管理方法和手段，使其与企业的经营目标相适应。企业在发展，事业在前进，管理要跟得上，关键在更新。运动是绝对的，不动是相对的，因此企业既要随着经营环境的变化，适时地变更自己的经营方法，又要保持管理业务上的适当稳定。

（七）创新原理

创新原理是指企业为实现总体战略目标，在生产经营过程中，根据内外环境变化的实际，按照科学态度，不断否定自己，创造具有自身特色的新思想、新思路、新经验、新方法、新技术，并加以组织实施。

企业创新，一般包括产品创新、技术创新、市场创新、组织创新和管理方法创新等。产品创新主要是提高质量、扩大规模、创立名牌；技术创新主要是加强科学技术研究，不断开发新产品，提高设备技术水平和员工队伍素质；市场创新主要是加强市场调查研究，努力开拓新市场，提高产品市场占有率；组织创新主要是企业组织结构的调整要切合企业发展的需要；管理方法创新主要是企业生产经营过程中具体管理技术和管理方法的创新。

（八）可持续发展原理

可持续发展原理是指企业在整个生命周期内，随时调整自己的经营战略，以适应变化的外部环境，从而使企业始终处于健康成长的阶段。现代企业家追求的目标不仅是企业一时的兴盛，更应是长盛不衰。这就需要遵从可持续发展的原理，从历史和未来的高度，全盘考虑企业资源的合理安排，既要保证近期利益的获取，又要保证后续事业得到蓬勃的发展。

第二章　企业管理的基本职能

第一节　企业决策

一、决策及其特性

决策是指在明确问题的基础上为未来的行动确定目标，并在多个可供选择的行动方案中选择一个合理方案的分析判断过程。企业的各级管理者在工作中总是要碰到各种各样的问题，对问题进行研究，找出对策，并加以解决的过程，也就是人们决策的过程。在现实的管理活动中，一些决策者仅把决策理解为一种判断行动，认为决策就是对方案的最后选择，即人们通常说的领导者的“拍板”，这是对决策的一种片面理解。完整的决策过程应包括提出问题、收集资料、调查研究、预测未来、确定目标、拟订方案、方案的分析评价和确定最终方案等一系列活动环节。其中任何一个环节出了问题，都会影响决策的最终效果。科学的决策应有以下基本特性。

（一）目的性

决策的最终结果是要解决企业所面临的各种问题，因此对于决策者而言，在决策之初首先应明确为什么要进行决策，决策最终要达到的目标是什么。方向明确，目标清楚，才能作出正确的决策。这里需要做好两项工作，一是要善于发现、分析和确定问题，找出管理中所面临的现实状况与应达到或希望达到的状况之间的差距；二是要确定符合客观实际的决策目标，要明确决策解决的问题、达到的程度和得到的结果。

（二）择优性

决策应有若干个可供选择的可行方案。在科学的决策中，可行方案的数量应具有选择余地，只有一个方案而无从比较的决策不是科学的决策，只有多个方案的选择才能评价优劣，得到满意的结果。因此，“多方案选择”是决策应遵循的重要原则。

（三）科学性

决策可供选择的方案都有不同的特点，孰优孰劣，必须通过技术、经济等各个方面的综合评价才能获得满意的结果。对方案的科学评价必须建立在科学的价值评价准则的基础上，要有明确的价值评价指标，包括技术、经济和社会等多方面的价值指标。要对众多的价值指标按照轻重缓急进行排序，以确定评价时的取舍原则。

（四）满意性

在决策中，由于受人们的认识程度的局限，受时间、人力和财力等主客观条件的制约，要想获得满足一切要求的最优方案是不现实的。因此，决策者应能分清决策问题的主次目标，以获得足够好的满意方案为准则。

（五）民主性

现代市场环境的复杂变化，使企业的决策问题具有信息量大、涉及面广、变化快的特点，这就增加了决策的复杂性和艰巨性，从而使个人决策成功的可能性大为减少。因此，科学决策不能是领导者的个人行为。决策的民主性是决策成功的重要条件。

二、决策过程

为了保证企业决策顺利进行，使决策富有成效，就必须认识决策工作的规律性，遵循决策的科学程序。一般决策的程序应有以下几个环节。

（一）明确决策问题

问题是指企业的现实状况与应达到或希望达到的状况之间的差距。决策的最终目的是解决问题，因此正确地发现、分析和认识问题是决策的首要环节，是确定决策目标的前提条件。明确问题可从以下几个方面入手：第一，企业内的正常活动发生某种异常变化时，往往意味着发生了某种问题，此时应对异常现象深入分析，找出问题的原因，以此作为决策的出发点。第二，企业的外部环境条件发生变化，对企业的正常活动产生制约影响，从而要求企业作出相应反应，或者是从外部环境的分析中找出企业存在的问题，这些都可作为决策问题加以把握。第三，企业的运行与原有的计划目标发生偏差，这或者说明企业的运行发生了问题，偏离了原有目标，或者说明原有计划与实际情况不符，需要作出调整。第四，企业受到来自企业内部或外部的各方面批评，此时应多方听取不同的批评意见，从中发现可把握的决策问题。第五，对经营问题需要如实地、全面地进行定性、定量分析来说明它的状况、产生的原因、性质、严重程度、发展趋势、解决的迫切程度和条件等。尤其是要说明产生问题的根本原因。只有明确了问题产生的根本原因，才可能有针对性地确定经营目标和制订解决问题的方案。

（二）确定决策目标

决策目标所表达的是决策要解决的问题应达到的程度或取得的结果。决策目标是决策的出发点和归宿。没有目标，决策没有方向；目标不明确，则会导致决策的失误。因此，决策目标的确定既是决策后续工作的前提条件，也是最终评价决策成效的标准。确定经营决策目标应注意以下问题。

1. 决策目标要有明确的针对性

确定决策目标必须有的放矢，切中要害，选中解决问题的突破口。决策目标不能含糊其辞，否则，制订与选择决策方案就会无所适从。

2. 决策目标要有具体衡量实现程度的标准，不能抽象空洞

在企业的决策中，有些决策目标本身就是数量指标，如产量、产值、利润、劳动生产率、市场占有率等；有些则是非数量指标，如属于质量问题、组织问题、社会问题等方面的决策问题，是难以直接用数量指标表示的目标，对这类目标也应尽可能地采取间接表示的方法使其数量化，如用百分比法、评分法等。

3. 要明确决策目标的约束条件，把决策目标建立在需要与可能的基础上

决策目标中常涉及的约束条件：一是企业的外部环境条件，如国家的政策法规、外部经营资源等；二是企业自有资源条件，如人力、物力、财力等；三是决策者对决策目标附加的主观要求。这些约束条件都是确定决策目标的依据和注意事项。只有把这些约束条件搞清楚，拟订和评价决策方案才能有明确的标准，决策目标的实现才有其可能性。

4. 要处理好多目标问题

决策的目标常常有多个，并且有的目标还相互矛盾，给决策方案的制订和选择造成了困难。因此，必须对多目标进行妥善处理。处理的原则是尽量减少目标个数。应取消那些根本达不到的目标，放弃某些矛盾目标的一方或子目标，应把相差不多的目标、某些次要的目标合并成一个目标，还可采用综合的方法使目标减少。如果实在不能减少时，就要按目标的重要程度分出目标的主次。

（三）拟订可行方案

方案就是指解决问题的方法，从提出方案到确定方案，是决策整个过程的中心环节。拟订方案应遵循的原则有以下几方面。

1. 要有两个以上的可行方案

众所周知，没有比较就没有鉴别。正与误、优与劣，都是在比较中发现的。在实际工作中，有些领导人不懂得决策需要选择的道理，往往只有一个方案便轻率地决定实施。这样的决策只能将其结果寄托在偶然与侥幸的基础上，极易导致决策的失误。

2. 各方案之间要有原则区别，要有明确的约束条件

拟订的多个可供选择的方案不能千篇一律或大同小异，各个方案之间应有原则的差异且互相排斥，这样才有可能进行选择。

3. 各方案要有明确的约束条件

各种决策方案的制订都有其约束条件，在制订决策方案时，约束条件越明确，越便于方案的分析比较，决策者提出的解决问题的办法才越具有针对性。

（四）分析评价方案

对可行方案要确定评价标准，采用科学的方法对方案进行分析比较，并作出客观的评估。分析评价方案应注意的问题包括以下几点。

1. 要有合理的评价标准

不同的决策问题有不同的具体评价标准，但确定评价标准的基本原则是共同的：一是保证能实现决策目标；二是保证在实现目标的前提下，付出的代价尽可能小；三是实现决策目标要承担的风险尽可能小；四是方案实施后产生的副作用尽可能小。

2. 评价标准既要有全面性又要突出重点

对决策方案的评价通常有三个方面的衡量标准，即技术价值、经济价值和社会价值。方案评价应建立在三个方面综合评价的基础之上。在实际决策过程中，要同时满足各方面的所有要求通常是不现实的，因此评价标准应有轻重缓急之分，根据实际情况确定标准的取舍原则。

3. 要采用科学的评价方法

决策中常用的评价方法有经验判断法、定量分析法、科学实验法等。各种方法都有其长处和短处，决策者应根据不同的决策对象和要求，灵活地加以运用，并且应善于在决策中广泛采用现代化的科学技术手段，不断提高决策评价的科学性。

（五）选择确定方案

在多方案评估的基础上权衡利弊，作出决断，确定能满足决策目标要求的“满意”方案。现代决策理论认为，通过决策选择的最终方案应以“满意”为原则，即决策不是选择最优方案，而是选择满意方案。这是因为要获得最优方案，决策者必须找到解决问题的全部可行方案，并能明确各个方案的实施结果。由于人们的认识和经验总是有限的，再加上人力、物力和时间的局限性，一般很难将所有可行方案都找出来，因此实际决策中一般不具备选择最优方案的条件，只能是在有限的可行方案中选出满意的方案。

（六）方案的实施与监控

方案选定以后的实施与监控过程，并不是决策活动，但是由于决策的实现和决策的成效直接取决于这一过程，并且在这一过程中仍然包含决策的因素，因此它也应属于整体决策过程的重要组成部分。

在方案的实施过程中，首先应抓好方案的贯彻实施，要制订方案的实施计划和有效的控制措施，做到组织上的落实和资源上的保障；其次要采取有效控制，建立完善的监督机制和反馈信息系统，监督实施过程，从反馈中分析问题，以便修正偏差，保证决策目标的实现。

三、常用的主观决策法

（一）头脑风暴法

在群体决策中，由于群体成员心理相互作用影响，易屈于权威或大多数人的意见，从而阻碍创造性方案的产生。头脑风暴法是克服这种遵从压力的障碍的一种相对简单的方法。它鼓励人们提出任何种类的方案设计思想，同时禁止对各种方案提出任何批评。在典型的头脑风暴会议中，一些人围桌而坐。群体领导者以一种明确的方式向所有参与者阐明问题，然后成员在一定的时间内自由提出尽可能多的方案，并且所有的方案都被当场记录下来，留待稍后再讨论和分析。此方法有利于大家充分开动脑筋，畅所欲言，充分发挥个人和集体的创造性，经过相互启发，产生连锁反应，从而取得集思广益的效果。

（二）名义群体法

名义群体在决策制订过程中限制讨论，故称为名义群体法。如同参加传统委员会会议一样，群体成员必须出席，但他们是独立思考的。具体来说，它应遵循以下步骤：①成员集合成一个群体，在进行任何讨论之前，每个成员独立地写下对问题的看法。②每个成员将自己的想法提交给群体，然后逐个向大家说明自己的想法，直到每个人的想法都被表述完并记录下来为止（通常记录在活动挂图或黑板上）。在所有的想法都被记录下来之前不进行讨论。③群体开始讨论，以便把每个想法搞清楚，并作出评价。④每一个群体成员独立地把各种想法排出次序，最后的决策是采纳综合排序最靠前的想法。这种方法的主要优点在于，使群体成员正式开会但不限制每个人的独立思考，而传统的会议方式往往做不到这一点。

第二节　企业计划

一、计划工作及其任务

（一）计划与计划工作

计划是指企业未来的行动方案，是对企业未来一段时间内的目标和实现目标的途径的策划与安排。一项完整的计划要告诉管理者和执行者未来一定时间内的行动目标是什么，人们要采取怎样的活动去实现目标及由谁去完成这项活动。

计划工作有广义和狭义之分。广义的计划工作是指计划的制订、贯彻、修正和实现的全过程。其主要包括对组织目标及目标体系的确定过程，对实现组织目标的行动方案进行选择的过程，对计划的贯彻实施过程，对计划实施中的修正控制过程，直至计划得以完成。狭义的计划工作是指根据组织内外部的实际情况，权衡客观需要和可能，提出在未来一定时期内要达到的目标及实现目标的途径和方法。狭义的计划工作也就是指计划的制订过程。企业的各项活动需要在计划的指导下有条不紊地进行。没有计划，活动就会经常出现混乱和低效率。因此，计划是一项重要的管理职能。

（二）计划工作的任务

计划工作的任务就是根据企业的外部环境和内部条件，确定企业在一定时期内的奋斗目标；通过计划有效地整合企业的人力、物力和财力等各种资源，协调和合理安排组织中各方面的活动，以取得最佳的经济效益和社会效益。通俗地说，计划就是对企业未来行动方案的一种说明，一项完整的计划要告诉管理者和执行者未来一定时间内的行动目标是什么，人们要采取什么样的活动去实现目标及由谁去完成这项活动。我们可以扼要地将计划工作的任务和内容概括为六个方面：What（做什么）、Why（为什么做）、When（何时做）、Where（何地做）、Who（谁去做）、How（怎么做），简称为“5W1H”。

二、计划工作的程序

计划编制过程包括五个阶段的工作：收集资料的准备阶段；确定计划目标阶段；形成计划目标体系阶段；综合平衡阶段；编制并下达行动计划阶段。

（一）收集资料的准备阶段

计划是为决策的组织落实而制订的，分析决策制订的环境特点和决策执行的条件是编制行动计划的前提。在正式编制计划前需要做的工作主要包括：一是分析企业发展战略，把握企业决策层对计划的要求；二是调查研究当前和未来的市场环境，并对市场的发展趋势进行预测；三是内部条件分析。

（二）确定计划目标阶段

计划目标是计划方案的核心，它通常以量化的数字指标来表示。一项计划必须首先明确该计划的总体目标，然后才可能为组织的各部门和各环节选定进一步的具体目标。选定目标阶段应注意以下问题：一是合理选择计划目标的内容；二是合理选择计划目标的先后顺序；三是计划目标要具体、可衡量，不能抽象空洞，要简明扼要、易懂易记。

（三）形成计划目标体系阶段

企业的计划目标一般是通过企业内部各种活动的相互关系、相互促进来实现的。因此，企业自上而下的各个管理层次的目标之间及各横向管理部门的目标之间必须构成一个相互关联的网络，即目标体系。要使目标体系有效果，就必须使各个目标彼此协调、互相支援、互相连接。这就要求计划编制过程中做好计划目标的分解和目标结构的分析工作。目标分解是将计划确定的企业总体目标分解落实到各个部门、各个活动环节，将长期目标分解为各个阶段的分目标。目标结构分析的目的在于审视企业各个部分的具体目标能否实现，从而保证整体目标的达成。

（四）综合平衡阶段

计划综合平衡的目的是分析计划期内企业各部门、各环节和各时期的任务是否相互衔接与协调。综合平衡包括任务的时间平衡和空间平衡、任务与资源供应之间的平衡、任务与能力之间的平衡。

（五）编制并下达行动计划阶段

在综合平衡的基础上，组织即可为各个部门（如业务、人事、财务、供应等）编制各个时段（如年度、季、月等）的行动计划，并下达执行。

三、计划编制的方法与技术

计划工作效率的高低和质量的好坏在很大程度上取决于所采用的方法与技术。以往人们通常采用定额核算、系数推导及经验平衡等方法制订计划。现代企业面对着更加复杂和动荡的外部环境，未来的各种不确定因素也日益增多，这就要求企业采用现代数学工具和以计算机技术为基础的各种新计划编制方法与技术。

（一）滚动计划法

滚动计划法是一种将长期计划、中期计划和短期计划有机结合起来，根据计划实施过程中的变化定期修订计划并逐期向前推移的方法。

滚动计划法为了减少环境不确定性对计划的影响，在计划制订时，同时制订若干期的计划，在计划内容上采用近细远粗的办法，即近期计划内容详尽，是计划的具体实施部分，具有指令性；远期计划内容粗略，是计划的准备实施部分，具有指导性。在第一个计划期完成后，再根据环境变化的要求将下一期的计划加以调整和细化，同时再将未来计划期顺延一期，如此逐期滚动，以保持计划的连续性，故称滚动计划法。

滚动计划法首先加强了计划内容与客观实际的衔接，提高了计划的准确性和实施的有效性，更好地发挥了计划的指导作用；其次有利于使长期计划、中期计划、短期计划有机结合，从而使计划与不断变化的环境因素相协调，使各期计划在调整中保持一致；最后可使计划具有相当的弹性，有效规避风险，适应竞争需要，提高了组织对环境的应变能力。

（二）线性规划法

线性规划是运筹学中的基本方法，也是运筹学最早研究的数学方法，一直被广泛地运用。线性规划在企业经营决策中，主要用于解决两类问题：一类是在任务和目标确定后，如何统筹安排，尽可能地以最少的人力、财力、物力去实现这个任务和目标；另一类是在一定的人力、财力、物力资源条件下，如何最大限度地利用这些资源，完成更多的工作或使任务完成得更好。

线性规划即在一组给定的线性约束条件下，求线性的目标函数的最大（小）值。例如，在确定产量与利润的关系时，不可避免地受到人力、设备、材料供应、资金、时间等条件的制约，综合考虑之下，我们就可以运用线性规划选择最优的产量方案。

（三）投入产出分析方法

投入产出分析方法是对物质生产部门之间或产品之间的数量依存关系进行科学分析，并对再生产进行综合平衡的方法。投入产出分析方法的基本原理是：任何经济活动都包括投入和产出两部分。投入是指生产活动中的消耗，产出是指生产活动的结果。投入与产出的数量具有一定的比例关系。投入产出分析方法就是利用这种数量关系求解各部门之间的一定比例，并编制投入产出表，然后计算各部门（各生产环节）的直接消耗系数和间接消耗系数（合计为完全消耗系数），进一步根据某些部门最终产品的要求算出各部门应达到的指标，用来编制综合计划。

投入产出分析方法的优点：一是反映各部门（或各类产品）的技术经济结构，可用以合理安排各种比例关系，在综合平衡方面是一种特别有效的手段。二是在编制投入产出表的过程中不仅能充分利用现有统计资料，还能建立各种统计指标之间的内在关系，使统计资料系统化。编出的投入产出表则是一个比较全面反映经济过程的数据库，可用来作各种经济分析和经济预测。三是表格形式直观简易，有利于广大计划工作者理解接受。四是使用面广，可在不同组织和各类企业中应用。

第三节　企业组织

一、企业组织及其结构

（一）企业组织

人们对组织的认识是随着管理实践的深入而逐步深化的。传统的组织观念认为，组织就是为了达到特定目标结合而成的团体或单位。这种看法认为，组织具有特定的共同目标，这个目标单凭个人的力量是无法实现的，必须依靠群体的协调努力；组织具有一定的稳定性，维持着组织体的存在；组织是闭合系统，不与外界发生直接联系。基于传统组织观念的这种认识，组织被看作一个静态的结合体，即组织的目标是不变的，组织机制是稳定的，组织结构是固定的，组织与外界是隔绝的。随着生产力和科学技术的高速发展，现代企业的社会性、生产经营活动的复杂性，逐渐使人们摆脱了对组织的狭隘理解。

现代组织观念把企业组织看作一个有机系统，即企业组织是在特定的环境下，为了达到共同的目标组合而形成的有机系统。这种看法认为，企业组织依赖其他组织而存在，同其他组织在特定的环境下发生着千丝万缕的联系；企业组织与环境之间有着密切的依赖性，要同外部环境进行信息的、物质的、能量的交换，要随着环境的变化进行目标的调整，企业组织的功能与机制也要随着外界环境的变化不断补充完善。基于现代组织观念的这种认识，企业组织被看作一个动态的、开放系统的、充满生机和力量的有机整体。

传统的组织理论侧重于从静态的角度研究组织，现代组织理论侧重于从动态的角度研究组织。企业组织的实质是动态的组织活动过程和相对静态的社会实体单位的统一。

（二）企业组织结构

1. 企业组织结构的内容

企业组织结构是企业组织的空间表现形式。现代企业生产经营活动的过程主要体现为，为实现企业的总体目标，对人、财、物和信息进行合理组织，使之有效配合的过程。企业组织结构就是把在动态的组织活动过程中，人、财、物和信息有效的合理配合关系相对固定下来所形成的架构。企业组织结构也可理解为，为了实现企业目标，对企业员工在分工协作、职务范围、责任、权力等方面进行划分所形成的组织结构体系。

企业组织结构的内容主要包括职能结构、层次结构、部门结构和职权结构。其中，职能结构是指为了实现企业组织目标，由企业组织内部应具备的各项业务工作形成的任务结构；层次结构是指企业组织内部自上而下纵向划分的管理层次结构；部门结构是指企业组织内部在各管理层次上，按职能和工作，专业化分解形成的横向组织结构；职权结构是指企业组织内部对各部门各环节的权力、责任及其相互关系进行划分所形成的权责关系结构。

2. 企业组织结构的特征要素

现实中见到的企业组织结构是形式多样、千差万别的。观察和分析企业组织结构需要从组织结构特征因素的分析入手。组织结构特征因素是指描述一个组织结构的各方面特征的标志或参数，是对组织结构进行比较和评价，乃至组织设计的基础。组织结构的主要特征有以下十个方面的因素。

（1）管理层次和管理幅度。一个组织管理层次的多少，表明组织结构的纵向复杂程度。大型组织从高层领导到一般员工，其间可能有五六个或更多层次；而小型组织则可能仅有两三个管理层次。管理幅度则说明一名上级直接领导的下级人数，管理幅度少则为三四人，多则可有十余人或更多。

（2）专业化程度。组织结构的专业化程度，表明组织各职能工作分工的精细程度，具体表现为部门（科室）和职务（岗位）数量的多少。同样规模的组织，如果部门机构多，说明分工较细，专业化程度较高。

（3）地区分布。组织的地区分布表明组织结构在空间上的复杂程度。如果组织机构集中在某一个城市，这就是地区分布最简单的情况；如果在国内某几个地区设有分公司、分厂或派出的管理机构，则地区分布就较复杂些；如果在国外设有分支机构，则地区分布就更为复杂。

（4）分工形式。各部门的横向分工，不仅表现在分工的精细程度，而且表现在分工采取的形式。在工业企业中，常见的分工形式有职能制（按职能分工）、事业部制（按产品分工）、地区制（按地区分工）及混合制等。

（5）关键职能。关键职能是指在组织结构中处于中心地位、具有较大职责和权限的职能部门。关键职能对实现组织目标起着关键作用。不同的组织可能具有不同的关键职能，有的可能是质量管理，有的可能是技术开发、市场营销等。

（6）集权程度。集权程度表明组织权限的集中和分散程度。如果组织的决策和管理权集中在高层管理人员手中，表明这种组织结构的集权程度是高的；如果把其中相当大的部分下放给较低的管理层次，则其集权程度是低的，或者说分权程度较高。

（7）规范化程度。规范化是指以同种方式完成相似工作的程度。组织各项管理业务，特别是日常事务性工作，一般具有标准的程序和方法。如计划编制工作，就应有程序和内容的规范标准。组织规范化程度，具体可以用已经纳入组织管理工作标准的数量及其详细程度来衡量。

（8）制度化程度。制度化是指组织中采用书面文件的数量。表明组织中各项管理工作的程序、方法、要求等的规章制度及上下左右用以传递信息的各种书面文件，如计划、指示、通知、备忘录等，都是用正式的书面文件的形式来描述的。

（9）职业化的程度。职业化是指员工为了掌握本职工作需接受正规教育和职业培训的程度。如果组织中的多数员工需具有较高文化程度，或经过较长时间的职业培训才能熟练从事某项工作，则这种组织的职业化程度就比较高。

（10）人员结构。人员结构是指各部门人员、各职能人员在组织员工总数中的比例情况。它通过技术人员比率、管理人员比率、中高级领导人员比率、基本生产工人同辅助生产工人的比率等来表示。

以上十个方面的因素，概括地反映了一个组织结构的主要特征和全貌，是调查和了解一个组织结构所应掌握的基本方面。

二、企业组织工作及其作用

企业组织工作是指通过设计和维持企业组织内部结构与相互之间的关系，使企业全体员工为实现组织目标而有效协调工作的过程。

（一）企业组织工作的内容

组织设计，即以组织目标为中心，对组织的层次、部门、权力和责任进行分解、划分与分配的过程，组织设计的结果是组织的层次结构、部门结构和权责关系的确立。

组织协调，即对组织各部门之间及组织成员之间的相互分工协作关系、权责关系的组织与协调，规范组织内部的各种关系，激励全体员工为实现企业目标而努力工作。

组织变革，即根据企业组织内外条件的变化对组织结构提出的要求，对组织结构作出相应调整，促进组织活动的正常发展。

（二）企业组织工作的作用

企业组织工作是企业管理的重要职能，其在管理中具有不可忽视的地位和作用，对提高企业生存与发展的能力有着极其重要的影响。

1. 组织工作是实现企业目标和计划的重要手段

在企业管理中，计划职能由于关系着企业目标和计划的制订，因而在管理职能中占有主导地位。但是，计划的实施还要依赖组织工作提供的保证和实施的条件。组织工作是计划工作的自然延伸，计划所确定的目标和战略只有通过组织工作才能落实到组织的每一个成员。

2. 组织工作为企业员工的共同劳动提供了合理分工的组织基础

任何一个组织都是人们共同劳动的组合体，组织工作就是通过设计和维持组织内部的分工结构与相互之间的关系，使人们为实现组织目标而有效地协调工作的过程。例如，工业企业要求有从事生产制造、技术开发、财务管理、市场营销等不同业务的人员，也需要高层、中层、基层等不同层次的管理人员，组织工作可以通过确定相应的组织结构将这些人员的分工加以规范化、明确化。

3. 组织工作可以有效地保证企业各项工作的协调，提高工作效率

在现实的管理工作中，部门之间、组织成员之间的责权关系不明确，就可能出现工作效率低下的现象。组织工作应从企业整体的角度，明确各个部门和成员的责任、权限和相互之间的关系，通过组织协调，使人们在分工协作的过程中协调一致地、高效率地进行合作。

第四节　企业控制

一、控制工作及其作用

（一）控制工作的含义

控制工作是指企业在动态的环境中为保证企业目标的实现而采取的各种检查和纠偏等一系列活动或过程。控制既可理解为一系列的检查、调整活动，即控制活动，也可理解为检查和纠偏的过程，即控制过程。

控制是贯穿于管理全过程的一项重要职能。在现代企业中，管理者要有效组织大量员工共同劳动，要使企业的各项活动达到协调一致，就必须依赖于控制手段监督管理劳动的全过程。管理者进行控制的根本目的，在于保证企业活动的开展能够与预定的企业目标和计划协调一致，以保证企业目标的最终实现。

（二）控制工作的作用

1. 有效应对环境的不确定性对企业活动的影响

现代企业所面对的环境具有复杂多变的特点，再完善的计划也难以将未来出现的变化考虑得十分周全，因此为了保证企业目标和计划的顺利实施，就必须依赖控制工作，以有效的控制应对环境的各种变化对企业活动的影响。

2. 使复杂的企业活动能够协调一致地运作

由于现代企业的规模有着日益扩大的趋势，企业的各种活动日趋复杂化，要使企业内众多部门和人员在分工的基础上协调一致地工作，完善的计划是必备的基础，但计划的实施还要以控制为基本手段。

3. 可以避免和减少管理失误造成的损失

由于企业所处环境的不确定性及企业活动的复杂性，管理中的失误不可避免。控制工作通过对管理全过程的检查和监督，可及时发现企业中的问题，并采取纠偏措施，以尽量避免或减少工作中的损失，为执行和完成计划起到必要的保障作用。

二、企业控制系统

有效的控制必须以健全的控制系统为基础，建立有效的控制机制。企业的控制系统的基本要素一般包括以下几种。

（一）控制的目标体系

任何控制活动都是有目的的活动，控制的目的就是保证企业目标的实现。因此，控制目标的确定应以企业目标为依据，控制的目标体系要与企业目标体系相协调。控制的目标体系反映了控制与计划的关系，应满足以下要求。

1. 要有明确的切实可行的企业目标和计划

在管理职能中，计划职能与控制职能是两项密不可分的工作。控制标准的确定是以计划指标为依据的，控制工作的展开也是针对计划实施的全过程。因此，实现有效控制的基本前提是要有一套切实可行的企业计划。计划的可行性差，控制得再好，也只是无效的控制。

2. 要能全面反映计划的实际要求和特点

控制作为一种管理职能是普遍存在的，它是为企业目标服务的。但是，对于不同的企业、企业内的不同层次或部门、不同的工作性质、不同的对象，控制的目的都是有差异的。一个企业控制系统的设计，必须与其特定的目的相适应，要能正确反映企业各项工作的性质和需要。例如，对于生产冰箱、彩电的企业，由于消费者需求的变化及市场竞争激烈的特点，控制工作的重点应放在产品质量、服务质量及新产品的开发上；而对于从事矿产品采掘的企业，如何提高生产效率、降低生产和运输成本，则应是控制工作的重点。

3. 要有一套切实可行的控制标准

控制标准是控制过程中对实际工作进行检查的衡量尺度，是实施控制的必要条件。因此，实施控制工作一定要把确定控制标准作为控制过程的首要环节。为了保证企业目标和计划的实现，控制标准的确定要以企业目标和计划为基本依据。

（二）控制的主体

控制工作是要靠人来实施的，企业中承担控制工作的管理者及其相应的职能部门就成为控制的主体。控制的主体水平的高低是控制系统发挥作用大小的决定性因素。企业中不同层次、不同部门的管理者都有其相应的控制工作，一般中低层管理者从事的主要是例行的、程序性的控制，高层管理者从事的主要是例外的、非程序性的控制。控制的主体反映了控制工作与组织工作的关系，应满足以下要求。

1. 企业内部的权责关系明确

企业机构内部各个层次和部门及每个企业成员权责关系的明确，是实施有效控制的基本保证。一个企业内部的结构越是明确，职责分工越是清楚，越有利于控制工作的开展。在实际工作中，企业内部结构及其职责关系的不明确，常常导致出现问题后人们相互推诿，失去解决问题的最佳时机，使工作遭受更大损失。明确的企业结构的好处就在于：一是在计划的实施中，一旦出现偏差，有利于迅速查明偏差产生的原因和责任；二是有了明确的权责关系，一旦出现偏差，有利于主管人员迅速采取措施，以保证计划的顺利实施。

2. 要有专职的控制职能部门和人员

控制的对象涉及整个企业的活动，涉及管理的各个方面，为保证对各项活动的有效监督，企业应设有专职的控制机构和人员，赋予相应的责任和权限，建立健全规章制度，以保证控制工作在企业活动中的权威性。

3. 应重视对主管人员素质和能力的培养

人们工作中的偏差往往是由主管人员缺乏知识、经验和判断力造成的，即由人为的管理失误造成的，如工作方法不当等因素。越是合格的主管人员，其在工作中出现偏差的可能性就越小，即使出现偏差，也会自觉地及时采取措施纠正偏差。因此，应重视对主管人员素质和能力的培养，通过提高主管人员的素质和能力，来达到防止和减少偏差的目的。

（三）控制的对象

控制的对象应是整个企业的活动。确定控制对象应有整体的观点，只有把企业的各种资源、企业结构的各层次各部门、企业工作的各阶段各环节都纳入控制的对象，才能使控制工作协调一致，取得良好效果。控制对象的确定要处理好主要矛盾和次要矛盾的关系，应满足以下要求。

1. 要科学地选择控制点，突出控制工作的重点对象

控制工作的对象是整个企业的活动，但这并不意味着企业事无巨细的各种活动都是控制的直接对象。企业中的各个层次和部门及每一个企业员工的工作，对企业目标实现的影响程度是有差别的：有的起着直接作用，有的起着间接作用；有的一旦出现问题会严重影响企业目标的实现，有的则影响作用小。这就要求控制

工作应善于认识和正确处理主要矛盾与次要矛盾的关系，控制工作的重点应是计划的关键点，即有效的控制应着重于那些对计划的完成有举足轻重作用的关键问题，以重点控制达到控制全局的目的。

2. 控制工作要有经济的观点

控制是一项需要投入人力、财力和物力的活动。是否进行控制，控制到什么程度，都涉及投入问题。为进行控制而支出的费用和由控制而增加的收益都直接与控制程度相关。因此，控制工作一定要坚持适度性的原则。从经济性角度考虑，控制系统并不是越复杂越好，控制力度也不是越大越好。控制系统越复杂、控制工作力度越大，意味着控制的投入越大，而且，在许多情况下，这种投入的增加并不一定会导致计划的顺利实施。

3. 主管人员要把注意力集中在例外情况上

在一项计划的实施过程中，既有易出现偏差的地方，也有不易出现偏差的地方；而可能出现的偏差也是多种多样的，有的偏差可能在允许的限度之内，有的则会超出允许的限度；有的偏差即使超出允许的限度，对工作造成的损失并不大，而有的偏差一旦出现则可能对工作造成较大的损失。所谓例外情况的原则强调的是，控制工作的主要着眼点应是一些重要的偏差，即应在易出偏差和偏差出现会造成较大损失的地方，这样控制工作的效率和效能才能达到最高。

（四）控制的技术系统

控制的技术系统主要包括控制机构、控制方法和手段。企业的控制机构从纵向看可分为各个不同管理层次的控制，从横向看可分为各种不同性质的专业控制。控制工作应注重采用先进的控制方法和手段，以不断提高控制工作的效率和效果。

随着市场经济和社会化大生产的发展，企业所面对的经营活动日趋复杂化，从而对企业的控制工作水平提出了更高的要求，过去传统的单纯依靠经验的控制方法已难以适应。现代企业控制工作必须借助于各种科学的控制技术和方法。各种控制方法都有其优缺点，因此在实际工作中，应根据各种不同的控制问题和实际条件加以灵活运用，特别是应善于将定性方法和定量方法有机结合，从而不断地提高控制的科学性。

（五）控制的信息反馈系统

控制过程是通过信息的传输和反馈得以实现的。也就是说，既有控制部分将控制信息输入到受控部分，也有受控部分将反馈信息输送到控制部分，形成闭合回路。控制正是根据反馈信息才能比较、纠正和调整它发出的控制信息，从而实现有效控制。控制的信息反馈系统应反映以下要求。

1. 要有健全的信息反馈渠道

控制工作的过程是对计划实施过程的检查与调整，要随时掌握工作实际并与标准进行比较，以便从差异中寻找问题，纠正偏差。这一过程的顺利进行是以信息的及时获取和反馈为前提的，具备畅通的信息渠道，才能有利于问题的及时发现和解决。

2. 要有健全的管理信息系统

管理信息系统是一个由人、计算机等组成的能进行管理信息的收集、传递、存贮、加工、维护和使用的系统。健全的管理信息系统可以监测企业的各种运行情况，利用过去的数据预测未来，从全局出发辅助企业进行决策，利用信息控制企业的行为，以期达到企业的计划和目标。

三、常规控制手段

控制的对象是企业的活动，其主要内容是对企业中的人、财、物等各方面资源运用状况和成效的控制。常用的控制手段主要有计划控制、时间控制、数量控制、质量控制、安全控制和人员行为控制等。

（一）计划控制

计划控制又称程序控制，是管理控制的基本方式之一。在计划控制中，控制的手段是预先编制好的计划，被控对象按计划指令运行，以保证企业的各项活动不偏离计划轨道。在管理活动中，不论是目标责任者的自我控制，还是上级对下级的宏观控制，都需要以计划为依据。计划是在目标实施之前对决策目标的进一步展开和落实。一个好的计划，如同在现实状态和目标状态之间架设了一座桥梁，可以使人们在目标实施时方向明确、步骤有序、工作协调。

（二）时间控制

时间控制是指对企业计划中所规定的各项活动的时间期限及各项活动之间的

时间衔接进行的控制，目的是保证计划的如期完成。时间是一种重要的资源，从某种意义上来说，时间是比人、财、物等更加重要的资源。任何企业的活动都是在一定的时间内进行的，对时间进行控制，可以使企业对其实现目标过程中的各项工作作出合理的安排，有利于缩短工作周期，提高工作效率。

时间控制的关键是要确定各项活动的进行是否符合预定时间表的安排。在时间控制中，甘特图和网络技术是两种常用的工具，它们都有助于物资、设备、人力在指定的时间到达预定的地点，使之紧密地配合，以完成任务。

（三）数量控制

数量控制是指企业在活动中对各种资源的投入量和产出量及其利用效率的控制。数量标准是衡量企业各项活动工作业绩的尺度，是控制标准的主要组成部分。有效的数量控制可以降低成本，提高资源的利用效率。

控制数量，关键是要确定控制的数量标准。标准是衡量实际业绩的尺度，应合理且为大家所接受。数量控制标准可通过动作研究和时间研究、过去的经验、同业的资料比较等来确定。

（四）质量控制

质量控制是指对企业活动过程中的工作质量及其对客户提供的产品或劳务质量的控制。质量是一个企业工作水平的综合反映。加强质量控制有利于企业综合效益的提高，也有利于企业信誉的提高。

影响质量的因素很多，质量控制要有全面的观点，要实行全过程控制。随着影响质量因素的复杂化，提高质量需要企业中每个人、每项工作的配合，因此，在质量控制过程中，必须实行全员参与的全面质量管理。努力提高全体人员的责任心和工作能力，树立认真负责、严谨细致、用户至上、质量第一的风气，建立质量经济分析制度，开展质量管理小组活动等，对于加强质量控制都是十分必要的。

（五）安全控制

安全控制是指对企业活动中的人身和财产保障的控制，包括人身安全控制、财产安全控制、资料安全控制等内容。加强安全控制有利于企业成员人心的稳定，也有利于企业活动的正常开展。

（六）人员行为控制

人员行为控制是指为使员工的行为更有效地趋向于企业目标而进行的控制。控制工作从根本上来说是对人的控制。人的行为是由人的价值观、性格、经验、社会背景等多种因素综合作用的结果，而这些因素本身又很难用精确的方法加以描述，这就使得对员工行为的控制成了控制中较为复杂和困难的部分。

在人员行为控制中经常用到的控制方法是规章制度和对员工工作绩效的考核。规章制度规定了企业中员工必须遵守的行为准则。工作绩效的考核对员工的工作表现定出标准，定期鉴定，并根据鉴定结果进行奖惩，这是企业中的重要控制手段之一。

第五节　企业领导

一、领导的内涵

（一）领导的含义

对不同的管理学著作的作者来说，领导有不同的含义。我们把领导定义为指挥、带领、引导和鼓励部下为实现目标而努力的过程。这个定义包括下列三个要素：第一，领导者必须有部下或追随者。没有部下的领导者谈不上领导。第二，领导者拥有影响追随者的能力或力量。这些能力或力量包括由组织赋予领导者的职位和权力，也包括领导者个人所具有的影响力。第三，领导的目的是通过影响部下来达到企业的目标。

（二）领导的作用

在带领、引导和鼓舞部下为实现组织目标而努力的过程中，领导者要具体发挥指挥、协调和激励等三个方面的作用。

1. 指挥作用

在人们的集体活动中，需要有头脑清晰、胸怀全局，能高瞻远瞩、运筹帷幄的领导者帮助人们认清所处的环境和形势，指明活动的目标和达到目标的途径。领导者只有站在群众的前面，用自己的行动带领人们为实现企业目标而努力，才能真正起到指挥作用。

2. 协调作用

在许多人协同工作的集体活动中，即使有了明确的目标，但因人的才能、理解能力、工作态度、进取精神、性格、作风、地位等不同，加上外部各种因素的干扰，人们之间在思想上发生各种分歧、行动上出现偏离目标的情况是不可避免的。因此，需要领导者协调人们之间的关系和活动，把大家团结起来，朝着共同的目标前进。

3. 激励作用

尽管大多数人具有积极工作的愿望和热情，但是这种愿望并不能自然地变成现实的行动，这种热情也不能自动地长久保持下去。在复杂的社会生活中，企业的每个员工都有各自不同的经历和遭遇，困难、挫折或不幸必然会影响其工作的热情。使每个员工都保持旺盛的工作热情，最大限度地调动他们的工作积极性，引导不同的员工朝向同一个目标努力，协调员工在不同时空作出贡献，这便是领导者在组织和率领员工为实现企业目标而努力工作的过程中必须发挥的具体作用。

二、领导者的素养

领导者的素养，指的是领导者为达到有效的领导日标所要求的水平、素质而做的自我努力的过程。领导者的素质是指在先天禀赋的生理素质基础上，通过后天的实践锻炼、学习而成的，在领导工作中经常起作用的内在要素的总和。领导者的修养指的是一个人在思想道德、知识、技能方面的水平。领导者的素质修养，即素养包含以下基本内容。

（一）品德素养

对一个领导者的素养要求是多方面的，但思想品德素养始终是首位的。作为一名优秀的领导者，其品德必须超过被领导的下属，越是高层，品德要求就越高。这是因为，首先，一个人的品德会直接影响自己的心理和行为。一个人的能力不仅取决于他的才智，更取决于他的品德。其次，领导者的品德会直接影响下属在工作中的心理和行为。孔子曰：“其身正，不令则从；其身不正，虽令不从。”可见，领导者的高尚品德，是无声的命令，比有声的行政命令有更大的作用。可以说，领导的艺术首先取决于领导的品德，自身不正，就不要指望能发动他人执行决策。

与智商相提并论的“情商”，是领导者人格魅力的另一主要来源。领导者应一心为公，不谋私利；谦虚谨慎，戒骄戒躁；不文过饰非，严于解剖自己；实事求是，不图虚名；艰苦朴素，与群众同甘共苦；不搞特殊化，模范遵守规章制度和道德规范；平等待人，和蔼可亲；心胸开阔，不计较个人恩怨；密切联系群众，关心群众疾苦。

（二）知识素养

1. 马克思主义的理论素养

马克思主义理论对于领导工作的重要作用已被实践充分证明。掌握马克思主义的立场、观点和方法是一个现代领导者必须具备的理论素养。

2. 广博的科学文化知识

广博的科学文化知识能有效地辅助领导者塑造其深厚的底蕴，例如，心理学、人才学、行为科学、社会学、经济学、法学、史学、美学、文学等，都是形成领导力的无尽的源泉。领导者应注重点滴积累，积小流成江海，养成丰富的学识，厚积而薄发。

3. 专业知识和管理知识

领导者应掌握本行业、本企业的相关专业知识，熟悉本企业的产品结构和制造工艺，了解科研和技术的发展方向；应懂得管理的基本原理、基本方法和各项专业管理的基本知识。此外，还应学习管理学、统计学、会计学、经济法、财政金融和外贸等方面的基本知识，了解国内外管理科学的发展方向。

（三）能力素养

领导者的综合能力包含许多具体内容，可以从以下几方面来理解。

1. 信息获取能力

领导者应能在纷繁复杂的众多信息中，透过现象看本质，抓住主要矛盾，运用逻辑思维，进行有效的归纳、概括、判断，及时获得最有效的信息。

2. 知识综合能力

成功的领导是科学理论和实践经验相结合的产物，是一门综合性很强的艺术。领导者必须具备灵活性、创造性地综合运用各种知识的能力。

3. 利益整合能力

国家、集体与个人之间，领导者、管理者与普通员工之间，企业与政府之间等，不同利益主体的各自利益常常在某些时候产生矛盾和冲突。领导者必须有能力调整和协调各种利益之间的关系，消除矛盾冲突，从而使不同人群或地域的利益得到最大化的发展。

4. 组织协调能力

领导者应熟悉各种组织形式，善于运用组织的力量，协调企业内外各种人力、物力和财力，达到综合平衡，获得最佳效果。

（四）心理素养

领导者的心理素养，主要是指领导者应具有的个性品质类型，表现在以下几方面。

1. 敢于决断的气质

领导者必须具有决断的魄力，敢于决断不是盲目武断，而是要有切实的情报工作和细致的方案比选。俗话说“一将无谋，累死千军”。领导者犹豫不决，是无法动员下属全力以赴地从事工作的。

2. 竞争开放的个性

领导者需要具有充满自信、豁达乐观、乐于进取、勇于竞争、临变不乱、多谋善断等心理素质，以良好的心理状态投入竞争环境。要养成善于与人交往，倾听各方面意见的开放型性格。对上，要尊重，争取帮助和支持；对下，要谦虚，平等待人。对内，要有自知之明，知道自己的长处和短处；对外，要热情、公平而客观。

3. 坚忍不拔的意志

在当前飞速发展的新形势下，领导者必然要面临许多新情况、新问题，既无前人的经验可借鉴，也无现成的公式可套用，特别是在遇到挫折、走弯路时，作为一个领导者绝不能悲观、失望、气馁，要以一个领导者坚忍不拔的意志从中吸取教训，解除症结。领导者只有在自己的心理认知上树立起必胜的信心，才能冲破前进中的惊涛骇浪，到达胜利的彼岸。

第六节　现代企业员工激励

一、激励的含义

所谓激励，首先是一种人类活动的心理现象，具有加强和推动行为使之朝向预定目标的动力。激励作为一种心理机制和心理体验，不具有直观性，但是它对人的行为的导向和驱动可以由人的行为状态判断。

管理的激励职能，就是组织通过利用适当的诱因、设计有效的手段、营造适宜的环境条件，激发员工的动机，使之产生实现组织目标的特定行为的过程。激励的机制是激发企业成员的动机，鼓励其充分发挥内在动力，朝着企业所期望的目标采取行动。

激励总是和人的行为过程紧密联系在一起的，是在人的行为过程中发生和进行的，因此，企业员工的行为表现和行为效果就与激励有着密不可分的关系，激励方向和激励水平直接影响企业员工的行为效果。

在企业管理中，为了引导员工为企业目标的实现作出更大的贡献，管理者不仅要根据组织活动的需要和个人素质与能力的差异，将不同的人安排在合适的岗位上，赋予相应的职责和任务，还要分析他们的行为特点和影响因素，有针对性地开展工作，以调动他们的工作积极性，改变和引导他们的行为，使之符合实现企业目标的要求。这就是管理者激励工作所要完成的任务。

心理学研究者证明，人的行为具有目的性。而行为目的源于人的动机，动机则产生于人的需求，需求不满而力求改善是人的行为的根本动力。需求导致动机，动机导向行为，行为指向预定目标，是人类行为的基本模式。

需要是人脑对生理需求和社会需求的反应。人在产生某种需要而未能满足时，就会产生欲望。它促使人处于一种不安和紧张之中，从而成为做事的内在驱动力。心理学上把这种驱动力称作动机。动机产生以后，人们就会寻找、选择能够满足需要的策略和途径，而一个策略确定后，就会进行满足需要的活动，产生一定的行为。如果行为结果使作为行为原动力的需要得到满足，则人们往往会被自己的成功鼓舞，产生新的需要和动机，确定新的目标，产生新的行为。如果行为结果未能使需要得到满足，人们或采取积极的继续努力的行为，或采取消极的挫折性行为，或调整期望目标。因此，从需要的产生到目标的实现，人的行为是一个循环往复、不断升华的过程。

在企业中，需要是员工在内外条件刺激下，对某些事物希望得到满足时的一种心理紧张状态。这种状态使企业成员以一种“缺乏感”体验着，以意向、愿望的形式表现出来，最终形成推动人进行活动的动机。企业管理可以通过环境、条件、诱因的设计，唤起企业成员的需求与动机，进而通过有效的引导，鼓励和推动企业成员在寻求需求满足的努力行为中实现企业的目标。

二、激励理论

激励理论是对于激励的基本规律的系统阐述。激励理论在企业管理理论产生以来就存在，许多管理学家、心理学家和社会学家从不同角度研究了如何激励人的问题，并提出了相应的激励理论，使激励理论不断进步和升华。

（一）内容型激励理论

内容型激励理论是从激励过程的起点即需要出发，去研究能够激励员工积极性的问题，旨在了解人的各种需要，解释的是“什么会使员工努力工作”的问题。

1. 需要层次理论

美国心理学家亚伯拉罕·马斯洛提出需求层次理论。他认为人类的需求是以层次的形式出现的，由低级的需求开始逐级向上发展到高级需求。人类需求可以分为以下五个层次。

第一，生理的需要是最基本的需要，如衣、食、住、行等。在经济欠发达的社会，必须首先研究并满足这方面的需要。企业中一线员工的这类需求通常比较迫切。

第二，安全的需要是保护自己免受身体和情感伤害，社会秩序、个人生活保障等需要。

第三，社交的需要包括友谊、爱情、归属及接纳方面的需要。人是一种社会动物，人们的生活和工作都不是孤立地进行的。人们希望在一种被接受或归属的情况下工作，而不希望在社会中成为离群的孤岛。

第四，尊重的需要分为内部尊重和外部尊重。内部尊重因素包括自尊、自主和成就感；外部尊重因素包括地位、认可和关注或者说受人尊重。自尊是指在自己取得成功时有一种自豪感，它是驱使人们奋发向上的推动力。这种需求体现在个体的社会存在方式、社会认同和当自己作出贡献时能得到他人的承认。

第五，自我实现的需要，包括成长与发展、发挥自身潜能、实现理想的需要。这是一种追求个人能力极限的内驱力。

马斯洛的需求层次对于激励理论有突出的贡献。作为企业管理者应认识到：①人的需要是客观存在的，需要是人们动机和行为产生的根本原因，需要对人们的积极性产生影响；②要善于将组织目标与组织成员的个人需要结合起来，以充分调动人们的积极性，保证组织目标的实现；③不同的需要有着不同的满足途径，管理者应善于针对不同层次的需要，找出相应的激励方法；④组织中的不同的人有着不同层次的需要，管理者应善于观察分析每个人的需求，并针对不同的人采用不同的激励方法。

2. 双因素理论

美国心理学家弗雷德里克·赫茨伯格提出了双因素理论。20 世纪 50 年代后期，赫茨伯格和其助手在匹兹堡地区的 11 个工商业机构中，对近 2000 名工程师和会计师进行了一项调查研究。通过调查，他发现人们对诸如本组织的政策和管理、监督、工作条件、人际关系、薪金、地位、职业安定及个人生活所需等，如果得到了满足则没有不满，得不到满足则产生不满。他把这些因素统称为“保健因素”。此外，他还发现人们对成就、赏识（认可）、艰巨的工作、晋升和工作中的成长、责任感等，如果得到则感到满意，得不到则没有不满。他把这一类因素统称为“激励因素”。保健因素通常与工作条件和工作环境有关，而激励因素与工作内容和工作本身有关。赫茨伯格认为，保健因素不能直接起激励员工的作用，但能防止员工产生不满的情绪；保健因素改善后，员工的不满情绪会消除，但并不会导致积极的效果，员工只是处于一种既非满意，又非不满意的中性状态，激励因素才能产生使员工满意的积极效果。

这个理论产生后，受到许多人的非议。有人认为，人是复杂的，若是对他的调查仅以满意或不满意作为指标，又没有进一步证实满意感和生产率的关系，那么其调查结果的可信度是值得怀疑的。但是，20 世纪 60 年代中期以来，这一理论越来越受到人们的关注。这一理论向人们揭示，如果主管人员能够提供某些条件及满足保健性需要，也可能保持组织中人们一定的士气水平。

（二）过程型激励理论

过程型激励理论主要研究管理者所提供的激励因素是否能够发挥作用及是如何发挥激励作用的。有效的管理者不仅应知道给员工什么，更应知道如何激励才能提高效率。

1. 期望理论

期望理论是美国心理学家维克托·弗鲁姆提出的。期望理论的基本观点是人们在预期他们的行动将会有助于达到某个目标的情况下，才会被激励起来去做某些事情以达到这个目标。他认为，任何时候，一个人从事某一行动的动力，是由他的行动的全部结果（积极的或消极的）的期望值乘预期这种结果将会达到所要求目标的程度决定的。换言之，他认为激励是一个人某一行动的期望值和认为将会达到其目标的概率的乘积。

2. 公平理论

公平理论又称社会比较理论，是由美国的心理学家斯塔西·亚当斯于 20 世纪 60 年代提出来的。该理论侧重于报酬对人们工作积极性的影响，其基本观点是当一个人做出了成绩并取得报酬以后，他不仅关心所得报酬的绝对值，而且关心自己所得报酬的相对值。因此，他要进行种种比较来确定自己所得的报酬是否合理，比较的结果将直接影响今后工作的积极性。

近年来的公平理论研究不仅着眼于分配公平，还注意到了程序公平的内容。这是因为，管理者如果想在组织内吸引人才、留住人才和激励员工、减少员工的不满意度，其关键就在于让员工相信管理者能提供程序性公平，即用来确定报酬的程序的公平。事实上，即使人们认为他们得到的结果不公平，但是只要程序公平，他们也会认为自己获得了公平。与分配公平相比，程序公平更能影响员工的组织承诺和对管理者的信任，因为在程序公平的决策过程中，人们可以获得对决策公平性的解释，至少员工能得到公平倾听抱怨的机会、提出问题的时间和信任。如果员工和管理者能够共同制订决策，并关注过程的公平性，那么即使最终员工个人未能如愿以偿，他们也能够理解所使用的程序已是尽可能公平。

三、激励的原则

（一）以满足需求为基础的原则

在企业中，我们能够发现员工行为与其需求满足程度有着密切的关系。有效激励就要运用这一规律，从员工的需求出发，了解、分析、引导和满足员工需求，善于从满足需求出发调动员工的积极性，并针对不同需求采用不同的激励方法。

（二）个人需求与组织目标相结合的原则

根据弗鲁姆的期望理论，人的积极性是否能够得到充分发挥，取决于工作目标实现的可能性的大小和相应奖酬对其自身的重要程度，即当人们认为自己承担的工作目标有实现的可能性，且目标实现后所获得的奖酬对满足个人需求具有价值时，人的积极性才能被调动。这一理论揭示了这样一个原则，管理者应善于培育和描述企业愿景，积极参与员工的职业生涯设计，为员工确定合理的工作目标，并创造条件，增强员工实现目标的信心，并且要把企业进步和发展与员工利益改善有效结合起来。任何忽视员工利益或组织发展的短期行为都是有害的。

（三）内在激励与外在激励相结合的原则

传统管理依靠的是外在激励手段，即对高绩效员工的奖励主要来自老板、企业或主管。现代企业管理实践同时注重了内在激励的力量，也就是来自工作本身和员工自己的驱动力。内在激励是创造性激励的基础。管理者赋予员工有挑战性的工作、创造发明的机会、个人不断进步和成功的感受等，就能提供鼓舞人们在工作上投入时间和精力、在事业上不断进取、在本职岗位上不断创新的内在激励。内在激励还包括让员工自由地去做最感兴趣的工作等。

（四）物质激励与精神激励相结合的原则

根据马斯洛的需要层次理论，人的需要可划分为生理、安全、社交、尊重和自我实现五个层次。这说明人的需要既有物质需要，如生理、安全的需要，也有精神需要，如社交、尊重、自我实现的需要。这一理论揭示了这样一个原则，要调动人的积极性，必须将物质激励同精神激励结合起来，物质激励作为基础，以满足劳动者生存的需要；精神激励作为根本，在努力改善员工工作环境和条件、不断提高员工权益和福利的同时，更要加强内在因素的激励。要使人们对企业发展建立信心、对企业事业充满追求、对个人进步与发展充满自信，从而激发人们对工作的热爱，促使工作效率的提高，以满足劳动者提高自身素质的要求。

（五）奖励与惩罚相结合的原则

美国心理学家斯金纳的强化理论认为，管理者应善于引导人们的行为，使其朝着所希望的目标前进。引导人们行为的策略主要有正强化和负强化之分，正强化主要是指对员工正确行为的肯定和奖励，负强化主要是指对不希望出现的行为的批评和惩罚。这一理论揭示了这样一个原则，管理者应善于运用以奖励为主、惩罚为辅的激励手段，奖优罚劣、扶正祛邪，使企业内部能够形成一个人人积极向上的工作环境。

（六）公平、公开、公正的原则

当代企业越来越重视人性化管理、开放式管理、参与管理。管理的事项越来越具有社会性。很多事件之所以引起广泛关注，并不在于其有多大的政治经济价值，而在于它有广泛的社会价值。参与企业决策的主体越来越广泛和分化，因此，管理的价值目标，就越来越从效率优先转到注重公平、公开、公正。公平、公开、公正给予员工充分的尊重和参与机会，本身就是最有效的激励。美国学者亚当斯提出的公平理论认为，人们对自己获得的劳动报酬要同自己的工作投入相比较，也要同其他人所得报酬与工作投入的情况相比较，以评价是否公平合理，评价结果对员工的积极性起着积极或消极的作用。这一理论揭示了这样一个原则，要调动人的积极性，管理者应将公平作为重要的激励手段，要做到公正无私地对待企业的每一个成员。任何激励都关系到员工个人的利益，激励的公平合理性将直接影响员工对劳动的态度，进而影响劳动生产率的变化。论功行赏还要体现员工在素质、知识、技能、经验水平及在不同岗位所作贡献的差异，考虑到员工不同的需求。激励应做到原则和标准公正、政策和过程公开、机会和结果公平。

第三章 企业战略管理

第一节 企业战略管理的概念、特征与程序

一、企业战略管理的概念

一般认为，最早将战略与企业经营管理紧密联系在一起的是美国经济学家安索夫（H.I. Ansoff）。1965年，他在著作《企业战略论》中指出，企业战略是企业在综合对企业内外环境认识的基础上决定干什么以及怎么干。随后，“战略”一词被广泛应用于社会经济、文化、教育和科技等领域。

企业战略管理是企业在市场经济条件下，综合外部环境和内部条件，为应对竞争、追求可持续发展，确定企业使命，对企业的发展目标以及达到目标的途径和手段的总体谋划。

战略管理的5P理论认为，战略是关于企业未来发展的计划（Plan），是企业过去发展历程所沉淀的一种模式（Pattern），是企业的产业定位（Position），是经营企业的观念（Perspective），是企业在竞争中采用的一种计谋（Ploy）。

当今全球企业界普遍把制订和实施企业战略作为首要课题。许多公司的经理每年要用大量的时间去研究企业战略，他们认为“最占用时间、最为重要、最为困难的就是制订战略规划”，正如美国通用电气公司原董事长威尔逊所说：“我整天没有做几件事，但有一件做不完的工作，那就是规划未来。”

二、企业战略管理的特征及常用概念

（一）企业战略管理的特征

相对企业管理的其他职能，战略管理具有以下特征。

1. 全局性

战略管理并不拘泥于企业某一事业部或某一职能部门的重要性，而是通过制

订企业的使命、目标和整体运营思路来协调企业各部门的表现，从而使它们为实现企业使命、目标而贡献价值。全局性表现在三个方面：①既要紧盯外部环境，也要关注内部条件，必须与本企业整体利益相一致，是指导企业及其各部门一切活动的总纲；②必须与国家经济、科技、社会发展趋势相协调；③必须与全球经济一体化趋势相适应。

2. 未来性

企业战略管理着眼于企业整体长远利益的最大化，要对本行业及社会经济的未来有相当准确的认识。它要求企业家具有前瞻的眼光，不盲目追赶潮流，努力打造属于企业自己的“蓝海”。因此，战略管理的某些决策可能在短期内难以为许多人所理解，但市场的胜利者往往是对未来有智慧决断、善于战略谋划的企业。

3. 竞争性

企业经营战略既是企业在动荡的市场竞争中与竞争对手抗衡的行动指南，也是企业应对来自企业内外多方面冲击、压力、威胁和困难的总纲领，具有明显的竞争性。

4. 相对稳定性

企业战略管理是一个关于企业活动的动态系统，它要面对企业内外环境和条件的变化所带来的挑战，但其着眼于企业发展的宏图大略，不能朝令夕改，要有相对的稳定性。有的企业战略目标甚至需要经过几任领导者的努力才能实现。

5. 高层性

经营战略规定的是企业总体的长远目标、发展方向、前进道路及所采取的基本行动方针、重大措施和基本步骤，都是原则性的、概括性的规定。虽然它也需要企业不同层次管理者和全体员工的参与及支持，但其主体应是企业高层管理人员，他们能够统观企业全局，了解企业的全面情况，更重要的是他们具有对实施战略所需资源进行分配的权力。

（二）企业战略管理中常用的几个概念

企业使命是企业在社会进步、经济发展等方面所承担的责任和担当的角色，是社会接受企业存在的理由。它是企业一切活动的出发点，是企业界定经营领域、树立经营思想、制订战略的依据。

企业价值观是企业解决如何在外部生存以及企业内部如何共同生活的哲学，是企业对内外部的一种辩证式的哲学思考，它决定了企业对于各种事物的偏好，构成了对企业全部行为的一种根本指导。其根本问题是企业中人与物、人与经济规律的关系问题。

企业愿景是管理层对企业未来发展总方向和蓝图的集中体现，具体可表达为通过企业上下的努力要使自身成为怎样的企业。

长期目标规定企业执行其使命时所预期的成果，此成果的时间跨度通常超出会计年度。

短期目标即日常工作中的执行性目标，其时限常在一年以内，是实现长期目标的工具。

三、企业战略管理的程序

企业战略管理的程序如图 3-1 所示。

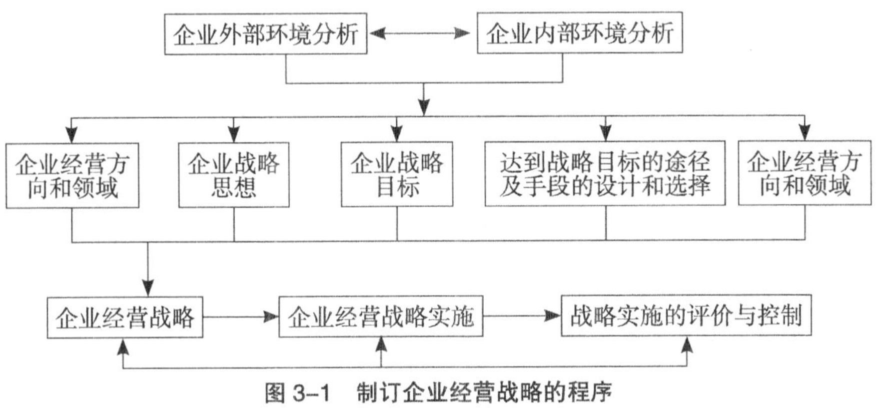

图 3-1　制订企业经营战略的程序

第二节　战略环境分析

一、企业宏观环境分析

企业宏观环境主要有国家政治、法律、经济、科技、社会、文化等要素，这些要素对企业的经营活动产生直接或间接的影响，因此，在进行战略管理时必须对这些要素进行深入分析。

二、企业中观环境分析

企业中观环境分析即行业分析，这是发达国家一些优秀企业的经营者最为重视的环境分析部分。因为相对宏观环境和微观环境来说，中观环境是通过企业的自身努力，对其实施影响和引导的可变性最大的一个方面，一旦在这个方面游刃有余，就会达到事半功倍的效果。企业战略管理对此应给予充分关注。

所谓行业，是指按企业生产的产品或服务的性质、特点以及其在国民经济中所起作用的不同而划分形成的企业类别。行业通常按产品的经济用途来分类，如建筑材料工业、食品工业等，或按使用材料和工艺过程来分类，如橡胶工业、金属加工工业、冶金工业、纺织工业等。

（一）行业竞争结构分析

行业竞争结构分析也称为波特五力分析模型，它强调任何生存于某行业中的企业都要面临或承受来自五个方面的竞争压力，这五种基本的竞争力量是：新进入者、行业中现有的企业、替代品或服务、供应者、用户。行业竞争结构如图 3-2 所示。这五种力量的现状、消长趋势及其综合强度决定了行业竞争的激烈程度和行业的获利能力，进而决定了企业所在行业环境的性质。

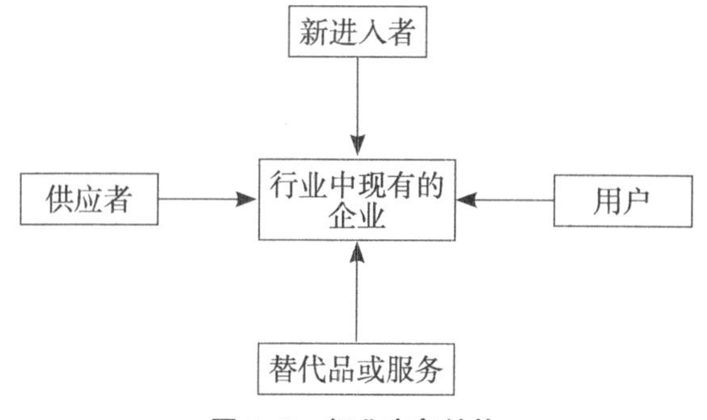

图 3-2　行业竞争结构

1. 新进入者的威胁

新进入者可以是一家新办企业，或是一家采用多角化经营的、原来从事其他行业的企业。这个新进入者给本行业带来了新的生产能力，并将瓜分一定的市场份额。该新进入者进入可能性的大小取决于进入新行业所面临的障碍及其进入新行业后原有企业的反应强烈程度。进入障碍主要有规模经济、产品差异、资本要求、转手成本、分配渠道控制、不受规模支配的成本劣势及政府政策等。

2. 替代品压力

替代品是指那些与本行业现有产品具有相同或相仿功能的产品，如洗衣粉可以部分代替肥皂，圆珠笔可以部分代替钢笔等。替代品通过规定某个行业内的厂商可能获利的最高限价来限制该行业的潜在收益，若替代品具有较强的优势，它对现有产品的压力就大，就会使本行业的企业在竞争中处于被动地位。一般而言，替代品价格越低、质量越好、用户转换成本越低，其所产生的竞争压力就越大；而这种来自替代品生产者的竞争压力的强度，可以通过考察替代品销售增长率、替代品厂家生产能力与盈利扩张情况加以描述。

3. 用户压力

用户通过迫使价格下跌与行业竞争，期望获得价格更低廉、质量更好、服务更多的行业产品，在不损害行业获利能力的情况下让竞争者彼此竞争。每个行业的主要用户集团的这种讨价还价能力取决于其市场状况的许多特征以及在与其总的业务活动相比较下从某行业进货的相对重要性。具有如下特征的购买者可能具有较强的讨价还价力量：①购买者的总数较少，而每个购买者的购买量较大，占了卖方销售量的很大比例；②卖方行业由大量相对来说规模较小的企业所组成；③购买者所购买的基本上是一种标准化产品，同时向多个卖主购买产品在经济上完全可行；④购买者有能力实现后向一体化，而卖主不可能前向一体化。

4. 行业中现有企业间的竞争

行业内如果有为数众多、势均力敌、形形色色的竞争者，且大家都面临着高固定成本、高储存成本、转手成本缺乏等问题，那么行业内企业的盈利空间就会受到很大的制约。一般来说，出现下述情况将意味着行业中现有企业之间的竞争加剧：①行业进入门槛较低，势均力敌的竞争对手较多，竞争参与者范围广泛；②市场趋于成熟，产品需求增长缓慢；③竞争者企图采用降价等手段促销；④竞争者提供几乎相同的产品或服务，用户转换成本很低。

5. 供应者压力

供应者在一定条件下有可能提高原材料或其他供应品的价格，或降低供应品的质量，或两者双管齐下，以谋取更多的利润，从而制约行业内企业的盈利空间。供方主要通过其提高投入要素价格和降低单位价值质量的能力来影响行业中现有企业的盈利能力与产品竞争力。供方力量的强弱主要取决于他们所提供给买主的是什么投入要素，当供方所提供的投入要素的价值构成了买主产品总成本的较大比例、对买主产品生产过程非常重要，或者严重影响买主产品的质量时，供方对于买主的潜在讨价还价力量就极大增强。一般来说，当供方具有如下特征时会具有比较强大的讨价还价力量：①供方行业为一些具有稳固市场地位而不受市场激烈竞争困扰的企业所控制，其产品买主较多，以至于每一个买主都不可能成为供方的重要客户；②供方各企业的产品各具有一定特色，以至于买主难以转换或转换成本太高，或者很难找到可与供方企业产品相竞争的替代品；③供方能够方便地实行前向联合或一体化，而买主难以进行后向联合或一体化。

（二）行业生命周期分析

行业生命周期是指从行业出现到行业完全退出市场所经历的时间过程，主要包括四个发展阶段：幼稚期、成长期、成熟期、衰退期（见图 3–3）。

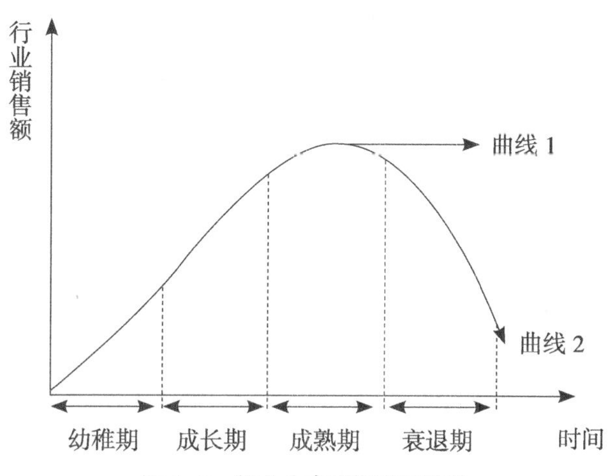

图 3–3　行业生命周期发展阶段

行业生命周期曲线的形状由社会对该行业产品的需求状况决定，行业生命周期不同于产品生命周期，某一产品生命虽已终结，但其所属行业的生命可能还在延续。行业生命周期曲线一般忽略了具体产品型号、质量规格等差异，例如钢铁行业，忽略了普通钢、低合金钢、高合金钢等不同钢种化学成分的差异，该曲线反映的是行业发展的变化趋势。

由图 3–3 可以看出，在成熟期前期，所有行业的发展轨迹差别不大，都呈 S 形曲线；而在成熟期，大致可分为两种类型：一种是行业长期处于成熟期，形成长期稳定型行业（见图 3–3 曲线 1）；另一种是行业较快进入衰退期，从而形成迅速衰退行业（见图 3–3 曲线 2）。

企业制订战略时要识别企业所在行业处于其生命周期的哪个阶段，行业处于不同的生命周期阶段，企业战略也会有很大的不同（见表 3–1）。

表 3-1 行业生命周期不同阶段比较

行业生命周期 企业内外部环境分析	导入阶段	成长阶段	成熟阶段	衰退阶段
买主及买主行为	高收入购买者，买主惰性，必须说服买主试用购买产品	扩大的买主集团，消费者质量要求不一	大型市场，市场饱和，续购，在厂商之间挑选	客户都是产品的老主顾
产品与产品变化	低劣质量，许多不同的产品品种，没有标准，设计经常改变，基本产品设计	产品具有技术与性能上的差异，竞争产品的改进，优良质量	优质，较少的产品差异，标准化，更多的年度式样的轻微变化	无产品差异，产品质量参差不一
市场营销	广告、销售活动激烈，撇脂价格策略，市场营销成本高	广告活动多，非技术性产品的广告及销售	市场细分化，扩充产品种类，努力延长寿命周期，服务更重要	广告和销售活动及其他市场营销活动少
制造与销售分配	短期生产过程，技术没有完全成熟	生产能力不足，转向大批量生产	某种程度的生产能力过剩，最优生产能力，劳动技能要求降低，稳定技术的长期经营	大量的生产能力过剩，大批量的生产
竞争	极少数企业参与竞争	众多的竞争者，大量合并及意外事件	价格竞争，实力不足者被淘汰，私有厂商增加	退出行业者增多，较少的竞争者
风险	风险大	增长掩盖了风险，但风险仍然存在	周期性上升	风险反而不重要
毛利与利润	高利润	最高利润	价格下跌，利润下降	低价格与低毛利

需要指出的是，有些企业往往难以识别行业的生命周期及其变化趋势。一个行业在导入阶段和成长阶段，企业往往看不出其前景或因技术制约而抓不住该行业的早期发展机会，待技术已公开，行业一片兴旺繁荣时，企业才缓缓进入，而这时的市场已被其他企业占领，因此企业的决策者应有高度的市场敏感性。

（三）行业的社会经济地位分析

一般来说，行业的产值、利税、吸纳劳动力数量等指标在国民经济中所占比重越大，行业现状及未来对国民经济整体的影响越大，市场综合竞争能力越强，行业地位也越重要。运用行业产品的收入弹性系数能够比较综合地反映行业在社会经济中的地位。其公式如下：

$$\text{某行业产品的收入弹性系数}=\frac{\text{某行业产品的需求增长率}}{\text{人均国民收入增长率}}$$

若该比值大于1，说明该行业在产业结构中能占较大份额，有发展潜力，地位重要；若该比值小于1，则说明人们的收入虽在增加，但对该行业的产品需求反而在减少，即这个行业的地位在下降，前景不妙。

（四）行业内企业规模结构分析

行业内的企业规模结构通常有两种类型：第一，悬殊型。行业的进入壁垒较高，大企业实力雄厚，在行业中占绝对领导地位，其他小企业根本无力与其竞争，这种行业内部竞争比较缓和。第二，均衡型。资金、技术等壁垒都不高，行业内所有企业的规模与实力相当，这种行业内部竞争激烈。

（五）行业内市场结构分析

行业内市场结构分析主要分析行业的市场供求状况，具体有供过于求、供求平衡、供不应求三种情况。一般来说，对供不应求的市场，进入者大量拥入，企业应注意形成优势；对供求平衡的市场，企业应注意在激烈的竞争中巩固优势；对供大于求的市场，企业应考虑如何先人一步，寻找机会取得相对竞争优势或退出该行业。

（六）社会环境对行业发展限制的分析

一个行业在发展过程中，可能会受到某些环境因素的限制（如化工、制药、水泥、造纸行业等），应当防止由于企业的生产经营而对空气、森林、水源、地貌等自然环境造成污染。

三、企业微观环境分析

企业微观环境是指与企业的人、财、物、供、产、销、技术、信息、时间等直接发生关系的客观环境，这是决定企业生存与发展的基本环境。

（一）顾客分析

顾客是企业产品和服务的购买者，包括企业产品或服务的用户和中间商。企业与顾客的关系通常表现为服务与被服务、购买与销售、选择与被选择、争夺与被争夺的关系。因此，要对顾客进行分析，了解顾客的需求内容、趋势及特点，顾客的消费心理、消费习惯及层次等，既要努力满足顾客的需求，又要积极引导需求、开拓新市场。

（二）供应者分析

供应者是指为本企业提供生产经营活动要素的单位。供应者的基本要求是与企业建立稳定合理的交易关系并取得合理的利润。

（三）竞争者分析

竞争者是指与本企业争夺市场和资源的对手。他们生产与本企业相同或相似的产品以争夺市场；或使用与本企业相同的资源，从而形成资源竞争关系。从不同角度可以把竞争者分为直接竞争者与间接竞争者、现实竞争者与潜在竞争者等。企业与竞争者的关系有以下三种：第一，相互争夺资源与市场的关系。竞争双方争抢市场和人才、技术、资金、信息等资源，企图获得更大市场份额和更多资源，还积极争夺潜在的市场和新资源。谁占有了市场与资源，谁就有了长远发展的良好条件与基础。第二，相互削弱对方竞争能力的关系。这是一种破坏对方经营能力和对方努力维护其经营能力的关系。为对付这种竞争，企业应全面了解和研究竞争对手的长处与短处，了解对手的经营思想、经营战略、经营计划、经营特点及作用，从而明确本企业的竞争地位及相对优势，为本企业制订战略提供环境分析依据。第三，与竞争对手相互妥协的制衡关系。有时竞争双方开展激烈竞争会造成两败俱伤的结果，而企图削弱对方、壮大自己也有困难，此时为了维护自己的竞争地位，与竞争者通过谈判在某些方面达成协议，进行合作，双方从合作中得益，这是一种较为理想的协作型竞争关系。

（四）同盟者分析

在企业经营中，对同盟者进行分析是十分重要的。从不同角度看，可将同盟者分为基本同盟者与临时同盟者、直接同盟者与间接同盟者、现实同盟者与潜在同盟者、长期同盟者与短期同盟者等。随着环境条件的变化，同盟者的立场、态度、行为及同盟程度都可能发生改变，甚至成为竞争者。因此，企业应对各类同盟者的状况、发展趋势及特点进行分析。

（五）其他环境因素分析

企业应对运输部门、外贸部门、上级业务主管部门、财政税务部门等进行分析，处理好企业与各个部门机构的关系，如所在社区的派出所、新闻媒体等，否则会给企业正常生产经营活动带来不利影响。

四、企业国际环境分析

（一）当前国际环境的特点

1. 全球信息化

全球信息化为全球经济一体化提供了技术支持。它共有五个特点：第一，互联性。世界互联网及各种内部网络发展使得各国经济发展相互依存、相互渗透。第二，整合性。信息的整合会产生生产力突破，并推动生产力发展。第三，敏捷性。信息是以光速传输的，这极大地提高了信息传递的速度和时间利用率。第四，虚拟化。一方面，信息化使世界空间缩小，世界成了地球村；另一方面，又使空间变大，多媒体空间的出现，使虚拟商店、虚拟市场、虚拟银行等也相应出现。第五，组织扁平化。信息化使企业组织再次集权，中间管理层功能减退，生产者与消费者之间的距离缩短，界限模糊，消费者与生产者可以相互合作。

2. 全球经济一体化

全球经济一体化最突出的特点是国际跨国公司的发展。由于跨国公司的飞速发展，世界各国、企业、管理者之间的距离越来越近，关系越来越密切，从而形成了相互依赖、相互促进、相互制约的复杂关系。

3. 国际上企业之间的兼并和联合达到高潮

由于竞争的需要，国际上许多大公司联合兼并已成为一个趋势，如美国波音公司与麦道飞机公司联合，以及美国埃克森石油公司与美孚石油公司联合等。

4. 知识经济的崛起

知识经济以高技术产业为支柱，以智力资源为依托，一般体现为三个特点：第一，经济的可持续化。与传统经济不同，知识经济是为了保护环境，利用高新技术来开发目前尚不能利用的自然资源。第二，资产投入无形化。传统工业中资金、设备等有形资源起决定作用，而知识经济中是知识、智力的投入起决定作用，虽然知识经济也需要资金投入，但如果没有信息、知识、智力的投入，经济发展就会受制约，甚至会停滞不前。第三，决策知识化。知识经济的决策和管理必须知识化。决策者除了要用自己的脑袋决策，还要借助于电脑和外脑。

（二）当前国际环境下企业管理的特点

1. 重视整体社会目标

企业不仅追求经济利益，而且重视对社会进步所承担的责任。

2. 重视精神激励

传统工业重视精神激励，但更重视物质激励，而信息化和知识经济尤其重视精神激励，不仅要给予员工表扬，更要赋予员工更大的责任和权力，以激发员工的主动性、创造性、自觉性，实现其人生价值。

3. 重视知识和人才

传统工业以物质资源和资本管理为中心，而知识经济则是以人为中心，重视知识和人才，尤其重视企业内外的专家的作用。企业应成为学习型组织，发挥知识和团队的整合效应。

4. 重视企业文化建设

传统工业经济的管理重视规章制度建设，而现代企业组织重视企业文化建设，用共同的企业价值观凝聚全体员工。

5. 重视领导方式的转变

传统工业经济往往管理过度而领导不足，现代领导方式要求企业每个成员都有参与领导的机会，要通过各种方式提高员工的学习能力。未来的领导是集体领导，是集中公众智慧、统一公众行为的领导。领导者必须发挥其模范及专长示范作用，充分施展个人的人格力量，带动员工和企业前进。

五、企业内部环境分析

不断变化的外部环境可能给企业带来潜在机会，但是，只有企业具备了能够利用这种机会的内部条件，潜在机会才可能变为现实。企业内部环境分析包括企业素质分析、企业活力分析及企业经济效益综合分析。

（一）企业素质分析

企业素质是指构成企业各要素的质量及其相互结合的本质特征，它决定企业生产经营活动的整体功能。企业素质是一个“质”的概念，考察一家企业的好与坏，既要看其规模大小或员工人数的多少，更要看企业的整体素质；既要看其各个要素的质量，更要看各个要素之间的内在联系。企业素质是一个动态概念，企业应不断提升自身素质，使之为实现提高企业经济效益的目标服务。

企业素质主要包括三个方面：企业技术素质、企业管理素质和企业人员素质。企业技术素质是企业素质的基础，主要包括劳动对象素质，即原材料、半成品、产成品的质量与水平；劳动手段素质，即企业设备、工具装备及工艺水平。企业管理素质是企业素质的主导，是技术素质得以发展的保证，它包括企业的领导体制、组织结构、企业基础管理水平及管理方法、管理手段、管理制度水平、企业经营决策能力、企业文化及经营战略。企业人员素质是指企业所有人员的政治、文化、技术、身体、心态、作风等方面的内容。上述三个方面形成企业的素质结构。可见，企业素质是由各个因素以某种确定的方式构成的，其中有些因素之间存在相互包容的关系（见图 3–4）。

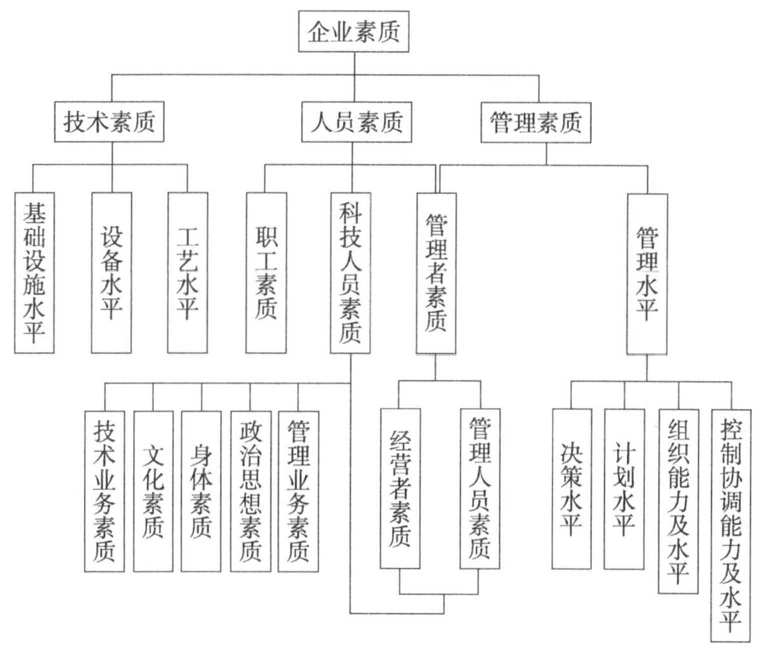

图 3–4　企业素质结构

（二）企业活力分析

企业活力是指企业作为有机体通过自身的素质和能力在与外界环境交互作用的良性循环中所呈现的自我发展的旺盛生命力状态。企业活力可以用企业凝聚力、适应能力、生长能力、竞争能力、获利能力来表示，如图 3–5 所示。

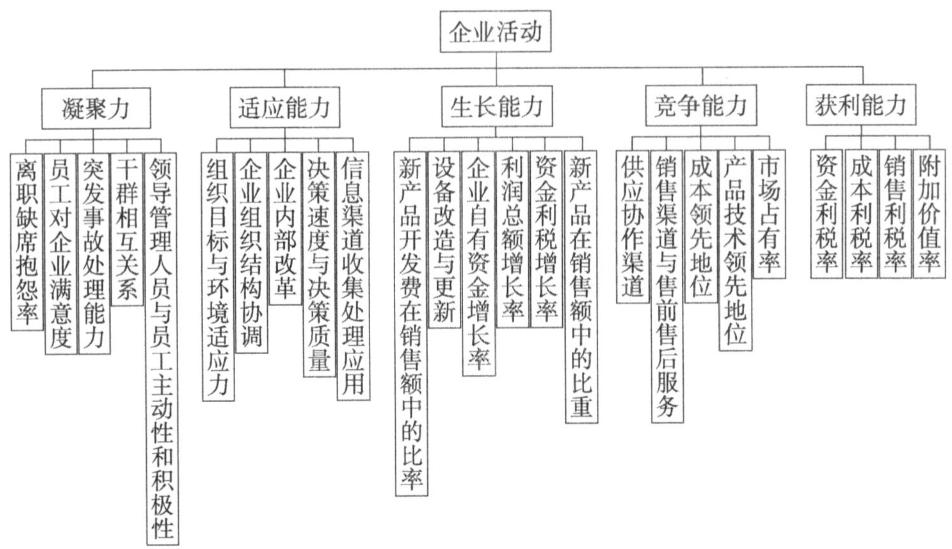

图 3–5　企业活力外显特征

企业获利能力是企业赖以生存的基本要求，是企业竞争能力、生长能力、适应能力和凝聚力的综合体现，是企业活力的结果。企业竞争能力是企业生存本能的体现，如同人有了运动才有活力一样，企业只有竞争才会有活力，才会有压力，才会充分发挥潜力，才会使企业增强自我积累、自我改造、自我发展、自我约束的能力。企业生长能力是企业在竞争中生存的前提条件，企业的生存必须建立在内涵扩大再生产的基础上，否则企业将会失去生存的能力。企业适应能力是企业对外界环境的应变能力，它主要是通过企业经营管理的改善来实现的，企业要根据市场和外界环境进行生产调整，调整得越及时、越顺利，应变能力就越强。企业凝聚力是以企业员工对企业的态度来表现的，凝聚力强弱关系到企业员工的积极性和创造性以及企业整体功能的发挥。

（三）企业经济效益综合分析

战略管理一般应从企业的收益性、流动性、安全性、成长性、生产性等五个方面对企业进行经济效益分析，故被称为经济效益五性分析。

1. 企业收益性指标

该类指标反映了企业一定时期的收益及获利能力，主要指标如表 3–2 所示。

表 3–2　企业收益性指标

收益性比率	计算公式
所有者总资产报酬率	税后净利润 ÷ 资产平均总额 ×100%
所有者权益报酬率	税后净利润 ÷ 所有者权益 ×100%
销售毛利率	销售毛利 ÷ 销售收入 ×100%
销售净利润率	税后净利润 ÷ 销售收入 ×100%

2. 企业流动性指标

该类指标反映了企业资产经营效率，主要指标如表 3–3 所示。

表 3–3　企业流动性指标

流动性比率	计算公式
存货周转率	销售额 ÷ 平均存货 ×100%
应收账款周转率	年销售额 ÷ 应收账款平均额 ×100%
流动资产周转率	销售收入 ÷ 流动资产平均额 ×100%
固定资产周转率	销售收入 ÷ 固定资产平均额 ×100%
总资产周转率	销售收入 ÷ 资产平均总额 ×100%

3. 企业安全性指标

该类指标反映了企业资金调度的安全性及对债权人的保障程度，主要指标如表 3–4 所示。

表 3–4　企业安全性指标

安全性比率	计算公式
流动比率	流动资产 ÷ 流动负债 ×100%
速动比率	（流动资产 – 库存）÷ 流动负债 ×100%
负债比率	负债总额 ÷ 资产总额 ×100%
股东权益比率	股东权益 ÷ 资产总额 ×100%
负债与股东权益比率	负债总额 ÷ 股东权益 ×100%
收益利息倍数	利税前收益 ÷ 利息费用 ×100%

4. 企业成长性指标

该类指标从量和质的角度反映了企业的发展情况及趋势，主要指标如表 3–5 所示。

表 3–5　企业成长性指标

成长性比率	计算公式
销售收入增长率	本期销售收入 ÷ 前期销售收入 ×100%
税前利润增长率	本期税前利润 ÷ 前期税前利润 ×100%
固定资产增长率	本期固定资产 ÷ 前期固定资产 ×100%
总资产增长率	本期总资产 ÷ 前期总资产 ×100%
产品成本降低率	本期产品成本 ÷ 前期（可比）产品成本 ×100%

5. 企业生产性指标

该类指标反映了企业在一定时期内人均生产经营能力、生产经营水平和生产成果的分配问题，主要指标如表 3–6 所示。

表 3–6　企业生产性指标

生产性比率	计算公式
人均销售收入	销售收入 ÷ 平均员工人数 ×100%
人均净利润	净利润 ÷ 平均员工人数 ×100%
人均资产总额	资产总额 ÷ 平均员工人数 ×100%
人均工资	工资总数 ÷ 平均员工人数 ×100%

第三节　战略管理分析方法

企业管理战略分析就是为了服务于企业的战略制订而对企业所面临的内外环境变化进行分析，即了解以下内容：企业环境在发生哪些变化？这些变化将给企业战略制订带来怎样的影响？通常使用的战略分析方法有 PESTEL 分析法、SWOT 分析法、BCG 矩阵分析法等。

一、PESTEL 分析法

（一）PESTEL 分析法的概念

PESTEL 分析模型又称大环境分析，它是分析宏观环境的有效工具，不仅能分析外部环境，而且能识别一切对企业有冲击作用的力量。它是调查企业外部影响因素的方法，其每一个字母代表一个因素，这六大因素分别是政治因素（Political

Factors)、经济因素（Economic Factors)、社会因素（Social Factors)、技术因素（Technological Factors)、环境因素（Environmental Factors）和法律因素（Legal Factors)。

（二）PESTEL 分析法的内容

1. 政治因素

政治环境包括一个国家的社会制度，执政党的性质，政府的方针、政策、法令等。不同的国家有着不同的社会性质，不同的社会制度对企业经营活动有着不同的限制和要求。即使社会制度相同的同一国家，在不同的时期，由于执政党的不同，其政府的方针特点、政策倾向对企业经营活动的态度和影响也是不断变化的。

关键的政治环境因素包括：政府的管制、政府采购规模和政策、特种关税、财政和货币政策的变化、特殊的地方及行业规定、进出口鼓励或限制政策、与他国的政治交往、政府的预算规模、执政党性质、政治体制、经济体制、税法、各种政治行动委员会、专利及知识产权保护法律、环境保护法、产业政策、投资政策、国防开支水平、政府补贴水平、反垄断法规、民众参与政治行为的意愿及态度等。

2. 经济因素

经济环境主要包括宏观和微观两个方面的内容。宏观经济环境主要是指一个国家的人口数量及其增长趋势，国民收入、国民生产总值及其变化情况，以及通过这些指标反映的国民经济发展水平和发展速度；微观经济环境主要是指企业所在地区或所服务地区的消费者的收入水平、消费偏好、储蓄情况、就业程度等因素。这些因素直接决定着企业目前及未来的市场大小。

关键的经济因素包括：GDP 及其增长率、产业状况、可支配的收入水平、利率规模、消费模式、劳动生产率水平、进出口因素、地区收入、消费习惯、劳动力及资本输出、居民的消费趋向、通货膨胀率、货币市场利率、汇率、贷款的可得性、居民消费（储蓄）倾向、消费模式、失业趋势、证券市场状况、外国经济状况、价格波动、货币与财政政策等。

3. 社会因素

社会环境包括一个国家或地区的居民受教育程度和文化水平，宗教信仰、风俗习惯，价值观念，审美观点等。居民的受教育程度和文化水平会影响居民的需求层次与结构；宗教信仰和风俗习惯会禁止或抵制某些经济活动的进行；价值观念会影响居民对企业目标、企业活动以及企业存在本身的认可；审美观点则会影响人们对企业活动内容、活动方式以及活动成果的态度。

关键的社会因素包括：对政府的信任度，对工作的态度，对道德的关切状况，种族平等状况，节育措施状况，平均教育状况，对退休的态度，对质量的态度，对闲暇的态度，对服务的态度，污染控制，对能源的节约，社会活动项目，社会责任，对职业的态度，对权威的态度，城市、城镇和农村的人口变化，宗教信仰状况，妇女生育率，人口结构比例，性别比例，性别角色，社会保障计划，人口预期寿命，人均收入，生活方式，平均教育状况，特殊利益集团数量，结婚数，离婚数，人口出生（死亡）率，人口迁进（出）率等。

4. 技术因素

技术环境主要考察与企业所处领域的活动直接相关的技术手段的发展变化，企业还应及时了解：国家对科技开发的投资和支持重点是什么？技术领域的发展动态和研究开发的费用总额如何？技术转移和技术商品化速度快慢？专利及其保护情况如何？企业在生产经营中使用了哪些技术？这些技术对企业的重要程度如何？外购的原材料和零部件包含哪些技术？这些外部技术中哪些是至关重要的？企业是否可以持续利用这些外部技术？这些技术最近的发展动向如何？哪些企业掌握最新的技术动态？这些技术在未来可能会发生哪些变化？企业对以往的关键技术曾进行过哪些投资？企业的技术水平与其竞争对手相比如何？企业及其竞争对手在产品的开发和设计、工艺革新和生产等方面进行了哪些投资？外界对各公司的技术水平的主观评价如何？企业的产品成本和增值结构是什么？企业的现有技术有哪些能应用？利用程度如何？企业若要实现目前的经营目标，需要拥有哪些技术资源？企业的技术对企业竞争地位的影响如何？它们是否影响企业的经营战略？

5. 环境因素

面对低碳经济时代的来临，企业要高度重视经营过程中的环境问题，要关注企业所处行业与相关行业的发展趋势、相对地位。例如：是处于起步阶段还是摸索阶段或者落后阶段？对相关行业影响如何？对非产业环境（自然环境、道德标准）的影响怎样？媒体关注程度如何？以及可持续发展空间（气候、能源、资源、循环）状况怎样？全球相关行业发展的模式、趋势、影响如何？等等。

6. 法律因素

关注世界性公约、条款，基本法（如宪法），劳动保护法，公司法和合同法，行业竞争法，环境保护法，消费者权益保护法，行业公约等因素对企业经营的影响。

二、SWOT 分析法

（一）SWOT 模型的概念

SWOT 分析法也称道斯矩阵，是由美国旧金山大学的管理学教授海因茨·韦里克（Heinz Weihrich）在 20 世纪 80 年代初提出，由麦肯锡咨询公司应用推广的，经常被企业用于分析竞争对手、制订战略。其目的在于识别企业所处的优势和劣势以及在商业环境中应对的挑战或机遇。

现代战略规划分析中，SWOT 分析是一个众所周知的工具，它涵盖了分析企业的优势（Strength）、劣势（Weakness）、机会（Opportunity）和威胁（Threat）。因此，SWOT 分析实际上是对企业内外部条件各方面内容进行综合和概括，进而分析企业的优劣势、面临的机会和威胁。通过 SWOT 分析，可以有效帮助企业将资源和行动聚集在自身的强项和有最多机会的地方。

SWOT 分析考虑的因素如表 3–7 所示。

表 3–7　SWOT 分析

	企业的外部威胁（T）与机会（O）
外部环境	市场是增长还是萎缩 同行业竞争者竞争力变化态势及其对本企业的利（弊） 是否可能有新的竞争者进入本行业 产业政策变化情况及其对企业的利（弊） 是否受到不利的商业循环周期影响 是否有新型替代产品出现 是否有可能进入新的市场或开拓潜在市场 进行纵向或横向联合的可能性多大 顾客、供应商的讨价还价能力如何 其他外部环境是否发生了对本企业有利（弊）的变化 顾客对企业及其产品的看法如何

续表

内部环境	企业的内部优势（S）与劣势（W）
	企业自身竞争能力如何 企业的各种职能是否协调及有效率 企业的产品成本优势如何 企业的新产品开发能力如何 企业的生产设备状况如何 企业管理状况和管理人员水平如何 企业人力资源状况如何 企业营销能力如何 其他优劣势

SWOT 分析提供了四种战略，即 SO 战略、WO 战略、ST 战略和 WT 战略。

SO 战略：通过发挥企业内部优势利用企业外部机会的战略。例如，一个在新能源利用方面技术雄厚（内在优势）的企业面对低碳经济的到来（外在机会），应采取 SO 战略去开拓这一国际市场。

WO 战略：通过利用外部机会来弥补内部弱点的战略。有的企业有外部机会，但一些内部弱点妨碍它利用这些外部机会。例如，一个面对计算机服务需求增长（外在机会）的企业，却十分缺乏技术专家（内在劣势），应采用 WO 战略培养或者聘用技术专家，或购入一家高技术的计算机公司。

ST 战略：利用企业的优势来避免或减轻外部威胁影响的战略。例如，当前及未来世界各国都在围绕 5G 进行技术争夺和布局（外在威胁），中国的华为公司因为长期注重技术研究（内在优势），市场得到迅猛增长。

WT 战略：在减少内部弱点的同时回避外部环境威胁的战略。例如，一家商品质量差（内在劣势）、供应渠道不可靠（外在威胁）的企业应采取 WT 战略，强化企业管理，提高产品质量，稳定供应渠道，或走联合、合并之路以谋生存和发展。

上述分析可综合为 SWOT 矩阵，如表 3-8 所示。

表 3–8　SWOT 矩阵

内部条件 外部条件	内部优势（S）	内部劣势（W）
	①…，… ②…，… ③…，…	①…，… ②…，… ③…，…
外部机会（O） ①…，… ②…，…	SO 战略 依靠内部优势 利用外部机会	WO 战略 利用外部机会 克服内部弱点
外部威胁（T） ①…，… ②…，…	ST 战略 依靠内部优势 回避外部威胁	WT 战略 减少内部弱点 回避外部威胁

SWOT 的优劣势分析主要是着眼于企业自身的实力及其与竞争对手的比较，而机会和威胁分析则将注意力放在外部环境的变化及对企业的潜在影响上。

环境的机会和威胁分析是指在企业战略制订中能加强或阻碍企业战略成功的外部环境因素。企业的优势或劣势则可以有多种理解。企业优势指一家企业超越其竞争对手的能力，这种能力有助于实现企业的主要目标盈利；竞争优势指消费者眼中一家企业或其产品有别于其竞争对手的任何优越之处，它可以是产品线的宽度，产品的大小、质量、可靠性、适用性、风格和形象以及服务的及时、态度的热情等。

总之，作为一个整体，企业优势来源十分广泛。因此，在作优劣势分析时必须在整个价值链的每个环节上，将企业与其竞争对手进行详细的对比，如产品是否新颖、制造工艺是否复杂、销售渠道是否畅通以及价格是否具有竞争性等。影响企业竞争优势的持续时间，主要是三个关键因素：建立这种优势要多长时间？能够获得的优势有多大？竞争对手作出有力反应需要多长时间？（如表 3–9 所示）。

（二）SWOT 分析的步骤

SWOT 分析的步骤主要包括：第一，确认企业战略目标。第二，分析企业外部环境，列出企业战略面对的外部机会（O）或威胁（T）。第三，分析企业内部条件，列出企业战略面对的内部优势（S）或劣势（W）。第四，根据企业资源组合情况，确认企业的关键能力和关键限制。第五，按照通用矩阵或类似的方式打分评价，把识别出的所有优势和劣势分成两组，分别与行业中潜在的机会和威胁相关联。第六，将结果在 SWOT 分析图中定位（见图 3–6）。

表 3–9　SWOT 分析要素

潜在资源力量	潜在资源弱点	公司潜在机会	外部潜在威胁
有力的战略 有利的金融环境 有利的品牌形象和美誉 被广泛认可的市场领导地位 专利技术 成本优势 强势广告 产品创新技能 优质客户服务 优秀产品质量 战略联盟与并购	没有明确的战略导向 陈旧的设备 超额负债与恐怖的资产负债表 超越竞争对手的高额成本 缺少关键技能和资格能力 利润的损失部分 内在的运作困境 落后的研发能力 过分狭窄的产品组合 市场规划能力的缺乏	服务独特的客户群体 新的地理区域的扩张 产品组合的扩张 核心技能向产品组合的转化 垂直整合的战略形式 分享竞争对手的市场资源 竞争对手的支持 战略联盟与并购带来的超额覆盖 新技术开发通路 品牌形象拓展的通路	强势竞争者的进入 替代品引起的销售下降 市场增长的减缓 交换率和贸易政策的不利转换 由新规则引起的成本增加 商业周期的影响 客户和供应商的杠杆作用的加强 消费者购买需求的下降 人口与环境的变化

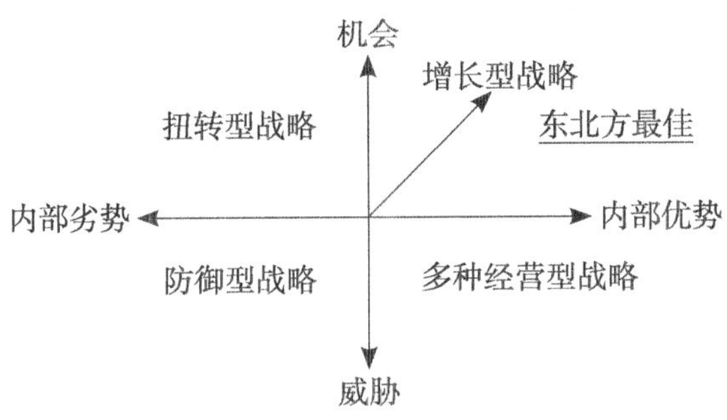

图 3–6　SWOT 分析图

或者将 SWOT 分析表所分析的优势和劣势按机会与威胁分别填入表格（见图 3–7），作出相应的对策，或者利用，或者改进，或者监视，或者消除，构建企业的 SWOT 矩阵。

内部因素

外部因素	优势	劣势
机会	2 利用这些	3 改进这些
威胁	4 监视这些	1 消除这些

图 3–7　SWOT 矩阵

三、BCG 矩阵分析法

（一）BCG 矩阵的概念

波士顿矩阵（BCG）又称市场增长率—相对市场份额矩阵、波士顿咨询集团法、四象限分析法、产品系列结构管理法等，BCG 矩阵是制订企业整体战略最流行的方法之一。BCG 矩阵将企业的每一个战略事业单位（SBU）标在一个以市场增长率为纵轴，占有的市场份额为横轴的二维矩阵图上，从而识别哪个 SBU 提供高额的潜在收益，以及哪个 SBU 是企业资源的消耗。这样就把企业的整个市场分成四块，如图 3-8 所示。

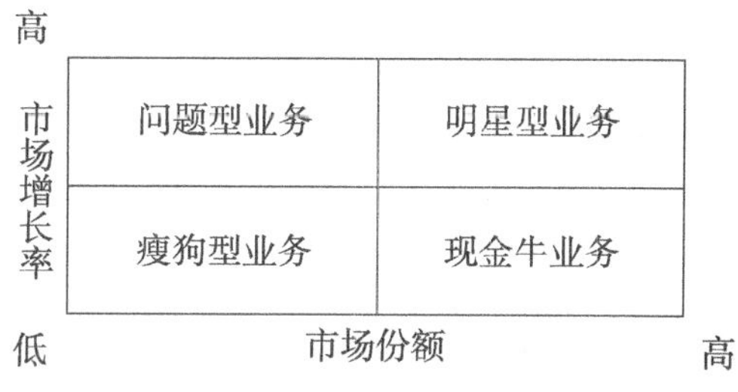

图 3-8　波士顿矩阵

BCG 矩阵的发明者、波士顿咨询公司的创立者布鲁斯·亨德森（Bruce Henderson）认为："公司若要取得成功，就必须拥有增长率和市场份额各不相同的产品组合。组合的构成取决于现金流量的平衡。" 因此，BCG 矩阵的实质是通过业务的优化组合来实现企业的现金流量平衡。BCG 矩阵区分了以下四种业务组合。

1. 问题型业务

问题型业务（Question Marks）指高增长、低市场份额的业务。该区域内的是一些投机性产品，带有较大的风险。这些产品的利润率可能很高，但占有的市场份额较小。这往往是一个企业的新业务，为发展问题业务，企业必须建立工厂，增加设备和人员，以便跟上迅速发展的市场，并超越竞争对手，这就意味着大量的资金投入。"问题" 非常贴切地描述了企业对待这类业务的态度，因为这时企业必须慎重回答 "是否继续投资并发展该业务" 的问题。只有符合企业发展长远目标、使企业具有资源优势、能够增强企业核心竞争力的业务才能得到肯定的回答。得到肯定回答的问题型业务适合采用战略框架中提到的增长战略，目的是扩大 SBU 的市场份额，甚至不惜放弃近期收入来达到这一目标，因为问题型业务要发展为明星型业务，其市场份额必须有较大的增长。得到否定回答的问题型业务则适合采用收缩战略。

2. 明星型业务

明星型业务（Stars）指高增长、高市场份额的业务。该区域内的产品处于快速增长的市场并且占有支配地位的市场份额，但是否会产生正现金流量则取决于新工厂、设备和产品开发对投资的需要量。明星型业务是由问题型业务继续投资发展起来的，可以视为高速成长市场中的领导者，它将成为公司未来的现金流业务。但这并不意味着明星型业务一定可以给企业带来源源不断的现金流，因为市场还在高速成长，企业必须继续投资，以保持与市场同步增长，并击退竞争对手。企业如果没有明星型业务，就失去了希望，但“群星”闪烁也可能会“闪花”企业高层管理者的眼睛，导致错误的决策。这就要求决策者必须具备识别“行星”和“恒星”的能力，将企业有限的资源投入在能够发展成为“现金牛”的“恒星”上。同样，明星型业务要发展为现金牛业务，适合采用增长战略。

3. 现金牛业务

现金牛业务（Cash Cows）指低增长、高市场份额的业务。该区域内的产品产生大量的现金，但未来的增长前途是有限的。它是成熟市场中的领导者，是企业现金的来源。由于市场已经成熟，企业不必通过大量投资来扩展市场规模，同时作为市场中的领导者，该业务享有规模经济和高边际利润的优势，因而给企业带来大量现金流。企业往往用现金牛业务来支持其他三种需要大量现金的业务。现金牛业务适合采用战略框架中提到的稳定战略，目的是保持 SBU 的市场份额。

4. 瘦狗型业务

瘦狗型业务（Dogs）指低增长、低市场份额的业务。该区域内的产品既不能产生大量的现金，也不需要投入大量现金，这些产品没有改进绩效的希望，一般情况下，这类业务常常是微利甚至是亏损的。瘦狗型业务通常要占用很多资源，如资金、管理部门的时间等，大多数时候是得不偿失的。瘦狗型业务适合采用战略框架中提到的收缩战略，目的在于出售或清算业务，以便把资源转移到有利的领域。

BCG 矩阵的精髓在于把战略规划与资本预算紧密结合，把一个复杂的企业行为用两个重要的衡量指标来分为四种类型，用四个相对简单的分析来应对复杂的战略问题。该矩阵可以帮助多种经营的公司确定哪些产品宜于投资，哪些产品宜于操纵以获取利润，哪些产品宜于从业务组合中剔除，从而使业务组合达到最佳经营成效。

BCG 模型的基本假设是，市场份额能导致利润，按照成本领先战略，它认为规模优势很重要，因为市场份额大的公司不仅获得了更多的收入，还实现了更高的单位运营利润。

（二）BCG 矩阵的特点及应规避的路线

1.BCG 矩阵的特点

BCG 矩阵之所以得到广泛认可和采用，主要是因为它具有以下特点。

第一，BCG 矩阵将企业处于不同经营状况的业务单元整合到一个矩阵中，有助于使战略分析简单明了。它帮助决策者较容易地注意到企业的现金流动、投资特性及市场需求，便于企业决策者综合考察各个业务单元在企业内部和外部的地位，并据此作出资源配置及战略决策。

第二，BCG 矩阵考察各个业务单元在市场竞争中地位状况的指标是相对市场份额。这样有助于企业与居于市场统治地位的本行业领先企业进行比较，认清企业在竞争中的地位，找出自己与领先企业的差距。

第三，处于 BCG 矩阵不同象限的业务单元之间存在着相互转换和相互作用的关系。产品在 BCG 矩阵中的位置会随时间的推移而发生变化。通常的演变顺序是按顺时针方向，即“瘦狗→问题→明星→金牛→瘦狗”，也有按逆时针方向变动的。具体的演变方向取决于两个因素：一是企业能否顺应产品生命周期和市场要求的变化而调整业务组合；二是不同业务单元能否在市场竞争中取胜而增强自己的市场地位。

第四，BCG 矩阵指出了产品组合发展策略，在具体应用时要注意选择产品发展的正确演变路线，从而避免选择失败路线。

根据 BCG 矩阵，理想的企业战略路线是将“金牛”赚来的钱，部分投资在原来的业务单元上，部分投资在“问题”业务单元上，促进“问题”业务单元向“明星”业务单元转变，同时要保证“明星”业务单元向“金牛”业务单元转变，如图 3–9 所示。

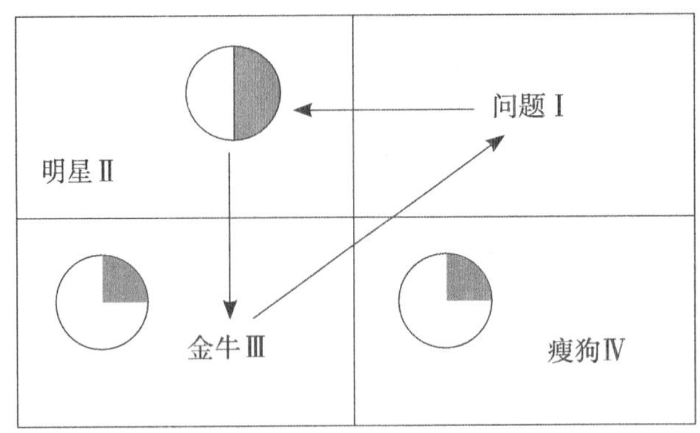

图 3-9　成功的转变路线

2. BCG 矩阵应规避的路线

企业应规避三条失败的路线（见图 3-10）。

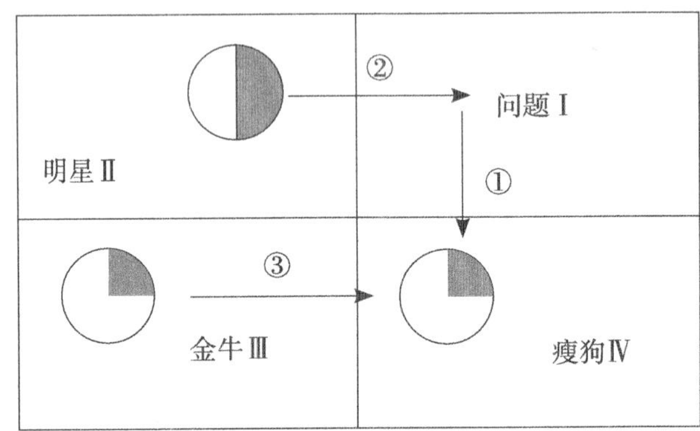

图 3-10　失败的转变路线

第一，企业把从“金牛”赚来的钱全部投资在该业务单元上，以至于没有剩余资金对“问题”业务单元进行投资，结果使得“问题”业务单元逐渐转变成“瘦狗”业务单元，企业失去未来的赚钱机会。

第二，企业对竞争对手重视不足，在本企业核心竞争产品市场地位并未完全得到巩固时就过早地转向开发其他产品，结果大大削弱了自己的竞争地位，使得对手能够在高增长的市场上增加市场份额，结果造成在“明星”业务单元的投资不足，使“明星”业务单元变成了“问题”业务单元，进而变成“瘦狗”业务单元。

第三，企业过分依赖“金牛”业务单元，结果没有顾及全盘，导致战略失败。

（三）BCG 矩阵的应用

1.BCG 矩阵应用的主要步骤

第一，评价各个战略事业单位的前景。BCG 用“市场增长率”指标来表示各个战略事业单位的发展前景，相关数据可以从企业的经营分析系统中提取。

第二，评价各个战略事业单位的竞争地位。BCG 用“相对市场份额”指标来表示各个战略事业单位的竞争力。相关数据需要作市场调查才能得到，其计算公式是把本企业该战略事业单位的收益除以其最大竞争对手的收益。

第三，表明各个战略事业单位在 BCG 矩阵图上的位置。具体方法是以业务在二维坐标上的坐标点为圆心画一个圆圈，以圆圈的大小来表示企业每项业务的销售额。至此，企业可以基本判断自己的业务组合是否健康。一个失衡的业务组合就是有太多的瘦狗类和问题类业务，或太少的明星类和金牛类业务。

第四，确定纵坐标“市场增长率”的一个标准线，将“市场增长率”划分为高、低两个区域。标准线的确定方法有两种：一是把该行业市场的平均增长率作为分界点，二是把多种产品的市场增长率（加权）平均值作为分界点。

第五，确定横坐标“相对市场份额”的一个标准线，将“相对市场份额”划分为高、低两个区域。简单的区分方法是：高市场份额意味着该项业务是所在行业的领导者，反之则是低市场份额。

2.BCG 矩阵的基本应用法则

按照波士顿矩阵原理，产品市场占有率越高，创造利润的能力就越大；同时，销售增长率越高，为了维持其增长及扩大市场占有率所需的资金也就越多。这样可以使企业的产品结构形成产品互相支持、资金良性循环的局面。按照产品在象限内的位置及移动趋势的划分，形成了波士顿咨询集团法的基本应用法则。

第一法则：成功的月牙环。在企业所从事的事业领域内各种产品的分布若呈月牙环形，那就是成功企业的象征。因为盈利多的产品不止一个，而且这些产品的销售收入都比较多，还有不少明星产品，问题产品和瘦狗产品的销售量都很少。若产品结构显示散乱分布，则说明其事业内的产品结构未规划好，企业业绩必然较差。这时就应区别不同产品，采用不同策略。

第二法则：黑球失败法则。如果企业在第四象限内一个产品都没有，或者即使有，其销售收入也几乎为零，就可用一个大黑球表示。这种状况显示企业没有任何盈利多的产品，说明应当对现有产品结构进行撤退、缩小的战略调整，考虑向其他事业渗透，开发新的事业。

第三法则：西北方向大吉。一个企业的产品在四个象限中的分布越是集中于西北方向，则显示该企业的产品结构中明星产品越多，越有发展潜力；相反，产品的分布越是集中在东南角，则说明瘦狗类产品数量大，该企业产品结构衰退，经营不成功。

第四法则：踊跃移动速度法则。从每个产品的发展过程及趋势看，产品的销售增长率越高，为维持其持续增长所需的资金量也相对越多；而市场占有率越大，创造利润的能力也越大，持续时间也就相对长一些。按正常趋势，问题产品经明星产品最后进入现金牛产品阶段，标志着该产品从纯资金耗费到为企业创造效益的发展过程，但是这一趋势移动速度的快慢也影响着其所能提供的收益的大小。

如果某一产品从问题产品（包括从瘦狗产品）变成现金牛产品的移动速度太快，说明其在高投资与高利润率的明星区域的时间很短，因此对企业提供利润的可能性及持续时间都不会太长，总的贡献也不会太大；相反，如果产品发展速度太慢，在某一象限内停留时间过长，则该产品也会很快被淘汰。

在波士顿矩阵原理的应用中，企业经营者的任务是通过四象限法的分析，掌握产品结构的现状及预测未来市场的变化，进而有效、合理地分配企业经营资源。在产品结构调整中，企业的经营者不是在产品到了瘦狗阶段才考虑如何撤退，而应在现金牛阶段时就考虑如何使产品造成的损失最小而收益最大。

第四章　企业财务管理

第一节　企业财务管理基础认知

一、企业财务管理的定义

（一）财务管理定义

财务管理，是在一定的整体目标下，企业组织财务活动、处理财务关系的一项经济管理工作。财务管理的对象是资金及其流转，包括资金筹集、资金投放、资金运营、资金分配等方面。

（二）财务管理目标

1. 利润最大化

企业的利润从一定程度上反映了企业经济效益的高低和对社会贡献的大小，同时也是企业补充资本、扩大经营规模的源泉。利润最大化是在商品经济社会中人们分析和评价企业行为与绩效的主要标准。利润最大化没有考虑利润取得的时间价值因素，也没有所得利润和投入资本的关系，另外，利润最大化也忽视了所获取的利润和所承担的风险的关系。

2. 资本利润最大化或每股利润最大化

资本利润率或每股收益反映了利润与投入资本之间的关系。针对利润最大化对企业行为和绩效评价所产生的局限性，人们提出以资本利润率或每股利润作为考察财务效果的重要指标，并由此得出企业的目标就是使这一指标最大化。这个指标的特点是将企业实现的利润额同投入的自有资本或股本股数进行对比，可以更好地说明企业的盈利水平。这一目标仍没有考虑每股盈余取得的时间价值因素，另外它也没有考虑风险。

3. 企业价值最大化

企业价值最大化即所有者权益最大化，是企业未来现金流量的现值。这一目标考虑了上述最大化实现中无法避免的资金、时间、价值和风险问题。在一般情况下，企业所获得的收益越多，实现收益的时间越近，应得的报酬越确定，则企业的价值或股东的财富就越大。这一目标的确定就在于难以计量。

二、企业财务管理的内容

财务管理的内容主要包括财务活动的管理控制和财务关系的处理两个方面。

（一）企业的财务活动

企业的财务活动具体包括资金的筹集、运用、回收及分配等一系列行为，也就是企业的资金运动过程。从整体上讲，企业的财务活动包括以下四个过程。

1. 筹资活动

筹资是企业为满足投资和资金营运的需要，筹集所需资金的行为。企业筹集资金时可用自有资金，通过发行企业股票来吸引资金；也可通过向银行借款、发行债券、应付账款等获取资金。

2. 投资活动

投资是企业根据项目资金需要投出资金的行为。一方面对外投资，即投资购买其他公司的股票、债券，或与其他企业联营，或投资于外部项目；另一方面内部使用资金，即购置固定资产、无形资产、流动资产等。

3. 资金营运活动

资金营运活动是指在日常生产经营活动中所发生的一系列资金的收付活动。相对于其他财务活动而言，资金营运活动是最频繁的财务活动。资金营运活动既包括工资、营业费用及其他各项费用的现金支出，也包括企业销售产品或提供劳务所取得收入的现金回收。

4. 分配活动

企业通过投资活动取得收入，并实现资金的增值。企业必须对取得的各种收入依据现行法律、法规及规章作出分配，以全面实现财务目标。因此，广义地说，分配是指对企业各种收入进行分割和分派的过程；而狭义的分配仅指对利润尤其是净利润的分配。

上述财务活动的四个方面，不是相互割裂、互不相关的，而是相互联系、相互依存的。它们构成了完整的企业财务活动，这四个方面也就是企业财务管理的基本内容。

（二）财务关系

财务关系是指企业在组织财务活动过程中与有关方面所发生的经济利益关系。企业资金的筹集、投放、使用、回收和分配，与企业上下左右各方面有着广泛的联系。企业的财务关系可概括为以下几个方面：①企业和所有者之间的财务关系，指企业的投资者向企业投入资金，企业向其投资者支付投资报酬所形成的投资关系。②企业和债权人之间的财务关系，指企业向债权人借入资金，并按借款合同的规定，按时支付利息和归还本金所形成的经济关系。③企业和债务人之间的财务关系，指企业将其资金以购买债券、提供借款或商业信用等形式出借给其他单位所形成的经济关系。④企业与受资者之间的财务关系，指企业以购买股票或直接投资的形式向其他企业投资所形成的经济关系。⑤企业各部门和各级单位之间的财务关系，指企业内部各单位之间在生产经营各环节中相互提供产品或劳务所形成的经济关系。⑥企业与员工之间的财务关系，指企业向员工支付劳动报酬过程中所形成的经济关系。这些关系体现了员工和企业在劳动成果上的分配关系。

第二节　企业筹资管理

一、企业资金筹集的概念

所谓企业资金筹集，是指企业根据其生产经营、对外投资及调整资本结构的需要，通过筹资渠道和资本市场，并运用筹资方式，经济有效地筹集企业所需资金的财务活动。它是企业财务管理工作的起点，是企业财务管理的主要内容。在市场经济下，企业拥有自主筹资的权利。对于企业，筹集资金具有重大意义，且要遵循一定的原则。企业筹资的基本原则主要包括：①合理确定筹资数量；②确保筹资及时供应；③力求降低筹资成本；④努力控制筹资风险；⑤保证筹资来源合理合法。

二、企业筹资渠道和筹资方式

企业筹资活动需要通过一定的渠道，采用一定的方式来完成。

（一）筹资渠道

筹资渠道是指客观存在的筹措资金的来源方向与通道。我国企业目前的筹资渠道主要包括以下几种形式。

1. 国家投资

国家对企业的直接投资是国有企业最主要的资金来源，特别是国有独资企业，其资金全部由国家投资而来。

2. 银行信贷资金

银行对企业的各种贷款，是我国目前各类企业最重要的资金来源。

3. 非银行金融机构资金

信托投资公司、保险公司、租赁公司、证券公司等机构为企业提供各种金融服务，既包括信贷资金投放，也包括物资的融通，还包括为企业承销证券等金融服务。

4. 民间资本

我国企业和事业单位的员工以及广大城乡居民持有大笔货币资金，这些人可以对一些企业进行直接投资，为企业筹资提供资本来源。

5. 企业内部员工集资

企业内部员工集资主要是指企业通过提留盈余公积金和保留未分配任务而形成资本聚集。这是企业内部形成的融资渠道，比较便捷，成本低，有盈利的企业都可以利用。

6. 外国和我国港澳台资本

外国和我国香港、澳门、台湾地区的投资者持有的资本也可加以利用，从而形成外商投资企业和我国港澳台商投资企业的筹资渠道。

（二）筹资方式

筹资方式是指可供企业在筹措资金时选用的具体筹资形式。目前，我国企业的筹资方式主要有以下几种：①吸收直接投资；②发行股票；③银行借款；④发行债券；⑤融资租赁；⑥商业信用。

1. 吸收直接投资

吸收直接投资是指企业按照共同经营、共担风险、共享利润的原则直接吸收国家、法人、个人投入资金的一种筹资方式。出资方可以用现金、实物，也可以用工业产权、土地使用权等进行投资。

2. 发行股票

发行股票是组建股份公司、筹集权益资金的基本方式，即经国家有关部门批准，向社会发行股票，通过集中社会自有资金的方式筹集企业的资本金。股票是指股份公司为筹集资金而发行的一种代表等额股份的有价证券，是投资人入股并取得股息、红利的凭证。股票一经认购，持股者即成为企业的股东，享有相应的股东权益和义务。持股人不能要求退股，但股票可以在证券市场上进行有偿转让。为了组建股份公司并发行股票，国家必须设定一定的发行条件与法定程序。

3. 银行借款

银行借款是指企业根据借款合同从有关银行或非银行的金融机构借入所需资金的一种筹资方式。按借款的期限不同，可分为短期借款和长期借款；按借款是否需要担保，可分为信用借款、担保借款和贴现借款。

4. 发行债券

债券是公司依照法定程序发行的、约定在一定期限还本付息的有价证券，是债券持有人拥有企业债权的凭证。债券持有人可按期取得固定利息，到期收回本金，但无权参与企业经营管理，也不参与分红，持券人对企业的经营亏损不承担责任。由于购买债券的投资者来自社会的各个层面，因此从某种程度上说，发行债券是向社会借钱。企业发行债券通常是为其大型项目一次性筹集大笔长期资本。

5. 融资租赁

租赁是指出租人在承租人给予一定报酬的条件下，授予承租人在约定的期限内占有和使用财产权利的一种契约性行为。融资租赁又称财务租赁，是区别于经营租赁的一种长期租赁形式，由于它可满足企业对资产的长期需要，故也被称为资本租赁。融资租赁是现代租赁的主要形式。

6. 商业信用

商业信用是指商品交易中的延期付款或延期交货所形成的借贷关系，是企业之间的一种直接信用关系，又被称为商业信用融资，是一种形式多样、适用范围很广的短期资金筹措方式。主要形式有赊购商品、预收货款、商业汇票等。

第三节　企业投资管理

一、企业投资行为认知

投资贯穿于企业整个存续期内，是企业生存和发展的基础，具有特殊的意义。投资决策始终是企业管理的重要内容。对于创造价值而言，投资决策是所有决策中最重要的决策。投资决定了企业购置的资产类别，不同的生产经营活动需要不同的资产。因此，投资决定了企业日常经营活动的特点和方式，投资的方法和策略决定着企业的前景。

（一）企业投资的动机

获取投资收益是企业投资的主要动机，其根本目的是增强企业竞争力，降低风险，获取更大的利润。具体来说，企业投资的动机主要有以下三种。

1. 发展性动机

企业发展有两种方式：一是以提高企业效率为特征的内涵性发展方式；二是以扩大企业规模为特征的外延性发展方式。企业规模的扩大必然需要增加厂房、设备等固定资产或技术等无形资产，管理效率的提高往往也需要增加管理技术的投入，如管理软件、管理方案、计算机硬件的购置及管理人员的培训等，这些方面的投入都需要资金的支持。

2. 恢复性动机

在企业的存续期间，正常的经营耗费、技术的止步不前或管理上的损失，会使原有生产经营能力逐步减弱。为了维持自身的生存能力，企业必须不断补充已消耗的生产资料，及时维护或更新设备，改进技术和管理，由此产生了企业正常经营活动中的投资需要。

3. 挑战性动机

企业的经营战略要随着经济形势、发展趋势和市场需求的变化进行调整，以适应快速变化的竞争需要。企业的战略调整涉及产品方向、经营方式等诸多内容的改变，有时甚至涉及资产重组。无论是资产调整还是经营调整，往往都需要改变企业的生产场所、生产技术与工艺，为此也需要资金的投入。

（二）企业投资的分类

1. 直接投资和间接投资

按投资与企业生产经营的关系，可将投资分为直接投资和间接投资两类。直接投资是指把资金投放于生产经营性资产，以便获取利润的投资。在非金融性企业中，直接投资所占比重很大。间接投资又称证券投资，是指把资金投放于证券等金融资产，以便获取股利或利息收入的投资。随着我国金融市场的完善和多渠道筹资的形成，企业间接投资越来越广泛。

2. 短期投资和长期投资

按投资回收时间的长短,可将投资分为短期投资和长期投资两类。短期投资又称流动性投资，是指投资期不超过一年或一个营业周期的投资，如短期票据、存货等投资，能随时变现的长期有价证券也算是短期投资。长期投资则是指超过一年或一个营业周期的投资，主要是对厂房、机器设备等固定资产的投资，也包括对无形资产和长期有价证券的投资。其中，固定资产是长期投资的基本类别，因此，长期投资有时专指固定资产投资。

3. 对内投资和对外投资

根据投资的方向，可将投资分为对内投资和对外投资两类。对内投资即项目投资，是指把资金投放在企业内部，购置各种生产经营性资产的投资。对外投资是指以现金、实物、无形资产等方式或以购买股票、债券等有价证券方式对其他企业进行投资。对内投资都是直接投资；对外投资主要是间接投资，也可以是直接投资。随着企业横向经济联合的开展，对外投资越来越重要。

4. 初始投资和后续投资

根据投资在生产过程中的作用，可将投资分为初始投资和后续投资。对企业的整个生命周期而言，初始投资是在建立新企业时所进行的各种投资。其特点是投入的资金通过建设形成企业的原始资产，为企业的生产、经营创造必要的条件。后续投资则是指为巩固和发展企业再生产所进行的各种投资，主要包括为维持企业简单再生产所进行的更新性投资，为实现扩大再生产所进行的追加性投资，为调整生产经营方向所进行的转移性投资等。对企业的一个具体投资项目而言，初始投资是在新项目开始时所投入的第一笔资金；后续投资则是在新项目取得阶段性成果后所进行的追加性投资。

二、企业投资管理的基本原则

（一）认真进行市场调查，及时捕捉投资机会

捕捉投资机会是企业投资活动的起点，也是企业投资决策的关键。在市场经济条件下，投资机会不断变化。它受到诸多因素的影响，最主要的是受市场需求变化的影响。企业投资前，必须认真进行市场调查和市场分析，寻找最有利的投资机会。市场是不断变化的，对于市场和投资机会的关系，也应从动态的角度加以把握。正是由于市场的不断变化，才有可能产生一个又一个新的投资机会。随着经济的不断发展，人们收入水平的不断增加，人们的消费需求也发生着巨大的变化，无数的投资机会正是在这种变化中产生的。

（二）建立科学的投资决策程序，认真进行投资项目的可行性分析

在市场经济条件下，企业的投资决策都会面临一定的风险。为了保证投资决策的正确有效，必须建立科学的投资决策程序，认真进行投资项目的可行性分析。投资项目可行性分析的主要任务是对投资项目技术上的可行性和经济上的有效性进行论证，运用各种方法计算出有关指标，以便合理地确定不同项目的优劣。财务部门是企业资金的规划和控制部门，财务人员必须参与投资项目的可行性分析。

（三）及时足额地筹集资金，保证投资项目的资金供应

企业的投资项目，特别是大型投资项目，建设工期长，所需资金多，一旦开工，就必须有足够的资金供应，否则就可能使工程项目中途下马，出现“半截子工程”，造成很大的损失。因此，在投资项目上马之前，必须科学预测投资所需资金的数量和时间，采用适当的方法筹集资金，保证投资项目顺利完成，尽快产生投资效益。

（四）认真分析风险和收益的关系，适当控制企业的投资风险

收益与风险是共存的。一般而言，收益越大，风险也越大，收益的增加是以风险的增加为代价的，而风险的增加将会引起企业价值的下降，不利于财务目标的实现。企业在进行投资时，必须在考虑收益的同时认真考虑实际情况，只有在收益和风险达到比较好的均衡时，才可能不断增加企业价值，实现财务管理的目标。

三、企业投资的基本程序

（一）投资项目的提出

投资项目的提出是项目投资程序的起点。根据企业投资战略，对各投资机会加以初步分析，从所投资行业的成长性、竞争情况等方面进行论证。投资方向初步确定以后，在投资方案设计前应进行广泛的信息分析与收集工作，从财务决策支持网络中调出并补充收集有关总市场规模，年度增长率，主要或潜在对手的产品质量、价格、市场规模等信息，分析自己的优势、劣势，选择合适的投资时间、投资规模、资金投放方式，制订出可行的投资方案。

企业的股东、董事、经营者都可提出新的投资项目。一般而言，企业的最高层提出的投资，多数是大规模的战略性投资，其方案一般由生产、市场、财务等各方面专家组成的专门小组提出；中层或基层提出的主要是战术性投资项目，其方案由主管部门组织人员拟订。

（二）投资项目的评价与决策

1. 投资项目的评价

投资项目的评价主要涉及如下工作：一是把提出的投资项目进行分类，为分析评价作准备；二是计算有关项目的预计收入和成本，预测投资项目的现金流量；三是运用各种投资评价指标，将各项投资按可行性顺序进行排队；四是编制项目可行性报告。

正式立项后，由项目小组负责对项目进行下一步可行性分析，一般从以下四个方面评估：①相关法规、政策是否对该业务已有或有潜在的限制。②行业投资回报率。③企业能否获取与行业成功要素相对应的关键能力。④企业是否能筹集项目投资所需资源。

项目如不可行，应通报相关人员并解释原因；如可行，则向董事会或项目管理委员会递交可行性分析报告。如果董事会通过了投资项目的可行性分析报告，则投资管理部门应聘请人员对投资项目的实施进行下一步的论证，包括建设规模、建设依据、建设布局和建设进度等内容，作为项目决策的最后依据，并开始投资项目的讨论，以确定其实际可行性。项目小组确认项目的可行性后，编制项目计划书提交总经理参考，并由总经理指导项目实施。

项目计划书的主要内容如下：①项目的行业背景（市场规模、增长速度等）

介绍；②项目可行性分析；③项目业务目标；④业务战略实施计划；⑤财务分析；⑥资源配置计划；⑦项目执行主体。

2. 投资项目的决策

对投资项目作出评价后，要由企业的决策层作出最后决策，投资金额小的战术性项目投资或维持性项目投资，一般由部门经理审批；特别重大的项目投资需报董事会或股东大会批准。

（三）投资项目的实施与评价

对项目作出进行投资的决定后，要积极筹措资金，按照拟订的投资方案有计划、分步骤地实施。在投资项目的执行过程中，要对项目进度、项目质量和项目概算等进行监督、控制和审核，以防止项目建设中的舞弊行为，确保项目质量，保证项目按时完成。

在投资项目的实施过程中和实施后都要对项目的效果进行评价，以检查项目是否按照原先的计划进行，是否取得了预期的经济效益，是否符合企业总体战略和投资战略规划。

1. 项目实施控制的关键点

（1）项目质量的控制。企业应规定工作质量标准，并以此为尺度来衡量项目的目标，同时监督这些目标的进度。这是项目成功的关键。

（2）项目成本的控制。企业应把预算和实际的项目进度、成本、工作状况结合起来，采用关键路线法控制项目的时间进度，并设立一个项目成本办公机构来监督、检查项目的成本支出。

（3）对项目施工时间的控制。编制施工项目进度表，根据各项工作的先后顺序来安排完成时间。

2. 投资项目预期目标评价

在投资项目建成投产后，要评价项目是否实现预期目标，主要内容包括以下两点。

（1）项目的总结评价。一般是在项目建成投产后一定时期，检查投资项目决策是否合理、正确，一旦出现新的情况，要随时作出新的评价。如果出现重大的变故，原投资决策已经变得不合理，就要对投资是否终止作出选择，以避免产生更大的损失。项目的总结评价包括：①项目在生产、财务、管理方面存在的问题及其原因；②项目建成后，在决算、进度等方面同项目准备与审定时预算的数据是否有偏差及其原因；③项目实施过程中对项目原设计或原评估的重大修改及其原因；④项目建成后对社会、政治、经济和环境的影响程度；⑤为使项目建成投产获得最大的经济效益而采取的一系列措施；⑥对项目前景的展望。

（2）投资回收及其分析。为了保证投资的回收，要建立一整套规章制度。在项目投资前，应签订有关投资贷款偿还合同，规定投资的回收期、回收额以及防范风险的措施。

第四节　企业利润管理

一、企业利润及其构成

利润是企业在一定时期内生产经营成果的最终体现，在数额上表现为各项收入与支出相抵后的余额，是衡量企业管理水平的重要指标，包括营业利润、利润总额和净利润。

（一）营业利润

营业利润能够比较恰当地反映企业管理者的经营业绩，计算公式如下：

营业利润＝营业收入－营业成本－营业税金及附加－销售费用－管理费用－财务费用－资产减值损失＋公允价值变动收益（－公允价值变动损失）＋投资收益（－投资损失）

式中，

营业收入＝主营业务收入＋其他业务收入

营业成本＝主营业务成本＋其他业务成本

（二）利润总额

利润总额又称税前利润，指企业在生产经营过程中各种收入扣除各种耗费后的盈余，反映企业在报告期内实现的盈亏总额，也就是人们通常所说的盈利，利润总额是衡量企业经营业绩的重要经济指标。计算公式如下：

利润总额＝营业利润＋营业外收入－营业外支出

营业外收入和营业外支出，是指企业发生的与其生产经营活动无直接关系的各项利得和损失。营业外收入主要包括处置固定资产净收益、非货币性交易收益、出售无形资产净收益、罚款净收入等。营业外支出包括固定资产盘亏、处理固定资产净损失、出售无形资产净损失、罚款支出、捐赠支出、非常损失等。

（三）净利润

净利润（收益）是指在利润总额中按规定缴纳了所得税后企业的利润留成，一般也被称为税后利润或净收入。净利润是一个企业经营的最终成果。净利润多，企业的经营效益就好；净利润少，企业的经营效益就差。它是衡量一个企业经营效益的主要指标。计算公式如下：

所得税费用=利润总额 × 所得税税率

净利润=利润总额－所得税费用

二、企业目标利润

目标利润是指企业在未来一段时间内，经过努力应达到的最优化控制目标。

目标利润是企业未来经营必须考虑的重要战略目标之一，是根据拟投资项目的具体条件，在全面分析、研究项目开发收入与成本因素之后，经过充分的市场调查和反复计算平衡确定的。目标利润一经确定，便成为企业生产经营活动的行动依据，企业要根据目标利润来组织销售收入，控制销售成本的资金占用。企业确定目标利润最常用的方法有以下四种。

（一）本量利分析法

本量利分析法是一种利用产品销售、销售额、固定成本、变动成本与利润之间的变动规律，对目标利润进行预测的方法。运用本量利分析法应建立在对市场充分调查研究的基础上，通过对市场的调查分析，首先对产品的销售量或销售额作出科学的预测，其次分析、预测企业的固定成本、变动成本、贡献毛利率等，最后确定目标利润。

（二）相关比率法

与目标利润相关的比率主要有销售利润率、成本利润率、经营杠杆率及资本净利率等，管理者可根据分析，先对这些比率进行预测，根据预测来确定目标利润。

（三）利润增长比率测算法

利润增长比率测算法主要适用于稳定发展的企业。用该方法确定目标利润，即根据企业历史最好利润水平、上年度达到的利润水平及过去连续若干年，特别是近两年利润增长率的变动趋势与幅度，综合预测其可能发生的变动情况，确定预计利润增长率，然后预测目标利润。

（四）标杆瞄准法

标杆瞄准法是以最强竞争企业或同行业中领先的、最有名望的企业为基准，将本企业产品、服务和管理措施等方面的实际状况与基准进行定量化评价和比较，分析基准企业的绩效达到优秀水平的原因，在此基础上选择改进的最优策略，并在企业中不断进行调整，以改进和提高企业业绩的一种管理方法。其应用的范围十分广泛，企业可以全方位、全过程、多层面地进行标杆管理，也可以就企业的某一项经济活动（如确定目标利润）进行标杆管理。

目标利润一经确定，就要保持相对稳定。修正目标利润的情况并不经常发生，只有执行过程中出现了新问题，遇到了出乎意料的新情况，如国家经济政策的调整、市场环境的变化、重大灾害的影响等，并且这些新问题、新情况对目标利润的影响程度较大，使目标利润变得不甚合理，才对目标利润进行修正，以保持目标利润的先进性和合理性。目标利润的修正事关企业全局，必须严格按照程序进行。

三、经营利润分配

1. 计算可供分配的利润

企业在进行利润分配前，首先应计算出可供分配的利润。如果可供分配的利润为负数（亏损），则不能进行后续分配；如果可供分配的利润为正数（本年累计盈利），则可以进行后续分配。

可供分配的利润＝当年净利润（或亏损）＋年初未分配利润－弥补以前年度亏损＋其他转入的金额

2. 提取法定盈余公积金

公司应当按照当年净利润（抵减年初累计亏损后）的 10% 提取法定盈余公积金，法定盈余公积金已达注册资本的 50% 时可不再提取。

3. 提取任意盈余公积金

公司提取法定盈余公积金后，经股东会或股东大会决议，还可以从净利润中提取任意盈余公积金。

4. 向投资者分配利润（或股利）

企业可供分配的利润扣除提取的盈余公积金后，形成可供投资者分配的利润，即：

可供投资者分配的利润＝可供分配的利润－提取的盈余公积金

企业可采用现金股利、股票股利和财产股利等形式向投资者分配利润（或股利）。

第五章　企业社会责任的基本概念

第一节　企业社会责任的起源与发展

一、20 世纪 50 年代，企业社会责任初具雏形

在论述 20 世纪 50 年代的企业社会责任之前，有必要阐明帕特里克·墨菲把 20 世纪 50 年代前后的企业社会责任划分为四个时代。在一个简化的构想中，墨菲认为，截至 20 世纪 50 年代的这段时期是“慈善”时代，在这个时代，企业对慈善机构的捐赠比什么都重要。1953—1967 年被称为“觉悟”时代，在这个时代，人们对企业的整体责任及其在社区事务中的参与有了更多的认识。1968—1973 年被称为“问题”时代，这时企业开始关注诸如城市衰退、种族歧视和污染等具体问题。1974—1978 年被称为“响应”时代，1978 年之后，企业开始采取严格的管理和组织行动来解决企业社会责任问题。这些行动包括更换董事会、审查企业道德规范以及使用社会绩效信息披露。尽管很难界定此类时代划分的具体日期，但墨菲的划分是有用的，且与我们目前的讨论大体一致。

多年来，企业社会责任通常被称为社会责任。这可能是因为现代企业在商业领域占据卓越和支配地位的时代还没有到来，也未被人们注意。霍华德·R. 鲍恩出版了具有里程碑意义的著作《商人的社会责任》（*Social Responsibilities of the Businessman*），这标志着这一主题时代的开端。

鲍恩对企业社会责任的态度源于这样一种信念，即当时数百个巨大的商业体是权力和决策的重要中心，而且这些商业体的行为都触及了公民生活的各个方面。在鲍恩提出的许多问题中，有一个问题与此具有特殊相关性，即“商人应对社会承担什么样的责任”。有趣的是，我们今天仍在讨论同样的问题。

鲍恩所说的社会责任或企业社会责任是什么意思？他对商人的社会责任有明确的表达：社会责任是指商人按照社会的目标和价值，向有关政策靠拢、作出相

应的决策、采取理想的具体行动的义务。由于鲍恩早期的开创性工作，卡罗尔认为他应被称为“企业社会责任之父”。鲍恩的书及其对社会责任理论的定义是20世纪50年代最值得关注的相关领域的成果。

莫雷尔·希尔德的著作《商业社会责任：企业与社会，1900—1960》是一个详尽的资料来源，可以进一步证明在这一时期以及更早之前，商界人士在多大程度上采用和践行了企业社会责任。尽管希尔德没有简洁地陈述社会责任的定义，但他对20世纪上半叶的企业社会责任的理论和环境进行了富有启发的讨论。

从希尔德的讨论中可以清楚地看到，企业社会责任的定义与鲍恩先前的描述具有一致性。20世纪50年代的其他重要文献包括塞莱克曼的《管理的道德哲学》（1959），希尔德的《管理层对社会的责任：一种思想的成长》（1957），理查德·埃尔斯的《自由社会中的企业捐赠》（1956）。

在总结企业社会责任在20世纪50年代的含义时，早期企业社会责任的先驱之一威廉·弗雷德里克断言，20世纪50年代有以下几个核心思想：企业经理作为公共受托人的理念，平衡对企业资源的竞争，主张及接受将慈善事业视为企业支持公益事业的一种表现形式。受托人职责的概念始于20世纪20年代，并于20世纪50年代逐渐成熟。平衡相互竞争的主张预示着利益相关者时代的到来。参与慈善事业，可能是最切实的企业社会责任实践之一，参与慈善事业也始于20世纪20年代左右。

缪尔黑德写过一部企业贡献史，他认为慈善事业或企业贡献是企业社会责任的表现形式，在20世纪40年代至50年代处于创新和合法化的时期。在此期间，捐赠仍然是临时性的，在某种程度上是由于决策者的心血来潮，并且主要是响应受益组织的要求。受助者包括基督教青年会、美国红十字会、当地社区基金会和当地医院。

就企业社会责任而言，20世纪50年代是“空谈”多于“行动”的十年。这是一个态度转变的时期，企业管理阶层开始学着适应企业社会责任的说法。尽管鲍恩要求企业进行具体管理和组织变革来提高对日益增长的社会问题的响应能力，从而展示出其走在时代前列的缘由，但在企业社会责任方面，除了慈善捐款之外，几乎没有企业采取相应的行动。鲍恩的提议包括改变董事会的组成，在管理中更多地体现社会视角，运用社会审计，对企业管理人员进行社会教育，制订商业行为准则，以及进一步研究社会科学。尽管没有太多证据表明这一切都是在20世纪

50年代或者之后不久实现的，但是鲍恩提出了一系列的管理战略供人们进一步思考和反思，这些战略在数年后浮出水面，成为企业社会责任管理的标准做法。

二、20世纪60年代，企业社会责任的观念和实践层出不穷

20世纪50年代及以前，企业社会责任理念的根据有限，20世纪50年代至60年代，企业社会责任的含义试图被更正式或更准确地表述出来，这是一个重大进展。20世纪60年代，学者们努力阐述企业社会责任的含义。基思·戴维斯是这一时期较早且著名的界定企业社会责任的学者之一，他后来在其商业和社会教科书与文章中广泛地阐述了这一主题。戴维斯阐述了他对社会责任的定义，他认为社会责任是指商业人士在进行决策与行动时，考虑在企业直接的经济与技术利益之外的部分。戴维斯认为，社会责任是一个模糊的概念，因此必须放在管理的背景下看待。此外，他表示，一些履行社会责任的商业决策可以在较长的时期内被证明是正确的，因为它们可以给企业带来长期的经济效益，可以作为企业履行社会责任的报偿。之后，戴维斯因其观点而闻名遐迩，因为这种观点在20世纪70年代末至80年代被普遍接受。戴维斯对早期企业社会责任理论研究的贡献是非常大的，以至于他被认为是“企业社会责任之父”鲍恩的继承者。

此外，威廉·弗雷德里克也是对于早期社会责任理论发展很有影响力的研究者。他认为，社会责任意味着出于对社会经济和人力资源的公众立场，愿意利用这些资源服务于广泛的社会，而不仅是服务于个人和企业的利益。

克拉伦斯·沃尔顿是一位重要的商业和社会思想家，他在1967年出版的《企业社会责任》一书中论述了企业社会责任的许多方面，并在一系列丛书中论述了企业和商人在现代社会中的作用。在这些重要的著作中，他提出了许多不同的社会责任变体和模型。他对社会责任的认识是：新的社会责任概念认识到企业与社会之间的亲密关系，并意识到在企业和相关集团追求各自目标时，高层管理人员必须牢记这种关系。沃尔顿接着强调，企业社会责任的基本要素包括一定程度的自愿性、非强迫性和一定的经济成本，其经济收益可能无法衡量出来。

三、20世纪70年代，企业社会责任概念的扩展

20世纪60年代末，社会责任的商业行为包括慈善、员工环境改善（工作条件、劳资关系、人事政策）、客户关系和股东关系等主题。20世纪70年代，企业

社会责任方面的论述仍然多于行动。

哈罗德·约翰逊的《当代社会中的商业：框架与议题》（1971）是这一时期论述企业社会责任的一本著作，书中对企业社会责任给出了多种定义和观点。约翰逊首先提出了他所谓的“传统智慧”。“传统智慧”的定义是：一个具有社会责任感的企业体现在其管理人员能够平衡多种利益群体。一个负责任的企业不仅要为股东争取更大的利益，还要考虑员工、供应商、经销商、当地社区和国家的利益。

值得注意的是，约翰逊影射的是利益相关者评价法的前身，因为他提到了利益多元化，并且列举了其中一些特定的利益群体。很明显，员工和慈善事业受助者的利益不再是企业社会责任的唯一目标。

对企业社会责任观念影响最大的是美国经济发展委员会，该委员会由企业界人士和教育界人士组成，因此反映出重要的从业者观点，即企业与社会之间不断变化的社会契约以及企业新出现的社会责任。值得一提的是，20 世纪 60 年代末至 70 年代初，有关环境、工人安全、消费者和员工的保护倡议已准备从发起阶段上升到正式的政府政策。

美国经济发展委员会在 1971 年出版的《商业公司的企业社会责任》一书中对企业社会责任的概念作出了开创性的贡献。其认为，企业活动须得到公众的认可，企业活动的基本目的是为社会的需求提供建设性的服务，以使社会满意。美国经济发展委员会指出，企业与社会之间的契约正在发生重大变化。商业公司被期望承担比以往时候更加广泛的社会责任，并服务于更广泛的人群。商业公司被要求为整个国家贡献得更多，而不仅是提供一定的商品和服务。由于商业公司的存在是为了服务社会，它的未来取决于企业的管理对公众期望变化的反应。

美国经济发展委员会还阐述了社会责任的三个同心圆概念。核心圈包括明确的基本职责，以有效执行经济职能——产品、就业和经济增长。中圈包括履行这一经济职能的责任，并敏感地意识到社会价值观念和优先事项的变化，例如，环境保护，雇主和雇员的关系以及客户对信息、公平待遇和免受伤害的更严格的期望。外圈概述了企业应承担的新出现的、仍然不明确的责任，以便企业更广泛地参与改善社会环境行动。

乔治·斯坦纳是 20 世纪 70 年代一位重要的企业社会责任学者。在他的教科书《企业、政府与社会》（1971）的第一版中，斯坦纳就该主题作了详尽的论述。斯坦纳遵从了戴维斯和弗雷德里克对企业社会责任的定义，并对此发表了自己的看法。他认为，从根本上说，企业一定是一个经济机构，但是它确实有帮助社会实现其基本目标的责任，因此也确实具有社会责任。企业规模越大，所承担的责任就越大，但是所有企业都可以享有一定的收益，而且通常是短期收益和长期收益并存。

斯坦纳没有详细阐述定义，但他扩展了企业社会责任的含义和适用环境。例如，他讨论了企业社会责任可能应用的具体领域，并提出了确定企业社会责任的模型和标准。

戴维斯在其具有里程碑意义的文章《企业可以负担起忽视社会的责任吗？》中再次讨论了企业社会责任，该文章介绍了支持和反对企业承担社会责任的案例。在文章的引言中，他引用了两位著名的经济学家对该主题的不同观点。首先，他引用了米尔顿·弗里德曼的观点，即没有什么趋势能像企业的经营者接受社会责任，而非尽最大可能为股东们赚钱那样，能够从根本上破坏我们自由社会所赖以生存的基础。然而，戴维斯又用另一位杰出的经济学家保罗·萨缪尔森的话反驳了这一观点，萨缪尔森认为如今的大企业不仅要承担社会责任，还必须尽好责。除了这些观点，戴维斯在 1973 年将企业社会责任定义为企业在法律要求之外，从社会利益角度出发的一系列行为。然后，戴维斯继续讨论了迄今支持和反对企业承担社会责任的观点。可以说，戴维斯在 20 世纪 70 年代为企业社会责任理论的发展作出了一定贡献。

埃尔斯和沃尔顿在《商业概念基础》一书的第一版中谈到了企业社会责任概念，并且在第三版中详细阐述了这一概念，用一章的篇幅阐述了企业社会责任的“近期趋势”。他们不仅关注定义本身，更关注企业社会责任含义的演变。

他们观察到，从最广泛的意义上讲，企业社会责任代表着对社会需求和目标的关注，而不仅是对经济的关注。就目前存在的企业制度只能在自由社会中有效运作而言，企业社会责任运动广泛关注企业在支持和改善社会秩序方面的作用。

埃尔斯和沃尔顿对企业社会责任运动以及学术界与从业人员在这时如何看待这一主题也进行了广泛的讨论。

20 世纪 70 年代，越来越多的人提及企业社会响应、企业社会绩效以及企业社会责任。一位主要的研究者 S. 普拉卡什·塞西对此作出了区分。他在其研究著述《企业社会绩效的维度：分析框架》中讨论了企业社会绩效的维度，在此过程中，企业的社会行为被分为社会义务、社会责任和社会响应。在塞西的提要中，社会义务是响应市场力量或法律约束的企业行为，只有经济的标准与法律的标准，而社会责任是在社会义务之上的。他指出，社会责任意味着将企业行为提升到与主流社会规范、价值观和绩效期望相一致的水平。

塞西表示，虽然社会义务在本质上是禁止性的，但社会责任在本质上是规定性的。塞西模式的第三个阶段是社会响应，他把社会响应看作企业行为对社会需求的适应。这一阶段具有前瞻性和预防性。

1975 年，在名为《私人管理和公共政策：公共责任的原则》的著述中，普雷斯顿和波斯特试图把注意力从企业社会责任的概念转移到公共责任的理念上。他们认为道琼斯关于社会责任的评论值得重温。道琼斯阐述了这个时代的许多作家对企业社会责任的关注。他表示，“社会责任”一词很精彩，它对每个人都有意义，但并不总是一样的。对一些人来说，它传达出了法律责任的概念；对一些人来说，它意味着在道德上具有社会责任感的行为；对一些人来说，它所传达的是因果关系中“负责”的含义。许多人只是将其等同于慈善捐赠，另一些人把它理解为有社会意识。在“归属”“适当”“有效”的语境中，许多热切拥护它的人仅将其视为“合法性”的同义词。少数人认为这是一种信托义务，它赋予商人以比一般公民更高的行为标准。

普雷斯顿和波斯特跟随道琼斯的思路，就社会责任发表了看法：面对大量不同且并非始终一致的用法，我们将自己对“社会责任”一词的使用限制为模糊且高度笼统的社会关注感，这似乎是各种临时管理政策和做法的基础。这些态度和活动大多是善意的，甚至是有益的，很少是明显有害的。但是，它们与管理单位的内部活动或与所在环境缺乏基本联系。

普雷斯顿和波斯特继续指出，他们更青睐“公共责任”一词，该词在公共环境的特定背景下对组织管理的职能进行定义，他们对公共责任的原理的阐述是管理责任的范围并不是不受限制的，而是明确地定义为所包含的首要和次要的领域。

他们用“公共”取代“社会”是为了强调公共政策这一过程的重要性，不同于个体的主张，公共政策可以作为目标和评价标准的依据。尽管普雷斯顿和波斯特的理论提供了重要的观点，但“公共责任”一词在文献中并没有取代“社会责任”一词。

20 世纪 70 年代中期出现了两篇关于企业社会责任的早期研究案例。鲍曼和海尔进行了一项研究，旨在了解企业社会责任，并确定企业在多大程度上参与了企业社会责任。虽然没有正式定义企业社会责任，但他们说明了代表企业社会责任的主题类型。他们所用的主题通常是年度报告中各章节的副标题，例如企业责任、社会责任、社会行为、公共服务、企业公民、公共责任和社会响应。对这些主题的回顾表明，虽然 20 世纪 70 年代企业社会责任的各种定义不断发展，但他们很清楚企业社会责任的大致含义。

20 世纪 70 年代中期，桑德拉·霍姆斯进行了一项研究，她试图收集高管对企业社会责任的看法。像鲍曼和海尔一样，霍姆斯对企业社会责任没有明确的定义。相反，她选择向高管们展示一组关于企业社会责任的声明，以试图了解其中有多少人同意或不同意该声明。与鲍曼和海尔的“主题”一样，霍姆斯的声明也涉及在这一时期被普遍认为是企业社会责任的内容。例如，她就企业盈利的责任、遵守规定、帮助解决社会问题以及这些活动对利润的短期和长期影响等征求高管的意见。霍姆斯通过确定高管们对企业社会参与的预期结果以及高管们在选择社会参与领域时使用的因素，进一步补充了有关企业社会责任的知识体系。

1979 年，卡罗尔提出了一个企业社会责任定义，即企业社会责任是指在给定的时间内社会对组织所具有的经济、法律、伦理、自由决定期望的总和，并将其嵌入企业社会绩效的概念模型。他的基本观点是，经理或企业要想参与企业社会绩效，就需要具备以下条件：了解对企业社会责任的基本定义，明确企业社会责任的不同类型，了解并列举存在的社会责任问题，明确对问题作出响应的战略规范。

尽管卡罗尔给出的定义包含了经济部分，但是直到今天仍有许多人认为经济的部分是企业为其自身服务的，而法律、伦理和自由决定的部分是企业为社会的其他方面服务的。尽管这种区别很吸引人，但卡罗尔认为，经济责任也是企业在维持商业系统运转时为社会所作的贡献，只不过大家很少如此看待罢了。正是由于这个原因，卡罗尔对企业社会责任的定义中包含了经济责任。他对企业社会责任的基本定义包括经济、法律、伦理和自由决定责任，这一定义后来被称为企业社会责任金字塔，经济责任构成了金字塔的基础。

在 20 世纪 70 年代这十年间，有许多著作开始提出管理方法对企业社会责任的重要性。企业社会责任的管理方法是企业管理者运用传统的管理职能来处理企业社会责任问题的方法。因此，企业被提倡要预测和规划企业社会责任，评估社会绩效，并将企业社会政策和战略制度化。如前所述，企业对于企业社会责任表现为空谈大于行动，特别是在学术界。

四、20 世纪 80 年代，衍生理论的发展

20 世纪 80 年代，对新的或更精确的企业社会责任定义的研究让位于对企业社会责任以及衍生理论概念和主题（如企业社会响应、企业社会绩效、公共政策、商业道德和利益相关者理论）的研究。但是，研究者对于企业社会责任的兴趣并没有消失，只是开始转向其衍生理论的概念、模型或主题。因此，我们将继续在思想和行动上关注企业社会责任的发展。

托马斯·琼斯在 1980 年从一个有趣的视角出发，对企业社会责任进行了讨论。他对企业社会责任的定义如下：企业社会责任是除股东外，企业对社会中的相关团体负有法律或合同规定以外的责任。企业社会责任必须具备两个关键特征：其一，企业社会责任必须是自愿的，受法律强制或合同影响的行为不是自愿的；其二，企业社会责任是企业对股东的传统责任之外，对消费者、雇员、供应商与企业所在社区成员等社会群体的责任。琼斯通过列举支持和反对企业社会责任的各种论据来总结关于企业社会责任的辩论。琼斯的主要贡献之一是他强调企业社会责任是一个过程。他认为，对于“什么是社会责任行为”这个问题很难达成共识，企业社会责任不应被视为一种结果，而应被视为一个过程。琼斯认为，将企业社会责任视为一个过程是经过修订或重新定义的概念。在讨论实施企业社会责任时，他继续阐述了企业如何参与企业社会责任的决策过程，此决策过程应构成企业社会责任行为。

弗兰克·托佐利诺和巴里·阿曼迪试图通过提出一种按照马斯洛需求层次理论构想的需求层次框架，来开发一种能更好评估企业社会责任的机制。他们认同了卡罗尔对企业社会责任的定义，建立了一个分析框架以促进企业社会责任的实施。他们的组织需求层次没有重新定义企业社会责任，而是试图表明，组织像人一样，有需要实现或满足的需求，就像人们在马斯洛需求层次理论中所描述的那样。托佐利诺和阿曼迪继续阐述了组织如何具有生理、安全、归属、尊重和自我实现的需求，这些需求与马斯洛所描述的人类的需求相似。他们将层次结构表示为可以合理评估对社会负责的组织绩效的概念工具。在某种程度上，卡罗尔的企业社会责任金字塔以某种类似于马斯洛需求层次理论的分层方式展现了企业的社会责任。

埃德温·M. 爱泼斯坦对企业社会责任进行了解释，并试图将社会责任、响应能力和商业道德联系起来。他指出，这三个概念密切相关，甚至涉及重叠的主题

和事项。他认为，企业社会责任就是要努力使企业决策结果对利益相关者产生有利的而不是有害的影响，企业行为的结果是否正当是企业社会责任关注的焦点。

除了阐述企业社会责任外，爱泼斯坦还定义了企业社会响应和商业道德，然后将它们整合到他所谓的企业社会政策过程中。他认为，企业社会政策过程的核心是在企业组织内实现以下三个要素的制度化，即商业道德、企业社会责任和企业社会响应。

虽然很难对 20 世纪 80 年代最重要的企业社会责任问题进行分类，但弗雷德里克提出了“20 世纪 80 年代社会责任议程”，该议程与这一时期的商业环境密切相关或略为超前。20 世纪 80 年代，受到重视的问题包括环境污染、就业歧视、消费者滥用权力、雇员健康和安全受威胁、城市环境恶化以及跨国公司的恶劣做法等。一个重要的研究课题是企业社会责任与企业盈利能力的关系研究。

利益相关者理论和商业道德是 20 世纪 80 年代发展起来的关于企业社会责任的两个非常重要的主题。弗里曼于 1984 年出版了关于利益相关者理论的经典著作《战略管理：利益相关者方法》，虽然这本书侧重于战略管理，但它在后来的几年中对企业和社会、企业社会责任以及最终的商业道德领域产生了重大的影响。

20 世纪 80 年代是一个道德丑闻被广泛报道的时期，这一时期的道德丑闻引起了公众对管理和企业不法行为的关注。

1984 年美国联合碳化物公司在印度博帕尔的工厂发生泄漏爆炸，造成数千人死亡。在南非经商的公司明显支持种族隔离的争议。20 世纪 80 年代中后期，伊万·博斯基（Ivan Boesky）的内幕交易丑闻也许并非巧合。有人认为，1987 年轰动一时的电影《华尔街》中，企业高管的虚构角色——坏人戈登·盖科，是以博斯基的一场演讲为原型的。博斯基在演讲中辩称，贪婪是一件好事。基于同样的主题，20 世纪 80 年代的十年经常被描绘成“贪婪”和“自我”的十年。

五、20 世纪 90 年代，企业社会责任让位于衍生理论

概括来说，20 世纪 90 年代，企业社会责任理论没有得到进一步发展。最重要的是，企业社会责任概念是其他衍生概念和主题的基石或出发点，其中许多概念和主题包含企业社会责任思想，并与企业社会责任完全兼容。20 世纪 90 年代，企业社会绩效、利益相关者理论、商业道德、可持续性和企业公民等主题继续发展并备受瞩目。大量研究试图考察企业社会绩效与财务绩效之间的关系。斯旺森

试图重新定位基本的企业社会绩效模型。我们不会详细探讨这些主题，因为它们超出了我们目前关注的企业社会责任概念和实践的范围，而且每个主题框架都有自己广泛而丰富的文献。

企业公民比其他任何概念都更能与企业社会责任相抗衡。企业公民是否真能成为一个独特的研究领域，或者仅是阐明和构建企业社会责任的一种方式，仍有待观察。企业公民既可以是广义的，也可以是狭义的。根据它被定义的方式，这一概念和之前的主题或理论会有不同程度的交叉。可持续性是一个重要的衍生主题，在 20 世纪 90 年代引起了人们的极大兴趣。虽然最初是根据自然环境来定义的，但它逐渐发展成一个涵盖更广泛的社会和利益相关者环境的概念。

20 世纪 90 年代结束时,《美国管理学会期刊》出版了一期关于“利益相关者、社会责任和绩效”的专刊（1999 年 10 月）。这期专刊继续探索企业社会责任与其他概念（如利益相关者）之间的联系，但没有在企业社会责任文献中添加新的定义。哈里森和弗里曼概述了六项出色的成果，以阐明有关利益相关者、社会责任和绩效的基本理念。

20 世纪 80 年代末至 90 年代，慈善事业得到了很大发展。缪尔黑德将这一时期的企业捐赠描述为“多样化和全球化”。出现了更多的跨国公司，大公司的组织内部开设了越来越多致力于企业捐赠的管理职位。企业捐赠、企业社会责任和公共事务的管理者变得司空见惯。道德与合规官协会成立于 20 世纪 90 年代初。新的概念，如全球社会投资、企业声誉、社区伙伴关系、企业社会政策等，在大公司中屡见不鲜。在管理理念或政策方面，战略捐赠、与事业相关的营销、国际捐赠、员工志愿服务成为许多企业社会责任举措的一部分。企业社会责任倡议的受益者涵盖教育、文化和艺术、卫生和公共服务领域，包括公民和社区、国际捐赠者、非政府组织伙伴。20 世纪 90 年代，受益者已遍布全球。

20 世纪 90 年代，商业活动领域的企业社会责任取得了最显著的进步。1992 年，一个名为“企业社会责任”（BSR）的非营利组织成立，代表在其公司中承担社会责任的倡议和专业人士。该组织的官网这样描述：企业社会责任组织是一个全球性组织，它以尊重道德价值观、人、社区和环境的方式帮助成员公司取得商业成功。通过实施对社会负责的商业政策和活动，公司可以实现可持续发展，从而使利益相关者和股东受益。通过提供工具、培训和定制咨询服务，企业社会责任组织能够利用企业社会责任打造竞争优势。

作为企业社会责任的全球领先资源，企业社会责任组织为其成员企业提供专业知识，用来设计、实施和评估成功的、对社会负责的商业活动，为会员提供广泛的实践资源，包括培训计划、技术援助、研究和商业咨询服务，企业可通过面对面会议、定制出版物和访问网站获得帮助。

企业社会责任组织对企业社会责任的定义相当广泛，包括商业道德、社区投资、环境治理、人权、市场和工作场所等主题。它还指出，通常可以互换使用各种术语来谈论企业社会责任，这些术语包括商业道德、企业公民、企业责任和可持续性。从实用的管理角度来看，企业社会责任组织认为，企业社会责任被视为一整套政策、实践和计划，通过企业整合到商业运营、供应链和决策过程中。

除了企业社会责任组织得以发展并被大众认可外，从 20 世纪 90 年代一直到今天的一个主要趋势是出现了许多不同的企业，它们在实施企业社会责任行为方面享有良好的声誉。尽管其中一些企业的某些行为的诚意值得被怀疑，但美体小铺、本杰里冰激凌、巴塔哥尼亚、埃斯普利特、艾凡达和通菲尔德农场等代表了一些规模较小的企业，它们在实施企业社会责任行为的同时成长壮大。享有企业社会责任相关声誉的大企业包括国际商业机器公司、强生、耐克、默克、保诚保险、列维・施特劳斯、可口可乐、联合包裹、麦当劳和赫曼・米勒等。

六、21 世纪：改进、研究、衍生主题、管理实践和全球扩张

21 世纪初，人们重视的不再是企业社会责任概念和意义的理论研究，而是对这一主题的实证研究，将利益从企业社会责任中分离出来，并将其纳入相关主题，如利益相关者理论、商业道德、可持续性和企业公民。然而，一些关于企业社会责任构建的发展和实证研究仍在继续。要对 21 世纪初的企业社会责任作出准确的概括，还需要时间。概念研究和实证研究的结合为 21 世纪初的企业社会责任发展提供了线索。

布莱恩・赫斯特提出了企业社会绩效的权变理论。他认为，企业社会绩效是社会问题的本质与其相应策略和结构之间契合的函数。这种契合将形成诸如企业社会响应、问题管理和利益相关者管理等元素的集成。

《商业与社会》（2000 年 12 月）题为“重新审视企业社会绩效”的专刊提出了许多不同的企业社会责任观点，其中大多数文章中体现了企业社会责任和企业社会绩效。罗利和伯曼提出了一个全新的企业社会绩效类型。他们认为，企业社

会绩效的未来发展方向不应建立在企业社会绩效的整体概念上，而应将企业社会绩效简化为可操作的措施。格里芬认为，企业社会绩效是21世纪的研究方向。她认为现有的相关学科研究（如市场营销、人际关系）可以帮助我们加深对企业社会绩效的理解。

2001—2002年，企业社会责任的新概念并没有占据主导地位，备受瞩目的是将企业社会责任或企业社会绩效与其他相关变量联系起来的实证研究。在一项对家族企业的研究中，琼斯和穆雷尔研究了对社会绩效典范的公众认可如何对股东的业务绩效产生积极影响。史密斯等人研究了多元化特征和利益相关者角色在多大程度上影响了被调查个体对企业社会导向的认知。巴克豪斯等人探讨了企业社会绩效与雇主吸引力之间的关系。研究人员发现，求职者确实认为企业社会绩效对于企业评估很重要，企业社会绩效重要的方面是环境、社区关系、员工关系、多样性和产品问题。研究人员并没有打造企业社会绩效的概念模型，而是通过研究与企业社会绩效相关的其他方面对其进行大致了解。

在概念方面，施瓦茨和卡罗尔通过三个领域相互交叉模型来研究企业社会责任。三域模型将卡罗尔提出的四类企业社会责任简化为三类，即经济、法律和伦理。该模型以维恩图的形式呈现，替代了他早期提出的企业社会责任概念。三域模型有助于解决商业道德领域出现的问题，它把慈善范畴归为道德范畴，并认为慈善事业可以从伦理和自由决定两方面进行概念化。三域模型更全面地讨论了这三个领域，并提出了维恩图的每部分表示的组织特征，这些特征在分析企业时可能有用。通过改变模型中每个要素（经济、法律和伦理）的规模和主导地位，其设想了不同的企业社会责任"画像"，这些"画像"可以作为分析企业的基础。

从商业角度来看，企业社会责任的"最佳做法"备受关注。菲利普·科特勒和南希·李编写的《企业的社会责任》一书收录了这些"最佳做法"，该书针对的是商业读者。他们论证怎样依据企业社会责任建立一种新的经营方式，将成功和价值创造与对利益相关者的尊重和积极态度结合起来。科特勒和南希介绍了25种"最佳做法"，可以很好地帮助企业开展企业社会责任计划。这些做法被分为六种主要的社会倡议，并附有一些实例，它们有效地构成了21世纪企业社会责任的全部内容。这些类别包括：公益宣传（提高对社会公益的认识和关注）、公益营销（以销售为基础的公益活动）、企业社会营销（行为改变倡议）、企业慈善（企业直接进行捐赠）、社区志愿服务（员工在社区中贡献时间和才干）、对社会负责的商业行为（自由决定行为和投资公益事业）。

根据经济合作与发展组织（OECD）编写的报告，企业社会责任方面的自愿性倡议已成为近年来国际商业的主要趋势。经济合作与发展组织关于企业社会责任的倡议揭示了一些关于企业社会责任的重要发现，其中一些重要的发现值得注意。企业社会责任无疑已经成为一种全球性现象，但在落实到实践中时，还存在着显著的区域差异。相对于因法律规定而不得不实施的举措，企业更乐意实施其他可以自由决定的举措。尽管商讨仍在进行，但企业已采取初步行动，以期对商业行为的社会规范达成共识。

大量关于法律和伦理准则的专业管理知识涌现出来，这与企业日常实践、管理标准、专业协会以及专业咨询和审计服务等方面产生的制度化支持有关。经济合作与发展组织尚未明确有关企业社会责任倡议的成本，但可以确定的是，企业社会责任倡议会给企业和社会带来巨大收益。因此，企业社会责任倡议的有效性，特别是在欧洲，与更广泛的私人和公共治理体系的有效性密切相关。

杰里米·穆恩关于企业社会责任在英国如何演变的讨论，为企业社会责任在欧盟的发展提供了一个重要的实例。他将企业社会责任视为英国社会治理的一部分，并将其嵌入一个旨在指导社会发展的系统中。与美国一样，英国企业社会责任或许也发源于 19 世纪的商业慈善事业。穆恩认为，尽管企业社会责任在 20 世纪 70 年代就被讨论过，但在 20 世纪 80 年代初的美国，由于失业率高、城市衰败和社会动荡，企业社会责任被持续关注。20 世纪 90 年代，企业社会责任的概念从社区参与扩展到永久关注对社会负责的产品和员工关系。在英国的企业中，企业社会责任的显著特征是，企业中负责企业社会责任的员工增加，通过标准规范将企业社会责任嵌入企业系统，社会报告有所增加，以及企业与非政府组织或政府组织之间的伙伴关系更加密切。此外，企业社会责任保护组织的成立，企业社会责任咨询业的兴起和发展，对投资界的兴趣以及高等教育中企业社会责任倡议的增加，都进一步强化了这些举措。与美国和世界上其他发达国家的情况类似，英国的企业管理者将企业社会责任制度化，上市公司每年都有义务发布企业社会责任报告。

由哈比奇等人编辑的著作《企业社会责任在欧洲》记录了企业社会责任在欧洲的传播，这是关于可持续性和全球化的激烈辩论的一部分。他们声称，企业社会责任在十年前几乎是不为人知的，但现在它已成为商界人士、工会会员、消费者、非政府组织和研究人员重要的讨论话题之一。

全球企业社会责任的未来是什么？最乐观的观点似乎占了上风，史蒂芬·D.利登伯格在他的著作《公司与公众利益》中精彩地描述了这一观点：引导看不见的手。利登伯格将企业社会责任视为一项重大发展，这得益于人们长期再评估企业在社会中的作用。利登伯格表示，这种再评估在欧洲更为明显。在欧洲，人们更容易假设利益相关者的责任观念，但美国商人对此假设持怀疑态度。然而，他又指出，从长远来看，欧洲对企业社会责任的影响将很难抗拒。

对比乐观的观点，大卫·沃格尔对企业社会责任持怀疑态度，他在《道德市场：企业社会责任的潜力和局限》一书中提出了这一论点，他在书中批评了企业社会责任的成功。沃格尔认为，只有当主流企业开始将企业社会责任的某些方面作为企业以往或未来业绩的关键时，企业社会责任才会取得成功。换句话说，企业社会责任的成功与否取决于它是否增加了企业的利润。在回应沃格尔的质疑时，我们必须注意到，这种财务目标和社会目标的融合体现了企业社会责任发展轨迹。

从企业社会责任的发展趋势和实践中可以明显看出，社会责任既包含伦理或道德因素，也包含商业因素。在当今竞争激烈的世界中，很明显，企业社会责任只有持续为企业增值，才能实现可持续发展。但必须注意到，社会和公众在构成企业成功的因素中扮演着越来越重要的角色。因此，企业社会责任在全球商业舞台上有着光明的未来。然而，全球竞争的压力将继续加剧，企业社会责任的“商业案例”将始终是人们关注的焦点。

七、战略与企业社会责任的整合

自从麦克威廉姆斯和西格尔（2001）首次提出企业社会责任的视角以来，战略性企业社会责任的经济理论不断发展。在《企业社会责任：企业视角理论》中，作者论证了如何将成本效益分析作为优化企业社会责任活动的战略工具。为了有效应用此分析工具，管理者必须将企业社会责任视为一种正常商品（需求随收入增加而增加的商品），并在没有任何先入为主的想法或规范性承诺的情况下分析其需求和供给。只有正确分析供需状况，管理者才有望作出具有战略性或经济意义的企业社会责任决策。企业社会责任理论所隐含的重要偶然性因素包括研究与开发、广告、组织规模、多样化、政府销售、消费者收入、劳动力市场状况和行业生命周期阶段。

交易成本经济学提供了一个重要的理论见解。交易成本经济学并没有假设企业社会责任是零成本的，而是明确了先前理论上未被承认的内容，即利益相关者管理。利益相关者管理以提高利益相关者满意度为最终目标，这往往要消耗大量的资源，包括时间、财务和人力资源，企业要确定利益相关者群体，与集团代表进行谈判，并监测他们的满意度。从长远来看，企业社会责任可以增强信任，并可能降低交易成本。但是，从短期来看，管理者必须在所有战略决策中考虑交易成本，将交易成本分析应用于组织在环境伙伴关系方面的战略决策。显然，这种交易成本逻辑也可以更广泛地应用于涵盖企业社会责任的非伙伴关系层面的所有正式和非正式合同。

战略性企业社会责任，即所谓的企业资源观。根据这一理论视角，如果组织的资源和能力是有价值的、罕见的、无法效仿的和不可替代的，那么它们将成为组织竞争优势的源泉。麦克威廉姆斯和西格尔利用企业资源观框架构建了企业社会责任“利润最大化”的形式化模型。他们的模型假设有两家企业生产相同的产品，但有一家企业赋予其产品额外的社会属性或特性，一些消费者以及其他利益相关者都很重视这一社会属性。如前所述，该模型还假设管理者进行成本效益分析，以确定用于企业社会责任活动的资源水平。因此，他们将企业社会责任作为产品、业务和企业层面差异化战略的一部分。

一些研究者提出了企业社会责任需求的概念，企业可以制订企业社会责任战略以实现并维持竞争优势。一些经济学家认为，企业社会责任是企业为维护当地的公共利益（如社交网络、社区发展）而提供的私人服务或减少社会公害（如污染）的行为。因公共利益而提供的私人服务这一概念是战略性企业社会责任的重要延伸。企业资源观的一个有趣的延伸表明，企业可以将政治影响力与企业社会责任战略结合在一起，以提高监管壁垒，防止外国竞争对手使用替代技术（这可能会降低劳动力成本）。

这些研究的不足之处是未将个人与企业社会责任或相关成果联系起来。换言之，企业社会责任研究者通常不注重考虑微观层面的因素（如企业社会责任价值观和领导力）。话虽如此，专注于企业社会责任和个人关系的研究已经开始出现。此类工作在本质上是跨层次的。例如，企业对企业社会责任的投资以及社会活动会影响员工的态度，反过来依据员工的态度也可以预测企业营业额和绩效等。与良好的财务绩效相比，当企业具有良好的企业社会责任声誉时，其员工的认同感更强，绩效更高。

其他近期的多层次研究则集中在企业领导行为上。首席执行官的激励行为（例如，帮助下属以新的思维方式看待旧问题，解决问题要触及复杂问题的核心等）更多地与组织资源和投资能力相关，这些可以同时提高企业社会责任和财务绩效。这项研究揭示了领导行为与企业社会责任成果之间的潜在联系。

瓦尔德曼和西格尔（2008）讨论了面向企业社会责任的领导层的战略基础和利益相关者基础。西格尔阐述了战略领导者和决策者为落实企业社会责任而严格采取的工具主义方法。也就是说，只有在预测到股东收益可观的情况下，领导者才应考虑投资企业社会责任。相反，瓦尔德曼认为，这样的方法可能会阻碍随着时间的推移使企业受益的企业社会责任的长期计划（如员工发展、客户安全创新等）。具体来说，瓦尔德曼提出了一种基于利益相关者理论的领导方法，该方法需要领导者在其决策过程中努力平衡多个利益相关者的需求，哪怕无法轻易确定具体的短期收益。显然，这样的决策会增加风险，但是某种程度的冒险行为和大胆行为也表明战略领导极为高效。

两项基于经验的证据可以支持瓦尔德曼的战略领导和企业社会责任方法。企业社会责任的声誉往往是企业财务绩效的最佳预测指标。一方面，对于决策时注重平衡多个利益相关群体需求的领导者来说，他们可能会更青睐长期的声誉，而不是通过在企业社会责任上的投资获得短期收益。最终的结果是，随着时间的推移，减少对企业社会责任短期收益的关注，实际上可能会提升盈利能力，这也许是自相矛盾的。另一方面，当领导者在战略决策中强调平衡多个利益相关者需求的必要性时，下属则认为领导者可以起到激励人心的作用。这种认知会促使下属更加努力工作，并致力于提升企业财务绩效。相反，那些在决策过程中主要强调经济因素（如利润和成本控制）的领导者则被认为不能起到激励人心的作用，企业也并没有提升盈利能力。

总而言之，这些发现表明，组织领导者或战略决策者或许不会因严格遵守工具主义观点而受益，相反，他们可能会因长期关注利益相关者的价值观和激励人心的领导行为而获益良多。美国西南航空公司的前总裁赫伯·凯莱赫和全食超市的创始人约翰·麦基都是后一类领导者的典型代表。凯莱赫一再表示，在他的整个职业生涯中，他首先关心的是员工，其次是客户，最后才是利润。虽然有些人可能会认为，他这么说只是为了拉拢员工和客户，但真实型领导理论表明，只要领导者始终采取与语言相一致的行动，就会增加这种说法的可信度。换言之，就他们一贯“言行一致”的态度而言，这样的领导者及其信奉的价值观在本质上应是更真实的。

第二节　企业社会责任对企业管理的重要性

企业社会责任是指企业在经营活动中对其利益相关者的责任，它通过自身的德行承诺为社会经济发展作出一定的贡献，并改善员工及其家庭的生活质量，推动当地商业活动的发展。企业社会责任的产生建立在企业的经营必须满足企业长期可持续发展这一理念的基础上，即企业除了需要考虑自身的财务和经营状况外，还应考虑企业本身对社会及社会生态环境的影响。然而，部分企业只考虑了自身的经营状况和发展，却忽略了对社会和生态的责任。企业社会责任最早是由西方发达国家提出来的，且这一思想得到了迅速的传播及应用。据了解，西方发达国家的一些主流杂志，如《财富》和《福布斯》等，在对企业进行排名时，均将“企业社会责任”作为衡量标准之一。可见，西方发达国家非常重视企业对社会责任的承担。一般而言，企业发展得越快、越好，其承担的社会责任就越大。同时，企业资产的增加，从某种意义上来说，也将促进社会整体财富的增长。除此之外，一个企业的成功往往会归功于它所创造的企业价值的积累，这也是它对社会责任的一种体现。在我国，企业一旦愿意承担起相应的社会责任，就将成为新时代中国特色社会主义文明建设的强有力的推动者。作为整个市场经济有生力量的企业，应肩负起相应的企业社会责任，从而促进自身与社会的可持续发展。

一、我国部分企业社会责任感缺失的表现

企业社会责任是指企业在创造利润和追求利润最大化的同时，还承担着对员工、消费者、社会以及环境等相关利益者的责任。然而，我国部分企业的社会责任意识较为淡薄，它们为了追求利润，弃社会、环境等利益于不顾，具体表现有以下几点。

（一）破坏生态环境

据国家统计局和生态环境部统计，在我国，相当一部分企业存在着严重的环境污染问题，它们已然成为我国生态环境污染的主要源头。这足以说明，我国部分企业是以牺牲环境为代价来谋求发展的。

（二）侵犯员工利益

新时代下，新的企业管理理念要保障员工福利，为员工创造健康安全的工作环境，同时，企业还要关注员工的未来职业规划发展，为不同的员工提供可选择的价值实现渠道，帮助员工实现个人价值。然而，部分企业在发展过程中，往往无视员工的利益，存在超负荷工作、工作环境恶劣、人身安全缺乏保障等现象。这些不良现象的存在，使企业的人才流失严重，使社会就业环境更为紧张。

（三）侵害消费者权益

新时代下，仍有一些企业为追求利润，生产假冒伪劣产品，使得消费者丧失了对产品质量的信心。企业的造假行为，阻碍了社会经济的发展，不利于良性市场环境的建立。

（四）缺乏社会公益责任

良好企业形象的树立，得益于企业对社会公益事业所作出的贡献。但根据相关数据显示，部分企业在社会公益等方面的关注度不高。而这些企业的行为，在一定程度上也损害了自身在社会大众心中的形象。

二、我国企业承担社会责任的重要性

我国部分企业社会责任感缺失，它们迫切需要树立企业社会责任感、规范自身行为、履行社会责任，从而实现可持续发展。

（一）企业承担社会责任，有利于维持与利益相关者的长期关系

一般来讲，狭义的企业利益相关者分为四类：第一类是劳动力提供者；第二类是资源提供者；第三类是消费者；第四类是社会。这四类利益相关者之间都有着密切的关系。广义的企业利益相关者除了上述四类之外，还包括员工、客户和政府。在自由的市场经济中，企业及其利益相关者的关系几乎是平等的。正是由于它们之间相互依赖且缺一不可的关系，才促进了企业的经济发展和财富积累。

因此，企业特别是中小企业必须坚定保持这种关系的依赖性，以保证自身能够持续发展。

可以说，企业的生存和发展从来都不是独立的，良好的社会环境为企业提供了大量的人力、文化等资源以及优惠的投资条件和保障，这才使得企业能够顺利发展。因此，企业特别是中小企业在发展时应当考虑社会需求，即在追求自身经济利益的同时，也要兼顾社会利益。可见，企业想要谋求长远发展，必然要兼顾其利益相关者的权益。

（二）企业承担社会责任，有利于增强竞争优势

随着经济全球化的深入发展，企业之间的竞争越发激烈，且竞争范围也日益扩大，这就造成了企业的竞争已不仅是市场占有率的争夺，还有服务和品牌上的竞争。不过，企业的竞争归根到底是人才的竞争，高素质的人力资源为企业获取竞争优势提供了强有力的保障。这就使得企业在承担社会责任时，必须尊重员工的权利，贯彻以人为本的管理理念和价值观。

首先，企业承担更多的社会责任，能够获得良好的社会信誉。企业的第一社会责任是诚信经营。唯有以诚为本，以消费者需求为出发点，提供优质的产品和服务，才能赢得消费者对企业的认可，并以此树立良好的信誉。今天，越来越多的消费者和投资者在众多的企业中寻找知名度高、信誉好的企业，他们不仅看重企业的品牌价值和服务能力，更加重视这些企业的社会行为和社会价值。毫无疑问，这对企业当下和未来的发展都有着积极而深远的影响。

其次，企业承担更多的社会责任，有利于提高自身的道德标准。通常一个实力雄厚的企业，除经济实力、管理水平、技术技能和有素养的员工外，还对自己有着严格的道德要求。“以道德为基石的企业文化的形成和发展，是一个企业走向成熟的标志。”罗宾斯认为，企业社会责任不仅意味着企业要遵循法律法规和经济义务，更要对实现可持续发展这一长期目标进行追求。因此，企业要想最终实现可持续发展，增强自身竞争力，势必要立足于长远目标，遵循一定的道德标准，主动承担更多的社会责任，以此来促进企业、市场和社会的共同繁荣。

（三）企业承担社会责任，有利于实现可持续发展

企业的可持续发展目标要求企业在追求经济利润的同时，还要实现社会价值和环境价值。企业社会责任对工作环境的改善、对员工的激励都有着积极的影响。

可以说，企业社会责任有利于使企业创造一个更加宽松舒适的经营环境；有利于增强员工的主人翁意识，并以此来提高员工的创新能力；有利于企业更加合理地为决策者和经营者安排生产活动；有利于企业获得政府的支持，获得更多的优惠政策。同时，企业社会责任也是一种高效的宣传方式，如果企业能够长期稳定地以高标准的优质服务接触客户，那么就会吸引更多的客户。因此，企业要想实现可持续发展，创造更多价值，势必要从社会出发、从员工和消费者的角度出发，努力承担社会责任。

总之，企业承担社会责任，有利于企业自身的长远发展，即提高企业产品质量，增强企业服务意识，提升企业市场竞争力，帮助企业开拓市场领域，获取更多利润。除此之外，企业承担社会责任还有利于促进新时代中国特色社会主义发展、生态环境发展，有利于加强员工权益保障和社会福利保障等。可以说，企业应顺应世界潮流、承担社会责任，在满足自身稳定且长远发展需要的同时，充分发挥社会角色的力量，从而确保其更加长久地发展下去，最终实现可持续发展。

第三节　战略性企业社会责任的基本内涵

战略性企业社会责任是主动的战略行为，企业自主地将社会责任与战略管理相融合，将承担社会责任列为企业愿景，融于企业的经营理念，贯穿企业的生产经营活动，塑造亲和力高、号召力强的企业文化和品牌形象，使社会资源得以有效整合，创造有利于企业发展的内外环境，提升企业的社会责任竞争力，奠定企业的可持续发展基石。

战略性企业社会责任是完全不同于传统企业社会责任的新概念，并且将社会问题在企业中的地位提升到一个新的高度，将其纳入企业的内在核心价值体系。承担战略性企业社会责任是企业获取可持续竞争优势，充分发挥对社会的积极影响，创造共同价值的战略机会。战略性企业社会责任给企业实现自我价值提供了一种崭新的思路。它要求企业基于共生的社会理念，将社会利益归入企业内部的核心价值体系，并且把企业的积极社会影响视作企业整体战略的重要组成部分。

国内外现有相关文献主要涉及战略性企业社会责任的概念研究、战略性企业社会责任与财务绩效的关系研究、战略性企业社会责任对企业竞争力的影响研究、战略性企业社会责任创造共享价值的研究、传统企业社会责任和战略性企业社会责任的比较研究等。

一、国外战略性企业社会责任内涵研究

沃特克（Wartick）和科克伦（Cochran）将企业社会责任金字塔模型中的社会议题管理分为政治议题（与立法问题相关）管理、战略议题（与企业战略相关）管理和社会议题（与社会价值和态度问题相关）管理，并认为社会议题管理为长期以来被批评为虚化的、与企业真实目标相背离的企业社会责任研究提供了具体方法。

迈尔斯（Miles）通过对保险行业大公司高层领导、生产线资深管理人员、外部关系职业人员等深入系统的观察和密切的个人接触，对企业的社会责任实践进行了较为充分的整理和归纳。

伯克（Burke）和洛格斯登（Logsdon）在《企业社会责任如何获得回报》（*How Corporate Social Responsibility Pays Off*）这一研究中提出了战略性企业社会责任的概念，认为传统的企业社会责任行为对利益相关者而言是有价值的，但对企业而言是非战略性的。战略性企业社会责任能够为企业的核心业务提供支持，从而带来商业利益。这一概念为之后的研究提供了新的方向。研究指出，战略性企业社会责任是能够提升生产效率、凝聚核心竞争力并带来长期利润的企业社会责任，研究提出了战略性企业社会责任的五个维度，即中心性、专用性、前瞻性、自愿性和可见性。

约翰·埃尔金顿（John Elkington）指出，企业必须将利润、社会正义和环境质量同时作为企业生存与发展的三个基本“底线”，并纳入企业发展战略。

巴伦（Baron）按照企业活动的动机差异将企业社会责任行为明确区分为三种类型，分别是以利润最大化为目的、以应对社会活动家的威胁为目的和以利他为目的的社会责任行为，并认为以利润最大化为目的的社会责任行为具有明显的盈利指向性，也就是战略性企业社会责任行为。但是，利润最大化是一个短期目标，而战略具有长期性、全局性特征，他的“盈利指向性就是战略性”的观点并没有被学术界广泛接受。仅根据动机来区分是否为战略性企业社会责任，也难以做到

界限分明。

兰托斯（Lantos）从行为动机的视角指出，战略性企业社会责任是企业实现社会福利和商业目标的长远性与战略性的慈善行为。兰托斯从责任性质和责任动机两个方面，将企业社会责任划分为战略性、伦理性和利他性等三种类型。他认为战略性企业社会责任是能够作为营销手段提升企业形象、增进企业利润的社会责任；伦理性企业社会责任是使企业日常经营对社会的损害最小化的社会责任；利他性企业社会责任是所有能够提高整个社会福利水平和生活质量的慈善行为。扎勒（Sarre）也认为，虽然法律和法规能够发挥一定的作用，但把企业社会责任纳入企业管理，发展战略性企业社会责任，形成企业社会责任文化，能够有效防范不遵守商业道德而导致的企业灾难甚至社会灾难。

波特（Porter）和克莱默（Kramer）认为，企业从事公共事业的目的并不局限于获得社会认同，而是专注于企业竞争力的培育。2006 年，在《战略与社会：竞争优势与企业社会责任之间的联系》（*Strategy and Society:The Link between Competitive Advantage and Corporate Social Responsibility*）这项研究中，波特和克莱默以竞争优势理论为基础，对战略性企业社会责任进行了阐述，提出企业与社会的共享价值。履行战略性企业社会责任的目的就是企业在解决社会问题的过程中追求企业与社会的共享价值，获得生存和发展的可持续性优势。他们将其划分为战略性企业社会责任和回应性企业社会责任：前者不仅包括慈善活动，还包括一些能对社会产生积极影响并强化企业价值链的活动；后者包括两个方面，企业一方面应适应利益相关者的社会关注，另一方面应缓解或消除已存或将有的负面影响。2011 年，波特又在《创造共享价值》中指出，企业可以通过创造共享价值来提升社会责任竞争力，而创造共享价值的过程就是企业履行战略性企业社会责任的过程，并且他在文中详细介绍了创造共享价值的方法及相关理论。这一概念与波特在战略管理领域的研究成果一脉相承，使其概念框架更为完整，他根据企业应对社会问题的不同行为模式，将战略性企业社会责任活动的创新划分为企业价值链创新和竞争环境投资分析。以此作为战略性企业社会责任履行的出发点，能够较好地指导企业实践。因此，这一概念一经提出，立即引起理论和实务界的热议，而且被后来的学者广泛采用。

潘恩（Paine）认为，对商业道德的重视可以提升风险管理水平，改善内部职能，促进市场定位，进一步提高企业的形象和地位。瓦尔德曼（Waldman）等将战略性领导理论应用于企业社会责任，他们的研究展示了企业领导者的某些行为与企业倾向于承担社会责任存在正相关关系，而且这些领导者是在战略性地运用企业社会责任进行活动。

维特（Werther）和钱德勒（Chandler）认为，企业在履行社会责任时，应根据内部优势和外部机会以及企业的愿景来制订发展战略，进而在满足社会要求的前提下实现经济目标。

赫斯特德（Husted）和艾伦（Allen）将传统企业战略、传统企业社会责任和战略性企业社会责任进行了比较分析，认为战略性企业社会责任有以下特点：使利益相关者对含企业社会责任价值的产品建立意识；管理企业与利益相关者关系，增加企业价值；积极参与法律要求之外的社会活动；与社会问题相关的产品、服务创新可以创造价值；从预期社会问题中寻求当前的市场机会。他们在伯克和洛格斯登所提出的中心性、专用性、前瞻性、自愿性和可见性等五个维度的基础上比较了战略性企业社会责任和传统企业社会责任，指出战略性企业社会责任的优势在于它将社会问题融入企业的战略范围中，在寻找解决社会问题方法的过程中探索市场机会，进行适当的创新，创造新的价值。

迈克威廉斯（McWillams）和西格尔（Siegel）则提出了一个广义的战略性企业社会责任定义，认为能使企业获取持续竞争优势的一切“负责任的”行为，即能够提升企业竞争力的履责行为都属于战略性企业社会责任行为。

戴维·钱德勒（David Chandler）在其著作《战略企业社会责任：利益相关者、全球化和可持续价值的创造》中，提出了优先利益相关者的理论，该理论将企业的利益相关者分为三个层次：组织利益相关者、经济利益相关者和社会利益相关者。他们分别代表了企业股东、消费者和政府，企业根据自己的发展战略对三者进行排序，然后根据排序情况来决定优先满足哪一方的需求。该理论是传统的利益相关者理论的延伸。该书在该理论视角下讨论战略性企业社会责任的概念，提到最成功的企业是那些能够对其他利益相关者优先于股东进行考虑的企业。在此基础上，该书还提出了可持续价值的概念，这与波特提出的共享价值概念如出一辙，他们从资源与产业视角，阐述了战略性企业社会责任的意义。

二、国内战略性企业社会责任内涵研究

国内战略性企业社会责任内涵研究把履行企业社会责任与培育竞争优势结合起来，履行企业社会责任是中国企业培育竞争优势的主要切入点，并由此提出了软竞争力的概念。陈留彬通过确定权重加成的方法将企业在各个社会责任项目中的实践程度进行计算，得出一个可以衡量企业履行社会责任程度高低的测度指标，为研究企业履行社会责任的总体程度奠定了基础。关于战略性企业社会责任的概念，国内学者杨东宁认为，战略性企业社会责任是企业从战略视角出发，自主履行企业社会责任，继而影响企业价值的战略行为。基于可持续发展的理念，许正良和刘娜从计划、分析、实行和控制等方面构建了企业社会责任与企业战略目标管理相融合的框架。

我们可以将社会责任战略分为消极反应、抵御、适应和提前采取行动等四种。消极反应战略指没能甚至不愿意按照社会责任方式行动，并尽可能地躲避或隐瞒的不负责任行为；抵御战略指采取不积极的防御战略，得过且过；适应战略指比较自觉地使企业的行为与公共法则保持一致，尽力对公众的期望负责，以适应社会对企业的要求；提前采取行动战略指在责任到来之前采取行动，肩负起社会赋予企业的责任。

企业应以承担社会责任为愿景，将诚信经营、节约能源、爱护环境、善待员工、热心社会公益的经营理念贯穿企业采购、研发、生产、销售以及市场服务等价值链的各个环节，塑造具有高度亲和力和感召力的企业文化与品牌形象，更加有效地整合社会资源，创造有利于企业经营和发展的内外部环境，进而打造企业的社会责任竞争力，获取竞争优势，保证企业可持续发展。

刘斌等提出企业社会责任创新战略。他们通过构建动态规划模型和对社会需求模型进行修正，分别从宏观和微观角度分析可持续发展与社会需求下的企业社会责任创新战略，并用严格的数学模型证明了企业承担社会责任是实现企业可持续发展和国家可持续发展目标的必由之路。他们将企业社会责任战略定义为，企业为获取相对于竞争对手更为有利的地位与发展潜能，根据环境变化和自身能力而对资源运用所作出的全局性、综合性、策略性的规划与部署，以实现企业在持续和谐环境下追求长期价值最大化的目标。

汪建新等从战略的高度来看企业社会责任。他们认为，企业社会责任本质是在经济全球化背景下企业对其自身经济行为的约束，它既是企业的宗旨和经营理

念，又是企业用来处理与利益相关者关系的准绳，它超越以往企业把赚取利润作为唯一目标的传统理念，更强调企业对人的价值的关注，对消费者、对环境和对社会的贡献，以及通过实施企业社会责任来获得战略收益。

刘思华通过探讨企业社会责任内涵及其战略意义，对企业社会责任进行战略思考。他认为，应对企业价值链进行分析，找出与企业交叉的社会问题，使企业在承担社会责任的同时实现价值创造，并设立专门的社会责任管理机构来负责管理。

邓玉华对企业社会责任竞争力给出了更加具体的定义：企业社会责任竞争力是企业利用自身专业能力和优势缓解或消除发展过程中面临的社会或经济问题，实现社会价值和经济价值创造的统一，使履行社会责任成为为企业和社会创造共享价值的能力。他认为应将企业社会责任与企业日常运营相结合，将培育企业社会责任竞争力作为提升企业竞争优势的重要组成部分，这是企业未来持续发展的重要保证。

王守霞等在《战略性企业社会责任研究》一文中表示，战略性企业社会责任相对于传统的企业社会责任更容易在企业中得到支持，战略性企业社会责任从创造商业机会、增强企业核心能力和降低企业风险等多方面提升企业的共享价值，为企业的长期发展带来经济绩效。企业不仅满足了服务于社会的意愿，而且在帮助他人的过程中得到了自身的提升，履行了对股东的责任。文章还提出可以从边界研究的角度对战略性企业社会责任开展进一步研究。例如，大学教授在学校教书育人的同时担任某公司的顾问，医院的医生从事多点执业等，这些情况下关于哪一方应承担社会责任或者哪一方应承担更多的责任是存在争议的，尚需进一步明确。关于战略性企业社会责任的实证研究也需要从多个层面进一步深入探讨。比如，研究战略性企业社会责任的运行特征、决策机制、管理模式等，使战略性企业社会责任体系的研究更加全面和完善。在实证研究中最好能够引入某个企业的案例作为实践支撑，从而使实证研究更具可靠性。

孟维祯在《战略性企业社会责任、共享价值与企业社会责任竞争力——以中国保险业为例》中提到，战略性企业社会责任就是将对企业社会责任的考虑包含在企业战略和目标的设定过程中，将企业社会责任延伸到企业的整个价值链。具体来说，主要从四个方面进行定义：①企业将社会责任视角纳入其战略设计过程；②企业所采取的任何行动与核心运营相关；③包含利益相关者视角；④管理资源和与核心利益相关者的关系要从短期发展到中期以至于长期。这四个重要方面的结合，保证了强制性企业社会责任与非强制性企业社会责任的有机结合，从而使其具有战略性。

第六章　企业对员工的社会责任

第一节　企业与员工

一、企业与员工义利共生的关系

（一）企业与员工的内涵

员工是企业最重要的利益相关者，是企业的核心力量。按照员工的受教育程度，可把员工划分为知识密集型员工和劳动密集型员工。其中，知识密集型员工素质高，以科技人员为主体；劳动密集型员工属于低价值、低稀缺员工，只掌握较少的知识和技能，主要从事操作性工作。本章针对的是劳动密集型员工，企业对员工社会责任的缺失，主要体现在这类弱势群体的身上。

（二）雇佣关系的内容

雇佣关系是指雇员和雇主之间的权利义务关系，它是雇员和雇主产生的法律基础，是雇员赖以在劳动法和社会保障领域获得与就业相关的权利和利益的主要载体。雇佣关系中包括雇主和雇员两个群体。在我国，只有劳动行为能力被法律认可后，雇员才具备行使劳动权利和履行劳动义务的资格。雇员的年龄要满 16 周岁，具备从事劳动的身体健康条件，有一定的文化水平。在雇佣关系中，雇员向雇主提供劳务，雇主则支付相应报酬。

（三）义利共生关系的实质

“义”和“利”是中国经济伦理领域的传统概念。企业作为社会需求和社会分工的产物，作为产品的社会资源支持，进行一系列经济事务的处理，履行社会责任是企业的义务。企业效益指的不仅是利润，而且是企业可持续盈利的能力，这是企业作为一个经济实体的客观前提，是其主要经济因素，同时也反映企业的特殊价值。企业之义与企业之利互为基础，这种相互关系，在企业履行对员工的社会责任义务的同时，也能为企业自身带来巨大的利润，有利于企业的可持续发展。

“义利共生”是义利统一的最高境界,企业处理义利关系的原则是：义字当先，和义为利。也就是说，企业特别是高层管理者，主观上首先应考虑的是企业如何顺应社会的发展，履行相应的社会责任。即任何经营管理活动首要的是符合义的规范，符合企业应当承担的责任要求。而利润的获取则是企业为社会提供服务时所需要的一种职能、一种必备条件，是企业认真履行社会责任时的派生物，绝不是企业的最终目的。因此，无论规模大小、性质如何、业绩盈亏，企业都应承担与生俱来的社会责任。

一个不以营利为唯一目的，谋义与谋利统一的企业具有较强的社会责任感，能够实现经营活动和社会责任的统一。这类企业的员工管理价值体系是强大和独立的，能够在一个更高的水平和更广泛的范围内承担对员工的社会责任，它们致力于造福社会和人类，努力促进人类社会的可持续发展。企业为员工提供担保，使员工的人格在工作场所中受到尊重,同时为社会提供稳定的高质量的就业环境，吸引、激励杰出人才的驻留。实现义与利的辩证统一，企业才能取得良好的经济效益和社会效益。

二、企业对员工承担社会责任的历史和现状

（一）企业对员工承担社会责任的历史

从对员工承担社会责任的视角来看，改革开放以来我国企业的发展分为三个阶段：第一阶段，改革开放初期，大多数企业处于起步阶段，经济基础较为薄弱，它们只关注企业的生存，对承担员工的社会责任出现了偶发性和随机性的特点，员工无偿加班、被拖欠工资的情况时有发生。第二阶段，20 世纪 90 年代以后，企业的发展程度有所提高，积攒了一定的物质基础，开始意识到员工作为利益相关者的重要性。第三阶段，21 世纪以后，企业进入了相对成熟的阶段，许多企业对员工承担社会责任的意识也大大提高。企业管理者已经认识到实现对员工的社会责任，不仅可以使员工产生对工作的热情，同时还能增强企业的社会信誉，吸引更多的人才，提高企业的竞争力，促进企业的可持续发展。

不过，从总体上看，我国企业仍然处于发展阶段。但是，并不能因为企业发展得尚不成熟而忽略对员工的社会责任。对员工的社会责任的缺失是我国企业面临的一个重大问题。

（二）企业对员工承担社会责任的现状

我国的企业是在特殊的体制下形成的，起步较晚、经济基础较为薄弱，至今仍存在着许多问题，企业对员工履行社会责任的程度也参差不齐。

首先，优秀的企业在对员工承担社会责任方面做得较好，其懂得承担的范围以及如何承担。其不仅对员工履行按时发放工资、提供养老保险、培训教育等社会责任，还在生活中给予员工关心，对家庭条件较差的员工给予额外的帮助，处处体现以人为本的管理思想，对员工有着强烈的社会责任感和使命感。

其次，我国大部分企业在对员工承担社会责任方面，还处于不成熟的阶段。多数只能承担部分责任，如按时发放工资，但员工无偿加班的情况时有发生，企业经常不缴或少缴社会保险费，不能很好地给员工提供培训和晋升的机会，不能满足员工自身价值的实现。企业更多的是给员工提供了基本的生活保障，但没有满足员工精神上的需求，它们认为对员工承担某些方面的社会责任意义不大，还在一定程度上提高了经济成本，降低了经济效益。

最后，少数企业在对员工承担社会责任方面还存在着很大的缺失。有的企业不顾员工的工作环境安全，让员工在密不通风的小作坊里进行作业，有毒气体未能及时排放导致员工中毒。还有的企业只顾在宣传自身形象上投资，放大舆论效果，追求社会地位，却拖欠员工数月工资，使员工的基本生活得不到保障。诸如此类的现象常有发生，连员工最基本的生存健康和安全的需求都无法满足。此类企业可能在较短时间内获取一定利益，但长此以往，会导致人心涣散，最终难逃失败的厄运。

三、企业对员工承担社会责任的必要性

（一）企业竞争力的必备要素

随着市场经济的发展和国际竞争的加剧，人的因素在企业的发展中扮演着越来越重要的角色，而软性的社会责任已成为提高企业竞争力的决定性因素。企业对员工履行社会责任，不但可以提高员工的满意度，留住人才，还可以为企业带来更高的经济效益和现实的竞争力。

海尔集团总裁张瑞敏认为，企业最重要的是为社会作出贡献。一个对员工尽到社会责任的企业，会获得良好的信誉评价和员工忠诚度，从而使利润的获得变

得水到渠成。一个优秀的企业必须对员工承担社会责任，这已经逐步成为国际共识。例如，世界知名商业期刊《财富》杂志每年都要评选“最佳雇主”。

（二）企业可持续发展的关键因素

员工是企业发展的原动力。如果企业只是单方面地追求经济效益，对员工的权利和利益不管不顾，这样的企业在短时间内或许会增加利润，但是长此以往是不行的，员工会对企业失去信任，人才会大量流失，企业最终只会濒临破产。企业履行对员工的社会责任，不仅是法律制度的客观规定，也是企业寻求自身长远发展的内在要求。

企业对员工履行社会责任的缺失，轻则造成人心涣散、员工离职，受到舆论谴责，重则受到行政处罚和法律制裁，直接影响企业的信誉和发展。作为个人，赚一笔钱就能得到长久的保障；作为一个企业，要想长期生存发展，绝非靠赚一两笔钱就能做到。众所周知，员工是企业的命脉，对员工社会责任的缺失于企业本身而言，是一种短期的、自杀性的行为。

（三）社会稳定发展的保障

企业的和谐稳定直接关系到员工的个人发展和劳动收入，没有企业的和谐，就不会有员工家庭的和谐，也就不会有社会的和谐。也就是说，企业对员工履行相应的社会责任是社会稳定的重要保障。目前，我国企业对员工社会责任的履行还处于摸索发展阶段，侵害员工利益的事情时有发生。如果企业推迟发放或克扣员工工资，员工将如何生存？员工在空气污染严重的环境下工作，其健康安全何在？企业不缴纳医疗、养老保险，员工老年时的保障又在哪里？如果企业不履行这些最基本的社会责任，将会使人心动荡、社会不安。因此，企业对员工履行社会责任对社会稳定和发展起着尤为重要的作用。

（四）尊重人权的需要

从普遍的、平等的人权角度出发，把一些基本人权应用到工作场所中即成为与工作相关的各种权利。人类的尊严和权利是自由、平等的，不论种族、国家、政治、性别、地位、出身、财富等。每个人都享有安全的权利、选择工作的权利、获得公平报酬的权利等。尊重人权强调的是“人”，企业要做到“以人为本”。其字面上的意思是要把每个人都当“人”来对待，把人作为企业的根本和核心，尊重人的权利和尊严。从深层次上来讲，就是不应把员工当作机器和手段，而应把员工最终的发展和提升作为目的。具体来说，企业要切实维护员工的合法权益，包括员工的经济权益、安全健康权益、民主权益、精神文化权益等。在当今经济高速发展的时代，员工实现自身价值显得格外重要。企业应加强对员工的培养和教育，提供更多深造和发展的机会，提高员工的业务水平、科学知识、个人素质及发展创新能力，使其成为综合型的企业人才。因此，企业对员工履行社会责任是尊重人权的需要，是必不可少的。

第二节　企业对员工履行社会责任的义务

企业对员工履行社会责任，主要包含四个方面，经济、法律、道德、自行裁量权。阿奇·B. 卡罗尔曾经提出一个概念为学界广为接受，即“企业社会责任包含了在特定时期内，社会对经济组织经济上的、法律上的、伦理上的和自行裁量的期望”。

卡罗尔认为企业对员工履行社会责任的义务主要包括以下几个方面：第一，经济责任是基础责任，但不是唯一责任；第二，作为社会的一部分，企业在法律的框架内，有必要承担法律责任；第三，虽然经济与法律都有与道德重叠的部分，但公众仍认为道德是约束企业行为必需的手段之一；第四，社会往往对企业还寄予一些没有或无法明确表达的期望，或者是否承担、承担怎样的责任完全由个人或企业自行判断和选择，这是一个完全自愿的行为，如慈善捐赠，卡罗尔将其称为企业的自行裁量权。

卡罗尔认为金字塔结构可以诠释企业对员工履行的社会责任，经济责任占比最大，法律、道德和自由裁量责任依次递减。这一概念已被广泛认可。

一、企业对员工的经济责任

卡罗尔认为企业对员工社会责任的结构应是金字塔形的。企业是社会经济活动最活跃的参与“细胞”，经济责任处于最低层的基础位置。企业在有一定经济基础的同时，也应对员工承担相应的经济责任。例如，企业应按时发放员工的劳动报酬、提供社会福利和保障等。

企业履行对员工的经济责任往往和企业的绩效管理制度密不可分。作为企业，提高经济效益是永不停歇的追求，具体来说，就是提高员工的工作效率并且保证员工的工作质量，做到又快又好。企业经济效益不断提高，对员工社会责任的承担才会越来越有保障。现实中，大量处于创业期的小微型民营企业对员工承担社会责任严重缺失，主要就是因为企业本小利薄，还不能拿出足够的资金履行对员工的社会责任。绩效管理是帮助企业发展的有效方法，能够大幅度提高企业经济效益。

绩效考核是一个结构化的方法，是衡量组织成员实现目标的一个有效的手段。绩效考核的评估原则包括：①要保证开放和公平。要在相同的领导下开展工作，确保同一岗位人员适用毫无例外的评价方法及评价标准。②遵循客观评价的原则。重数量更重质量，提出长期目标，避免短视行为，建立比较和评价的完整科学体系，杜绝攀比跟风。③评估内容和程序要讲究重点，注重效率。压缩评估经费，帮助员工理顺工作内容，要有的放矢，只对主要内容进行评价，而不是面面俱到。④线性评价原则。一般的评估是自下而上的，而绩效考核是自上而下的。直接领导负责下属的绩效考评工作，可以确保考评工作有根有据，不流于形式。

总之，完善的绩效考核制度不失为企业管理的明智之举。要想真正将企业绩效考核制度落实下去，就必须加强思想宣传，将绩效管理的理念和好处灌输给企业员工，让他们自觉对照考核指标，找差距，求进步，使全体员工认识到绩效考核的目的不仅是提高企业效率，还能帮助员工提高个人素质和部门业绩。一个良性的绩效考核制度应是管理者和员工之间利益最大化的契合，不是为了给员工加压，而是帮助员工解决问题，加快成长。

二、企业对员工的法律责任

企业对员工的法律责任主要是针对劳动法律制度中的一系列问题。企业要和员工建立正规的劳动关系，就必须签订劳动合同，这是企业承担法律责任的第一步。一份公平、公正的劳动合同对员工来说至关重要。劳动合同体现的是平等主体间的双向选择，明确规定了企业和劳动者双方的权利与义务，确保了劳动者维权时有据可依。根据《中华人民共和国劳动合同法》（以下称《劳动合同法》），规范劳动合同的设立、变更、解除或者终止，对于明确双方当事人的权利义务，以防止和减少劳动争议的发生，具有非常重要的意义。在劳动关系中，一方是劳动者，另一方是用人单位，用人单位有自主用人的权利，劳动者也有自愿选择雇主的权利。法律层面的平等并不能掩盖劳动者处于弱势的事实，严峻的就业形势使求职者经常不得不接受企业的过度压榨。这时《劳动合同法》的出现就显得尤为重要。书面合同是证明劳动关系存在的最好证据，劳动合同的订立，应当遵守法律的基本原则——平等、自愿、公平、诚实信用。劳动合同应当具备以下几个条件：①用人单位的名称、住所、法定代表人或者主要负责人。②员工的名字和身份证或者其他有效身份证件号码。③劳动合同期限。④工作内容和工作地点。⑤工作时间和休息休假。⑥劳动报酬。⑦社会保险。⑧劳动保护、劳动条件和职业危害防护。⑨法律、法规规定应当纳入劳动合同的其他事项。

此外，在法律规定的范围之内，用人单位与劳动者之间还可以约定试用期、培训、保密、补充保险和福利待遇等内容。

三、企业对员工的道德责任

企业对员工的道德责任，是企业对员工社会责任的提高和升华，在做到对员工承担经济、法律责任的基础上，再承担道德责任，是很多企业难以企及的。笔者认为，企业道德责任是企业对员工社会责任的外部延伸。重视道德建设，实践企业道德责任往往能更好地履行社会责任，使员工的社会责任感更强，更能有效地发挥企业人力资源的作用。

企业对员工的职业培训，是企业对员工履行道德责任中必不可少的一个环节。重视员工职业培训，加大对培训的投入成为多数企业自觉的行为。素有“经营之神”美称的松下幸之助非常重视员工的培训，他曾经说过：“欲造松下产品，先造松下人。”从中可以看出企业员工培训的重要意义。员工培训是在企业总体布局的基础之上，结合职业生涯规划人员对企业的资金实力、岗位空缺及发展前景的通盘考虑，为员工提供的培训机会。这些培训项目一般会有周到的训练计划，不但可以提高员工职业素养，增强向心力，还可以借机完善企业自身文化。打造“学习型组织”是未来企业职业培训的趋势，是对传统培训方式的革命性变革。在学习型组织中，所有成员拥有共同的愿景，每一个目标的达成都是集体智慧和努力的结果。在学习型组织中，“学习”被大家发挥到了淋漓尽致的地步，终身学习、全员学习、团队学习、活学活用，一边学习，一边实践运用。

四、企业对员工的自行裁量的责任

企业的自由裁量权是指企业通常没有或无法明确表达的期望，或者是否承担、承担怎样的责任完全取决于个人或企业的判断和选择，这是一个完全自愿的行为。例如，企业对员工的慈善捐赠，企业员工家境困难或患有重病，这时，企业自发为员工捐助和募集善款，这就是企业对员工自行裁量的责任。

自行裁量必须有一个标准或者思维逻辑，具体到企业内部就是企业文化。企业文化建设的作用是不言而喻的，它对于凝聚人心、培训新人都有着无可替代的作用。企业文化是一个包罗万象的综合体，是一种员工都清楚的行为准则，涉及企业的各个方面，它能够使企业员工团结一致、共同进步。企业文化是企业精神的体现，作为一种柔性管理，同样有着自己完整的组织架构，潜移默化地影响着广大员工的思想意识，具有广泛、深刻的社会意义，大致可分为三个部分：第一，企业物质文化。它是指企业生产、生产环境以及产品实体性的文化。第二，企业制度文化。它是指生产技术规程和标准以及科学有效的管理制度。第三，企业精神文化，包括价值观、信念信仰、道德风气、思想情绪以及企业经营哲学等。

第三节　员工的权利

员工居于企业的核心位置，员工权利理论主要关注员工在工作场所中内在价值的实现。员工具有普遍的作为理论基础的平等权利，同时这些权利通过他们的工作，成为与工作相关的各种权利。马斯洛在 1943 年发表的《人类动机理论》中认为，人的需求分为五个层次——生理、安全、社交、尊重和自我实现。

员工的权利从广义上分为高、低两个部分。其中，员工的生存需求、安全需求和社会需求主要是通过外部条件来满足，属于员工的基本权利。而尊重需求和自我实现需求属于员工进一步的需求，要通过内部因素才能满足。在此期间，员工的需求可能有多种，但员工在不同的发展阶段，总有一种需求是占主导地位的，影响着员工的思想和行为。各个层次之间的需求是相互依赖和互相重叠的，呈现不断上升的趋势。高层次的需求不能跨越低层次的需求，只有实现低层次的需求后才有条件实现高层次的需求；在高层次的需求实现后，低层次的需求仍然存在，只是对行为的影响力不再像以前那么强。

员工和企业的权利义务是相互对应、补充的，一方的权利必然对应着另一方的义务，反之亦然。但在某些特定时刻，双方权利义务不是完全对称的。例如，员工享有工作的权利，但并没有某一个特定的主体必须履行与之相应的责任，要实现员工的这部分权利，必须由整个社会为之努力。现实中，许多权利义务处在一个不断更新、互换、重新界定的状态，具体内容也在不断发展和变化。员工与企业的权利义务在本质上是一致的，但也有发生冲突的可能。例如，员工隐私权和企业监控权的矛盾，面对这些难以调和的矛盾，企业和员工要相互协商、相互谅解，在维护员工基本权利、不损害企业根本利益的基础上寻求解决措施。

一、员工生存需要应有的权利

（一）员工的工资需求

员工作为个体，第一要务是生存，工资是员工赖以生存的根本。工资是指劳动者在付出劳动之后，雇主应支付给劳动者经济上的回报或报酬，主要是现金的形式，也有实物。根据法律规定，劳动报酬是劳动合同的核心条款，工资、奖金、津贴、计算方法、支付方式和扣除条件都应体现在文字上。薪酬是指企业雇用员工，用经济报酬的方式来回报员工的劳动付出。绩效工资是以员工的工作效率作为标杆来进行发放的。激励工资包括短期激励和长期激励两种，例如期股和分红。福利待遇通常包括休假、服务和其他非货币收益。

从广义上来讲，影响员工工资的因素主要包含以下几个方面。

1. 社会因素

任何组织都存在于一定的社会环境中，社会环境对员工的工资会有一定的影响。社会环境包括社会的经济水平、生活水平、劳动力市场价格、劳动力供求关系等方面。如在经济比较发达的地区，科学技术发展迅速，需要更多的知识型人才，劳动密集型员工的需求相对来说较少，且工资较低。在这种情况下，劳动密集型员工将会转移到社会生活水平相对较低的地区去发展。另外，在同一劳动力市场上，工资的高低也与员工的供求关系有着紧密联系。如果岗位稀缺，供大于求，势必引起工资水平的下降；如果员工稀缺，供不应求，那么工资水平就会普遍上涨。

2. 企业因素

企业因素包括企业的经济状况、企业的规章制度、企业文化等。如由于所处行业不同，相同工作性质的员工，所获得的待遇也有所不同。企业自身的盈利情况和薪酬政策的制订，也会对员工的薪酬产生影响。如在某一年度，企业的业务量增加，且利润比例保持一致，那么员工的工资就会提高。

3. 个人因素

个人因素包括员工的个人素质、技能、工作表现、资历等各个方面。首先，不同知识、技能背景和个人素质决定了员工承担的工作任务与胜任的工作岗位。而个人的工作态度、工作能力及由此产生的工作绩效则是薪酬差异的主要因素。如在同一企业中，不同层次岗位的员工薪酬水平是有所不同的。

员工的基本生存是靠自身的工资维持的，企业对员工承担社会责任的一个方面就是对员工发放工资。同时，薪酬也具有一定的职能，主要体现在以下几个方面：①补偿功能。不管是以体力作为主要劳动方式的劳动密集型员工，还是以脑力消耗为主要劳动方式的知识密集型员工，都应得到相应的补偿。补偿员工在工作中必要的生活费用和基本开支以及员工在工作之前事先付出的费用。②合法性职能。企业对员工的工资发放标准要符合国家相关的法律法规，禁止通过不正当的渠道或手段发放钱物。③公平性职能。企业要把员工的工作效率、质量、劳动强度等结合起来，综合各种因素进行工资的分配，做到公平、公正。④激励性职能。员工的薪酬和自身的贡献要成正比，要加强形式上和内容上的鼓励，使员工获得成就感，吸引和留住人才。

（二）员工的休息和休假需求

员工除了在法定工作日履行劳动义务之外，还享有法定休息、休假的权利。员工在休息、休假中，可以自行安排属于自己的事情。这样不但可以缓解紧张的工作压力，还有利于在休息后更好地投入工作，提高工作速度、改善工作质量。在企业中，员工的休息日可根据企业自身的性质、发展情况等进行具体安排。根据国家的规定，员工每周至少有一天的假期时间。休息、休假是员工身体和心灵上的缓冲与需求，其主要内容包括以下几个方面。

1. 休息日

休息日一般是在遵守国家相关法律法规的前提下，劳资双方在签订合同时，就已经达成协议的休息时间。如果企业在员工指定休息的时间安排加班，则应按照相关规定，支付员工加班的费用。

2. 法定节假日

我国每年都有很多的节日，如元旦、春节、清明节、劳动节、端午节、国庆节、中秋节等，员工都有相应的休假时间。如果企业让员工在法定节假日工作，则应给予相应的报酬。

3. 工伤假

员工患病或非因工受伤，需暂停工作进行治疗时，企业应酌情给予相应的医疗时间。

4. 婚丧假

员工本人结婚或其直系亲属死亡时，企业可批准1—3天假期。如是晚婚，则按当地规定延长假期。

5. 女员工的保护休假

女员工生产或流产以及有其他情况的，应根据相关规定，进行假期安排。

二、员工安全需要应有的权利

（一）工作环境下的安全需要

工作环境是指每位员工工作时所在的工作场所。工作环境的安全是员工自身安全的前提条件，如不加以重视，职业病的发生率将会呈现增长趋势。我国法律规定的职业病主要有尘肺病、职业中毒、职业性放射性疾病、生物因素所致职业病、职业性皮肤病等十大类，共计115种。

目前，全国涉及有毒有害品企业超过1600万家，职业病危害人数超过2亿人。从煤炭、冶金、建材、化工、汽车制造、制药等传统的工业，到计算机、生物技术等新兴产业，工作环境都有一定的危害。

（二）工作操作中的安全需要

企业生产中使用的机械设备、运输工具存在着机械、电气、化学、结构强度等方面的隐患。机械事故的发生较为普遍，除少部分机械设备装置了监控设施，大部分机械设备依靠使用和维护人员的及时发现与掌握来避免事故的发生。根据机械设备使用场景的不同，可将其分为电气机械、化工机械。有的易燃易爆，一旦发生事故，轻则损伤皮肉，重则伤筋动骨、断指残疾，甚至有生命危险。因此，员工在工作操作中的安全十分重要。安全生产是企业的首要宗旨，为保障员工在工作操作中的安全，企业应做到以下几个环节。

1. 对员工进行安全知识教育

企业对于员工上岗之前的安全培训是必不可少的。考试合格后，员工才被准许上岗操作。如采用新技术、新设备、新生产方式时，企业应对员工进行新的操作方法的安全教育。

2. 提高员工对设备的安全操作水平

安全操作是指员工根据自身的工作性质、劳动环境、工作强度、设备情况等各方面的综合因素，按照正确的操作程序，实施正确的操作方法，并及时完成任务。在劳动过程中，员工安全操作的规程可以保护员工自身的安全，防止出现违章和不安全操作的情况。安全操作是发展生产、保障经济的基本条件，是维护生产顺利进行、保护员工身体安全及健康的基本条件。因此，员工应严格遵守，并熟练掌握。

3. 实施安全检查制度

安全检查是保护员工安全至关重要的一步。设立安全检查制度的目的是增强员工自身劳动安全意识和监督各个部门劳动安全制度的具体实施情况，从而尽量减少员工安全事故的发生。

三、员工社会保障需要应有的权利

（一）员工社会保障的内容

工资是员工赖以生存的基础，除此之外，企业为员工缴纳社会保险费，也是企业对员工承担社会责任的重要表现。在企业满足了员工的基本温饱之后，员工的养老、医疗等需求相继出现。这时企业对员工是否承担缴纳社会保险费的责任，也成为员工是否选择继续留在企业的必要条件。

社会保险部门是由国家成立的，不以营利为目的，专门进行基金发放和管理的机构。社会保险是由国家强制实施的，并且由企业和个人共同缴纳费用。社会保险主要有以下几个方面的特点：①强制性。社会保险给予了员工法定的应享受的权利，必须由执法保障。在法律范围内的企业和员工，必须缴纳社会保险费，不得漏缴，如有拒绝者，将追究其法定义务和责任。②互助性。社会保险是对国民收入进行再分配，是不同员工之间收入水平的转移，具有互助性。③储存性。员工在企业工作期间，其部分收入被社会保险逐年扣除并储存，当员工到法定年龄退休时，就有享受分配和使用的权利。④社会性。社会保险的受众人群范围较广、数量较多，有利于稳定民心。⑤差别性。社会保险待遇不采取平均政策，而是和劳动者自身的劳动付出成正比例关系。⑥福利性。社会保险是一项重要的社会福利政策，由政府实施，旨在保障社会成员的基本生活。

社会保险主要包括医疗保险、养老保险、失业保险、工伤保险和生育保险等五个方面。

1. 医疗保障制度

20 世纪 50 年代，我国建立了员工的医疗保险制度。1999 年，全国基本建立员工基本医疗保险制度。医疗保险是指当员工生病或受伤时，企业可以给员工报销一部分医疗费用。其中，城镇医疗保险制度基本已经实现，农村医疗保险也基本实现了全覆盖。企业对员工承担医疗保险，可以增强员工对企业的信任感和安全感。

2. 养老保障制度

养老保险是指根据国家的法律法规，员工到了指定的退休年龄，享有一定的养老保险金。退休后员工的工资待遇根据员工在岗期间的劳动单位、劳动性质、劳动级别等各种因素综合而定，高低不等。养老保险对员工的晚年生活尤为重要，是员工生存的保障。养老保险是每位员工在进入老年时所必需的一种基本保障。当人们年老退出劳动岗位、丧失一定劳动力时，养老保险可以使其维持基本生活，给其晚年生活提供经济上的保障。

3. 失业保障制度

失业保险是指由国家和企业共同承担，为因某种原因而失去工作从而失去生存来源的人，提供一定的物质保障。失业保险主要有三大特点：①普遍性。我国的《失业保险条例》涵盖的范围较广，受众人群不分行业、不分部门、不分地域、不论所有权和就业形式，只要符合条件就享受失业保险待遇，充分体现了失业保险的普遍性原则。②强制性。承担失业保障责任不是自觉自愿的，它是在国家法律法规的基础上强制执行的。其中，费用的缴纳是员工及其所在单位的义务，如不缴纳，单位和个人双方将受到法律的惩罚。③互济性。失业保险的承担者包括个人、单位和国家等三个不同的主体，具有一定的互济性。失业保险的费用是由社会筹集的，应全部纳入失业保险基金。支付方式和支付比例是相对稳定的。失业是每位员工都可能遇到的问题，是员工自身的内在隐患。政府需加大对失业保险基金的使用，稳定就业补贴。企业应切实为员工着想，及时拨付资金，提高办事效率。

4. 工伤保障制度

工伤是员工在从事工作时所遇到的和工作相关的意外伤害。在日常工作中，工伤事故时有发生，一旦发生工伤，对员工的安全、健康、家庭生活都会产生非常严重的影响。《工伤保险条例》作为维护员工权益的重要法规，对工伤认定、法律责任和其他部分都有相关规定。同时，作为员工自身也要加强安全意识，参与上岗之前的知识培训，熟练操作过程，了解相关的法律法规。一旦发生工伤事故，员工要勇于维权，保护自身的合法权益。因工作受到的意外伤害对员工及其家庭来说，无论是在经济上还是在精神上都会造成严重的影响，而工伤保险可以为员工在突发事件发生时提供相应的经济保障。

5. 生育保障制度

女性员工因怀孕、生育等无法进行正常工作期间，国家和社会为其提供物质上的基本保障。女性员工是一类特殊的群体，应给予其相应的照顾和福利。生育几乎是每个女性都必须经历的阶段，在此期间女员工可能会中断工作，这也就意味着她们失去了维持基本生活的能力。这时，企业应给予物质上的帮助和精神上的关心，使她们更快地恢复身体，更好地投入今后的工作。

（二）员工社会保障的作用

如果员工的工资对其本身来讲是必不可少的，那么社会保障对员工来说也是十分重要的。企业对员工承担社会保障的责任，可以增强员工对企业的信心，萌发内心的归属感，从而全身心地投入工作，这也是企业可持续发展的关键因素。相反，企业如不向员工提供医疗、养老、失业、工伤、生育的保障，员工就会对企业失去信任，产生不良的情绪，不仅对企业自身的发展不利，也会给社会的和谐稳定带来一定的危害。

社会保障体系的核心就是社会保险，医疗、养老、失业、工伤、生育等保险都有其存在的必要和意义，都是人基本的需求和保障。企业只有对员工承担相应的社会保险责任，才能更好地和谐劳资双方的关系，保障社会的稳定发展。

四、员工社交需要应有的权利

（一）员工的结社需要

结社权主要是指员工参加和组织工会的权利。工会是由员工组成，代表员工的整体利益，为了员工的利益与企业协商并达成共识的组织。在不同的国家，工会组织的形式不完全相同，一般分为四种类型，即单位工会、职业工会、产业工会和联合工会。其中，单位工会由同一单位的员工组织而成；职业工会由相同或类似职业的员工组织而成；产业工会由同一类或类似产业的员工组织而成；联合工会由各个单独工会的员工联合组织而成。

在我国，工会是自愿结合而成的，是工人阶级的群众组织，代表工人阶级的利益，是党和政府与员工之间的桥梁，同时也是国家政权的重要支柱。我国的工会是代表员工利益的组织，满足员工结社的需要，将员工由个人状态变为集体状态，成为社会力量的重要代表。同时，工会还具有一定的经济功能、政治功能。

首先，工会的经济功能表现在，其是通过集体谈判的方式来提高工资和社会保险与员工福利的，从而影响企业劳动力成本和产品成本。同时，工会组织开展技术创新、质量保障、群众公开信箱等活动，有利于提高员工的劳动生产率和企业的经济效益，促进社会生产力的发展。

其次，工会的政治功能表现在，工会是党和政府与员工之间的枢纽，可以通过各种途径来参加国家号召的相应事务。在劳资双方签订合同之前，工会可以指导员工如何理解相关规定和遵守相关法规。在劳动合同签订后，劳资双方如产生劳动纠纷和矛盾，工会也会安排双方进行及时的沟通，以便问题得到妥善的解决。工会不仅是代表员工利益的组织，也是劳资之间的沟通桥梁，它使劳资双方达到最佳的合作效果，并与员工和雇主一道为企业的发展努力。

最后，工会作为独立的工人组织，与员工和雇主都有相关的联系。工会与雇主的关系：工会在开展活动时是不受雇主约束的。一方面，工会代表员工利益。当员工自身利益受到威胁时，工会与雇主通过平等对话的机制进行协商，争取双方利益在一定条件下的统一。工会代表员工与企业签订集体合同，成为集体劳动关系的主体。另一方面，工会参与企业管理。当企业发生紧急事件时，工会应当协同雇主解决问题，使企业尽快恢复运行，它与雇主一同为企业的发展作出努力和贡献。工会与雇员的关系：工会是雇员利益的代表者、合法权益的维护者。根据《中华人民共和国工会法》的相关规定，单位或企业中的员工不论性别、种族、职业、出身等都有依法加入工会的权利。我国是在中国共产党领导下的一党执政的社会主义国家，工人阶级是领导阶级，工会是党和国家与工人阶级联系的桥梁。由此可见，工会是极其重要的，它不仅反映员工的利益，更是党的路线、方针、政策的重要执行者。

（二）员工的情感需要

人是社会的人，人与人之间是需要交流和沟通的，员工的社交需要是生活中所不可缺少的。人的需求呈现为从低级到高级的金字塔形结构，当员工的生存需求、安全需求和社会保障需求得到满足后，员工的社交需求就会随之而来。员工需要情感的满足，需要一定的社交活动，包括员工与员工之间、员工与领导之间、员工与家庭之间情感的交流和沟通。如果此类需求得不到满足，员工就会相对封闭，在精神上不能产生愉悦和共鸣，在工作上不会有激情和活力，生产效率就会随之降低，严重者则会觉得融入不到圈子里而选择辞职。

首先，员工与员工之间在平日里需和谐相处、相互友爱、共同进步。在困难时，要学会相互帮助、雪中送炭。在企业内部进行公平、公正的竞争，而不是钩心斗角、尔虞我诈，使得企业的发展陷入恶性循环。员工与员工之间要团结合作，只有每个团体相互协调、相互合作、互相沟通、明确分工，企业才能获得成功。企业中一个个小团体的凝聚力结合起来就是企业的整体凝聚力。企业不推崇个人英雄主义，而是讲究配合与合作。因此，员工之间的感情培养和相互沟通显得尤为重要。

其次，领导与员工之间要建立信任感。领导要加强与员工的沟通，跟他们打成一片，只有与员工“亲密”接触，才能客观地了解他们的真实想法。企业管理者与员工之间要相互交流经验，拉近双方之间的距离，不要产生隔阂，要共同学习、共同成长，为了共同的愿景一起努力，从而使企业发展得越来越好。领导在工作中要及时与员工沟通，了解基层的具体情况和问题，并且加以改进和解决。在生活中，领导要了解员工的家庭情况，对生活困难的员工，要给予物质上的帮助和精神上的关心，使其感到企业大家庭的温暖。

最后，员工与家庭之间所产生的亲情、爱情是任何东西都无可比拟的。因此，员工平日里要协调好工作与家庭的关系，保持两者之间的平衡。当员工遇到挫折时，父母的关心、爱人的鼓励、孩子的问候都十分重要。家庭的温暖是人们情感的主要需求，家人之间的沟通与交流是心与心的对话。与家人一同出游是员工在工作之余最开心的活动之一，也是员工和家庭互动的最好方式之一。只有使工作和家庭之间保持良好的平衡，员工才会更有激情地投入工作。

五、员工尊重需要应有的权利

（一）员工的就业平等需要

就业是每个成年人都会面临或经历过的问题。企业要先审查条件设定是否合法，严格把握自主用工和法律底线的界限，确保招聘条件下不含有任何歧视性的规定，遵守公正、平等的原则。在工作中，用人单位就业歧视的种类繁多，主要有以下几种形式。

1. 性别歧视

就业市场中的性别歧视主要是指对女性的歧视。企业普遍认为，女性不管是在身体上还是在心理上都与男性存在一定的差距。它们认为，女性随着年龄的增长会结婚生子，会把注意力放到家庭和孩子身上，而在事业上很难有所突破，并且大多数女性追求稳定和安逸的生活，不适宜应酬或出差。因此，用人单位在招聘时会优先选择男性。性别歧视是违背劳动法规定的男女平等的就业原则的。劳动法第十二条规定:“劳动者就业，不因民族、种族、性别、宗教信仰不同而受歧视。”第十三条规定:“妇女享有与男子平等的就业权利。在录用职工时，除国家规定的不适合妇女的工种或者岗位外，不得以性别为由拒绝录用妇女或者提高对妇女的录用标准。”但是在现实中，很多企业存在着性别歧视或隐性性别歧视的问题。

2. 地域歧视

部分用人单位的招聘条件要求求职者具有本城市户口，农村户口、外地人员被拒绝纳入考虑范围之内，人为地造成了农村、外地人口低人一等的感觉。此外，还有一些用人单位明确表明拒招特定地区人员，对特定地区人员存在偏见和歧视。这种行为不仅是地域上的歧视，更对劳动者造成了人格上的歧视和侮辱。

3. 健康歧视

企业在招工时，不得因劳动者自身存在部分缺陷而拒绝录用。但是，现实生活中对健康的歧视数不胜数，最为典型的要数对乙肝患者的歧视。用人单位应明了，乙肝病毒携带者在工作时是不具有传染性的，不会影响到其他员工的工作和健康。因此，企业不应拒绝录用或在工作中给予歧视。

4. 年龄歧视

部分企业对年龄的要求有着明确的规定，尤其是一些所谓的“青春行业”，如模特、空姐、服务员、文秘等岗位对年龄的要求尤为苛刻。这种对年龄界限的划分，引起了部分劳动者的强烈不满。

5. 学历歧视

随着经济的不断发展，本科生、研究生的比例大幅度增加。几乎所有的用人单位在招聘员工时都会设置学历的限制，比如本科以上学历、硕士研究生以上学历，甚至有些要求“211”“985”学校毕业等。学历成为进入企业的敲门砖。如不符合条件，就不在企业的考虑范围之内。这就使得一些因各种原因无缘取得高学历的有用人才无法拥有更好的发展平台，他们失去了很多机会，企业也出现了人才高消费现象。

6. 容貌歧视

每个人的容貌是父母给予的，人们无从选择。部分用人单位以貌取人，要求劳动者长相出众、身材苗条或健硕，女性身高不低于 160 厘米、男性身高不低于 170 厘米等，这一系列硬性的外在条件要求，给部分求职者带来了不便，使其丧失了更多的机会和发展平台。其实，除了某些特殊职业和岗位以外，许多工作与个人的容貌没有直接关系，身高和相貌并不影响工作的质量与效果。某些企业以容貌为借口将一些求职者拒之门外，侵犯了他们被平等对待的权利。

（二）员工的隐私需要

隐私权是每个人都享有的权利。个人的姓名、电话号码等对于毫无关联的人来说，就属于个人的隐私。企业与员工签订劳动合同之前，需对员工进行基本状况的了解，包括个人姓名、住址、学历、身高、工作经验等，企业享有了解员工个人情况的权利。并且只要和工作有关，通过公开公正的方式进行了解，就不属于侵犯员工的隐私权。但是，如果超出工作范围，企业私自调查员工的家庭生活、情感生活等，就涉及侵犯员工的隐私权。

隐私权是指一种对自我信息掌控的权利，是个人在自己的领域不被干涉的权利。员工的个人信息只透露给那些与之相关联的人，这是保护个人信息完整性和个人隐私的第一步。从人权角度看，隐私权是人权的一种，保护隐私权是为了维护人的尊严。如果个人的隐私权不能得到保护，那么个人就失去了安全的保障，心里就会经常充满惶恐，就会产生社会价值失范的威胁。

隐私权是指自然人享有的私人生活安宁与私人信息秘密依法受到保护，不被他人非法侵扰、知悉、收集、利用和公开的一种人格权。在劳动领域，存在着雇主与员工不对等的情况。一方面，相对于劳动者，雇主是一个强势的社会群体，他们依靠强大的经济基础和主导地位，侵犯员工的隐私权。许多国家的有关隐私权的规定表明，雇主享有一定的了解员工隐私的权利。如果侵犯员工的隐私权，雇主也有一定的豁免权。另一方面，保护雇主信息的法律规定有很多，如《中华人民共和国知识产权法》《中华人民共和国商业秘密法》等。纵观现状，劳动者隐私权的保护条例是少之又少。因此，在隐私领域寻求对劳动者的有效保护，还有很多工作要做。

隐私是重要的，因为它定义了每个不同的个体、人与人之间的界线。个人信息和决策控制反映了他是什么样的人、会成为什么样的人。个体的决策和信息理所当然的是个体的专属。在这个问题上，我们应尊重每个个体，维护每个个体所固有的尊严。员工在工作场所中同样拥有一定的隐私权，企业需对其隐私进行保护。这不仅是法律的规定，而且是道德的要求。例如，雇主私自阅读员工电子邮件、对员工进行监控录像等，引起了员工很大的异议。因此，员工在与企业签订劳动合同前，应和企业进行沟通与协商，针对问题探讨出双方都能接受的解决方式，并加入合同条款中，最后在平等自愿的原则下签订劳动合同。这是解决此类问题的第一步，也是尤为关键的一步。

（三）女员工对禁止性骚扰行为的需要

性骚扰是性别歧视中的一种。性骚扰问题是当前企业伦理关系中的突出问题。其原指男上司或男雇员用淫秽的语言或者下流的动作挑逗、侵扰女雇员，甚至强行要求与其发生性关系的行为。后引申为社会上以各种非礼的性信息侮辱异性（主要是妇女），或向异性提出性要求的行为。性骚扰尚无统一界定，一般认为有口头、行动、人为设立环境等三种方式。

就其一般的意义而言，性骚扰是指一方利用不平等的社会地位对不情愿的另一方施加的性需索，最常见的是雇主对雇员的性要求。性骚扰是性侵害的其中一种形式，是性暴力的延续，会给受害人带来一系列的负面影响。其中，最严重的是给受害人带来心理上的创伤，使其产生羞耻、恐惧、自我封闭等情绪。严重的可引起抑郁症、精神分裂症等疾病。根据专家调查，除了有自责、失眠、愤怒、紧张、抑郁等表现，受害人还会产生疲劳、头痛、胸闷、高血压、呕吐、体重下降等症状。更严重的是，他们往往由于精神压力而不得不辞职。

性骚扰事件也会给雇主及用人单位带来诸多不利的影响。它会使整个工作环境的气氛变得凝重，员工会对工作环境产生怀疑和担心的心理，从而造成企业的生产率降低、员工离职等后果。这类事件的诉讼和赔偿费用也是相当大的，从而对企业造成一定的经济压力。

性骚扰事件在服务行业中出现的频率比较高，其中个体企业、私营企业和娱乐行业的问题更为严重。娱乐业的性质较为复杂，这类问题多数与其经营内容和色情业之间界限不清晰有很大关系，而在个体和私营企业，管理者利用其经济上的强势地位，容易对女员工进行性骚扰。但是，女员工的自我保护意识较为薄弱，一旦遇到性骚扰不知应如何处理、向谁投诉对禁止性骚扰行为的需要。在中国的法律和企业章程没有明确禁止性骚扰的情况下，女性员工对工作环境的期望和对禁止性骚扰行为的需要值得关注。

六、员工自我实现需要应有的权利

（一）员工自身素质的提高

每个人在不同的阶段都有对工作的期望和愿景，而不是只满足于现状。当其通过自身的努力，把潜能发挥到最大，达到自己的愿望时，在某种程度上说就是完成了自我实现。员工的自我实现需要一个过程。从员工的角度来讲，他们需要通过培训和自我学习，增加知识积累、熟练技术技能和提高自身的综合素质，一方面可以更好地投入今后的工作；另一方面为挑战更高要求的工作打下坚实的基础。

首先，要学习本专业的技术知识，不断提高个人的专业技术素养。以通信工程为例，无线、传输、数据等每一门通信专业都包含着多门学科，通过基础学习和训练能够掌握一些常用或基础的知识与技术，或许就足以展开日常的工作。但是，现代社会的竞争异常激烈，知识与技术的发展更加快速，如果仅掌握基本的知识和技术，就会慢慢地失去竞争力甚至被淘汰。作为一名技术人员，要多层面地学习专业技术知识，打下扎实的专业技术基础，努力成为本专业技术领域上的优秀人才。

其次，跨专业学习以提高综合素质。笔者认为精通本专业的技术顶多算个专家，既精通本专业又掌握其相关专业技术就堪称行家。只有掌握不同专业的知识和技术，才能做到融会贯通，管理上也才能运筹帷幄，这是一名员工综合素养和职业价值的体现。

最后，要勤于探索和学习新技术，保持对社会技术更新的敏锐性和同步性。技术的更新往往促进社会生产效率的迅速提高，创造更高的经济效益，甚至影响一个行业的格局和运营方式。企业要发展就要跟上社会的步伐，个人要发展就要把握社会的新需求，每一个人都不希望成为时代的弃儿。无论对于企业的发展还是个人的进步，都要求企业员工保持对新技术的敏锐性，积极探索和学习，保持出色的竞争力，从而完成自我价值的实现。

（二）企业内部管理制度的完善

员工的自我实现和企业内部管理制度的完善是相辅相成的，员工自我价值的实现除了个人的努力之外，同样要以企业内部管理制度的合理和完善为前提。管理制度是企业成败的关键。没有好的制度，就没有好的员工，长此以往企业就会倒闭。

孟子有“民贵君轻”的思想,也有“失民心者失天下”的典故。这些道理既可用于治国，也可用于企业管理。企业管理的核心是人，只有以人为本才能得人心，才能促进企业更好地发展。在企业中，人本管理相对于以前的物本管理而言，就是将人视为企业最重要的资源，强调把员工放在首位，开展一系列管理活动，其目的是实现企业与员工的共同愿景。企业管理者之所以树立并且强调“以人为本”的理念,是因为他们深知员工是企业的命脉。正如管仲“终身之计,莫如树人”的思想,在企业中人才显得尤为重要。只有给员工提供不断学习的机会，才能将他们培养成为企业需要的合格人才。理论界提出了“人力资本”这一概念，将资本划分为人力资本和物质资本。将人力资本与物质资本进行投资对比，结果发现人力资本的投资可显著地提高企业的生产率和经营管理水平，回报率相对更高。

春秋时期的墨子曾提出了安民的四种基本方式，即富之、贵之、敬之、誉之。

第一“富之”。它是指作为君主应让当地的老百姓富足起来，这样国家才能兴盛不衰、和平稳定。同样的道理也适用于企业。企业“惠则足以使人”。也就是说，员工是企业的核心动力，让员工富足起来、充分调动其积极性，是把企业市场做大并且获得长久发展的前提。“富之”的方式有多种。其中，短期的方法有增加员工工资、发放津贴和奖金、改善员工福利等，长期的方法有员工持股计划、股票期权、利润分享等。企业家要不断反问自己：我们的员工在这个社会上是否能有体面的生活？与同行业相比，我们的薪酬是否对员工有足够的激励？由此可见，只有企业家存在着隐形的危机感，才会更多地关注如何“富之”，也才会使企业更好地完善与发展。

第二“贵之”。它是指尊重员工。管理层不仅要尊重员工的人格，还要重视员工的晋升空间，满足其自身发展的需求。人才是企业的命脉，要对其尤为重视。战国时期燕昭王在位前期，战争频繁，国力衰弱。为了让燕国强大起来，燕昭王决心招揽治国的人才。他找来老臣郭隗商议，郭隗认为：燕王需虚心求教，以贤者为师、为友、为臣，亲自登门拜访，长此以往，国家必会兴旺。燕昭王忙问：那应当先拜访谁呢？郭隗给燕昭王讲了一则千里马的故事，讲毕郭隗对燕昭王语重心长地说道：“如果大王真想广罗人才，就请先从我开始吧，一个老臣尚能被重用，何况那些远胜于我的人呢？”燕昭王思索片刻，觉得言之有理，于是专门为郭隗修建房屋，并拜他为师。不久，消息传开，贤人们纷纷慕名而来，投奔燕王，为燕国效力。从此，燕国国力强盛，大败齐军，达到了鼎盛的状态。可见，如果一个企业想有长远的发展，尊重人才是十分重要的。

第三“敬之”。它是指满足员工的情感需求。企业文化中讲求家文化，使员工把企业当成自己的家，每位员工都应有主人翁意识。情感的凝聚是企业持续发展的内在动力。企业管理层将情感因素融入管理中，不仅能减少大量人才的流失，而且还能招揽更多的贤才，缩短员工与企业、管理者与被管理者的心理距离。员工和企业的关系是相辅相成的，需要相互配合、相互满足。著名企业家李嘉诚十分重视这一点。塑胶花业务曾为李嘉诚企业的发展作出过巨大的贡献，虽然在 20 世纪 70 年代后期，房地产行业当道，塑胶花业务已不在黄金时期，但李嘉诚的企业仍然生产塑胶花。朋友及家人对他产生了不解。李嘉诚给出的理由是：“塑胶花业务为我在最初企业发展时起到重大作用。这里的员工就像我的家人，这里就像一个大家庭。我作为大家庭中的家长，当出现问题时，有责任和义务对他们负责并解决问题。”后来提及此事，人们都十分感动。李嘉诚却认为作为企业的管理者，应对曾经为自己付出心血的员工做到不离不弃。

第四“誉之”。它是指企业应给予员工荣誉感，让他们觉得“英雄有用武之地”，这样能够达到事半功倍的激励效果。本田公司为最大限度地刺激研究人员对“誉之”的需求，独辟蹊径地采取了“一人一事，自由竞争”的做法。在本田技术研究所中每个人都要把自己的优势发挥到极致，由研究人员自由选择自己的主攻方向，提出研发项目。项目一经采纳，就成立以提出者为中心的研究小组，大家共同讨论、相互筹划，管理事项由提出者负责。在两名以上研究人员的提议被采纳时，由他们各自组成研究小组，通过自由竞争的方式获得成果。这样不仅能激发员工的热情，还能加快产品的研发速度。

总之，员工自我价值的实现一方面需要员工自身综合能力的提高和完善，这是内在的动力；另一方面需要企业管理制度的合理和完善，这是外在的推力。只有把内在动力和外在推力有机地结合起来，才能真正实现员工自身的价值。

第四节　企业对员工社会责任缺失的具体表现

中国大多数的企业从整体上来讲，起步较晚，基础薄弱，资金短缺，还处于发展过程中。企业主要以营利为目的，利润最大化是其最大的追求，从而忽视甚至牺牲员工利益，不能很好地履行对员工的社会责任。具体表现为拖欠员工工资、不能给员工提供安全和健康的工作场所、不给员工缴纳社会保险费、不给女员工提供特殊劳动保护、侵犯员工隐私权、企业家自身道德的缺失等。

一、企业对满足员工生存需要的缺失

（一）企业无故拖欠和克扣员工工资

我国劳动法第五十条规定：“工资应当以货币形式按月支付给劳动者本人。不得克扣或者无故拖欠劳动者的工资。”企业如果没有履行劳动法规定的按月向员工支付工资的义务，克扣或无故拖欠员工工资，即构成了违法行为，应当承担相应的法律责任。事实上，企业拖欠、克扣员工工资时有发生。特别是一些劳动密集型的中小企业，企业处于原始积累阶段，资金较为短缺，企业发展的唯一目的是

利润最大化。对员工的工资，能拖欠就拖欠、能延迟就延迟、能少发就少发，结果导致员工难以维持基本生活，给社会的和谐稳定带来较为严重的隐患。

（二）企业“同工不同酬”现象严重

“同工同酬”是指用人单位对于从事相同工作、付出等量劳动且取得相同成绩的劳动者，应支付同等的劳动报酬。同工同酬制度体现出同等价值的劳动者享有同等的劳动报酬。但近年来，企业中“同工不同酬”的现象越发严重，主要表现在以下几个方面：①在不同地区的同一种工作，其工资水平是不同的，这就是地域性差别。②在不同单位的同一种工作，由于单位性质、经营状况的不同，所获得的报酬是不同的。③在同一单位的同一种工作，由于部门、初始学历、业绩、技能掌握、正式和临时的身份的不同，所获得的报酬是不同的。同时，聘用工与正式工、编制外与编制内、农民工与城镇工的收入差距有时也比较大。企业中“同工不同酬”现象较为严重，产生了一系列不良影响。

首先，在经济上，“同工不同酬”现象会加剧贫富差异的两极分化。城乡二元制的劳动力市场是由具有国家编制的企事业单位内员工的一级市场和城市无编制的临时工与农村外来务工者的二级市场组成的。其中，一级市场中的员工具有较为优越的收入水平，享有国家的福利保险，拥有培训再教育的机会和实现自我价值的可能性。然而，二级市场中的员工则明显处于弱势地位，经常被企业无故拖欠工资，缺少福利保障，在温饱尚不能解决时，更不可能实现自我价值。

其次，在政治上，“同工不同酬”现象不能保障人的基本权利得到实现。长期以来，“同工不同酬”所造成的差异不仅表现在经济收入上，而且在政治权利上也体现得淋漓尽致。用人单位常把体制外人才当作“边缘人”，在诸如评奖评优、表决以及单位重大事件的知情权等方面对他们都较为忽视，剥夺了他们最基本的政治权利。由于没有正式编制，即使他们工作能力再强、付出再多，也很难得到继续深造和晋升的机会；因为没有编制，不但户口落实、人事档案迁移等无法解决，而且自己没有稳定踏实之感，甚至连子女教育和入学等也成为难题。

最后，在心理上，“同工不同酬”现象不仅对经济、政治产生不良影响，而且对员工的心理也会产生极大的消极作用。“同工不同酬”不仅是社会不公正的体现，更是劳动价值观的扭曲。它使低薪员工产生抵触心理，认为“干活的不拿钱，拿钱的不干活”。与高薪员工的优越感相比，低薪员工还会产生自卑感，认为自己低人一等。发展机会缺乏、晋升空间有限、没有归属和认同感，使低薪员工失去了劳动积极性，失去了奋斗进取之心，不利于企业的长远发展。

二、企业对满足员工安全需要的缺失

（一）企业工作环境恶劣

企业的工作环境是员工每天接触的劳动场所，对员工的人身安全和健康具有至关重要的影响。如果企业工作环境不安全，甚至相当恶劣，就会发生严重的事故，危害员工身体健康乃至威胁生命。

（二）企业劳动保护不到位

劳动保护是用人单位在员工工作时，所采取的保护员工身体健康和生命安全的措施。在一些比较危险的工作中通常会存在安全隐患，如果采取的防护措施不到位，就很可能对员工造成伤害。如煤矿施工和建筑施工都是比较危险的工种，一不小心就会给劳动者带来致命的危险，最可怕的就是“矿难”，死亡率非常高。我国“矿难”频发，主要原因就是企业劳动保护不到位。

在我国法律中对于女员工的利益进行了特殊规定，如不允许安排女性常年从事井下工作；不允许安排女员工从事第四级体力劳动强度的劳动；女员工在怀孕期间，所在单位不得延长正常劳动日以外的劳动时间，对不能胜任原劳动的，应予以减轻劳动量或安排其他劳动。

童工和未成年工也属于法律特殊保护的特殊群体。我国法律严禁使用童工，违者严惩不贷。对于未成年工不得安排从事矿山井下、有毒有害、国家规定的第四级体力劳动强度的劳动和其他禁忌从事的劳动。

三、企业对满足员工社会保障需要的缺失

（一）企业不给员工缴纳社会保险费

社会保险是政府通过立法强制实施的，由养老保险、医疗保险、失业保险、工伤保险和生育保险等五部分组成。一些私营企业目光短浅，制度不健全，不遵守法律法规，为了谋取最大利润，不给员工缴纳应有的社会保险费。

如果企业对员工不履行应有的社会保障责任，不把员工当成自己人一样看待，而只是把员工当成赚取最大利润的工具，那么员工也就不会尽心尽力地完成自己

的工作，不会真诚地对待企业。只有企业对员工承担社会保障责任，才能使员工安心，尽力地为企业服务，以此稳定技术骨干人群，吸引更多的人才到企业来发展。从长远的角度看，这对企业的发展是有利无害的。

（二）企业对农民工社会保障的缺失

农民工主要是指从农村到城市的外来务工人员。农民工是由农民转化为城市工人的劳动者，他们也需要和劳动单位之间签订劳动合同，享有相关的权利和承担相应的义务。农民工属于弱势群体的一部分。近年来,外出务工人数急剧上升，大量农民工的合法权利得不到保障，为整个社会的和谐稳定埋下了祸根。

因为农民工的知识水平较低，对市场用工信息的了解较为缺乏，所以他们的选择范围较小，只能选择工资低、强度高、保障差、风险大的工作。同时，由于对法律知识了解甚少，农民工自身的维权意识也较为薄弱。一般私营和个体的用人单位很少履行对农民工的社会保障责任，有时为了应付上级部门的检查或者是其他原因，只给其缴纳个别险种。

第一，从失业保险方面来看，农民工的工作性质并不稳定，他们时刻面临着失业的可能性。他们一旦失业，不能像企事业单位的员工那样享有失业保险，他们更多地是靠以前的积蓄来维系生活，很少得到地方组织和劳动单位的帮助。第二，从医疗保险方面来看，农民工工作的劳动强度较高，其劳动人群主要是中青年，身体素质普遍较好，但由于工作环境、时间长度等各方面因素，生病也是不可避免的。如果生病，大多数人都是硬扛过来的，他们秉持着能不去医院就不去医院的信条，能省则省。如果病情较重，不得不去医院治疗，用人单位可能只承担微乎其微的医药费用，剩下的大部分费用是由农民工自掏腰包的，因为许多农民工没有医疗保险。第三，从养老保险来看，许多农民工没有养老保险，这也成为他们最大的“后顾之忧”。许多农民工年老后选择回家种田,没有养老保险是他们不愿意放弃农村耕地的重要原因。第四，从住房上来看，农民工不同于企事业单位员工，不能享受福利分房或申请经济适用房。他们本身来自外地，生活只能得到基本的保障，大多数农民工只能租赁廉价房来居住，还有少部分农民工在工地搭建简易帐篷，他们的居住条件比较恶劣。总之，企业在履行对农民工的社会保障责任方面还存在着很大的缺失。

四、企业对满足员工尊重需要的缺失

（一）企业存在性别歧视

性别歧视是企业中普遍存在的现象，具体是指对男性员工和女性员工的不平等对待。不管是在就业选择的初期，还是到工作分配的时期，女性员工普遍受到了企业的性别歧视，她们的工资待遇和晋升机会都大不如男性员工。这种性别歧视的存在，致使女性在就业时相对较为困难，选择的机会相对较少。进入单位后，女性员工的晋升空间也较少，不能实现其自身的价值。

在企业中，性别歧视主要是针对女性员工而言的。有些企业的管理者认为，女性员工在适应劳动时间和劳动强度等综合条件方面都要比男性员工弱一些，影响企业赚取最大利润。因此，女性求职者简历一般情况下都会石沉大海。

企业认为雇用女性员工会给工作带来一些影响，如女性员工的生育、休假、孩子、出差等是一连串的问题，会导致企业的工作流程受到阻碍。与女性员工相比，男性员工的优势更为突出，他们大部分事业心较强，并且适合外派、应酬等，能够全身心地投入工作，给企业带来更大的效益和回报。

此外，企业中还存在着“区别对待”。用人单位时常把一些技术含量低，工资也较低的工作交给女性员工，并且较少为她们提供晋升和发展的机会。企业认为女性员工的能力低于男性员工，这就使得女性员工在工作中很难实现自我价值。

（二）企业侵犯员工隐私权

随着科学技术的发展，企业对员工的管理方式也日趋先进。但是，技术进步这把“双刃剑”再次显示其效用，一方面确实能提高管理绩效，另一方面却有可能涉及员工的隐私，从而对员工造成伤害。综观我国各种不同类型的企业，可能侵犯员工隐私权的活动主要有以下几个方面。

1. 发生在员工招聘过程中的诚实测试

企业根据本单位的用人标准，有必要对员工进行基本的了解。在此过程中，企业了解到了员工相关的私人信息，如员工的姓名、年龄、就读学校等信息是避免不了的，此种权利是受法律的认可和保护的。但是，企业的了解或“搜索”一旦超出应聘的范围，如员工的情感、嗜好等极为私人的信息，就侵犯了员工的隐私权。有些企业为了全面了解员工的过去，专门引进了正直测试仪、说谎机等高科技机器，来测试员工的各个方面。这些设备在一定程度上加深了员工隐私权被侵犯的程度，实属不可取。

2. 发生在劳动过程中的诸多监控

随着互联网和电子技术的快速发展，很多企业对员工在公共场所进行全方位的电子监控，如在企业各个角落安置摄像头、电话录音监听、电子邮件检测等。这一系列的行为在未经法律授权的情况下，即可视为侵犯员工的隐私权。更有甚者，在卫生间安装电子监控、窃听设备，防止员工偷懒和打私人电话、传私人邮件等，给员工的心理造成极大的伤害，使员工没有丝毫的安全感和隐私权。当然，员工也要自觉、自律，做好自己的本职工作，对企业尽职尽责。企业有权要求员工不损害其利益，但是上述这些方式是不可取的。

3. 其他侵犯员工隐私权的行为

企业利用管理员工档案的有利条件，对员工的个人信息进行释放或转让，从中获取利润，这种行为也属于侵害员工的隐私权。还有诸如秘密记录、基因审查、调查私人关系等，毫无疑问，都构成对员工隐私权的直接侵犯。

（三）企业中女性遭到“性骚扰”问题

性骚扰是工作场所中经常会出现的问题，这类问题的对象以年轻女性为主。很多女性员工在遭受性骚扰时选择沉默，因为她们怕影响自己的声誉和受到别人的打击报复。由此可见，女性在性骚扰问题中处于极为弱势的地位。

中国现有的法律条文对性骚扰问题有明显的缺陷：一是性骚扰无直接和明确的规定，这使得受害人的权利在实际操作中很难得到保证；二是条文大多是偏向于“公共场合”的，对在工作环境下界定的性骚扰，没有具体完善的法律条文。

五、企业对满足员工自我实现需要的缺失

（一）企业对员工培训的缺失

员工培训是企业通过不同的方式使员工获得更多的技能和知识，以提升他们的工作效率或引导他们的工作态度，最终实现企业绩效提高的一种具有规划性和持续性的活动。员工是企业最重要的财富，只有员工成功，才有企业的成功。一个优秀的企业往往会高度重视员工培训，通过员工培训达到凝聚力量、提升士气、振作精神、创造效益的目的。员工培训不仅使企业获得长足发展的动力，更重要的是为员工个人的发展打下了基础。但是，我国许多企业出于短期利益考虑不重

视员工的培训，甚至连必需的纪律安全培训都不进行，致使事故频发，给员工的生命安全和身体健康造成极大的伤害。

（二）企业对员工晋升的缺失

员工的晋升，不仅是员工个人的事情，也是企业的战略需要。管理层的晋升必须建立在公平考核的基础上，遵循有利于提高其综合素质的原则，着重考察员工的综合管理能力。企业内部中层领导职位出现空缺时，首先考虑企业内部有发展空间和发展潜力的员工。企业内部员工晋升，旨在提高员工的综合素质，量材施用，使人才发挥自身优势，有利于增强员工的凝聚力和归属感，降低员工流失率。但是，我国一些企业对员工的晋升不够重视，没有建立规范长效的人才晋升机制，只注重经济效益，不重视员工个人的发展。它们认为只要多给员工发工资、发奖金，员工就会努力工作，就能留住人才。殊不知，员工自我价值的实现，既表现在物质方面，也表现在精神方面。员工既需要物质的满足，也需要精神的满足，而精神的满足更多地来自职务、职称的升迁。有些企业中层领导几年也不调整一次，致使许多人品好、业绩突出的中年人不能及时地得到晋升，影响了他们的工作积极性，也影响了企业的经济效益。有些大企业等级森严，论资排辈严重，年轻人很难脱颖而出，晋升机会渺茫。这也是一些大企业人才流失的一个重要原因。

第五节　治理企业对员工社会责任缺失的对策

中国的民营企业发展时间较短，许多企业规模小，法律观念淡薄，在对员工承担社会责任方面或是观念淡薄或是心有余而力不足，呈现出随意性和偶然性，缺乏主动性、系统性和可持续性。许多经营者只是片面追求企业的利润，不关心员工的人身安全、医疗保险、个人发展等方面的社会责任。在企业中，“员工”是最宝贵的资源，员工对工作的积极性和对企业的忠诚度直接决定着这个企业是否能够可持续发展，而构成企业可持续发展的前提又需要企业和员工之间形成和谐的伦理关系。因此，尊重人权、按时发放工资、保障工作场所安全等成为企业首要对员工承担的社会责任。目前，部分企业为了赚取最大的利润，通过拖欠员工工资、减少员工劳动保障的方式来节省成本。此外，还有少数企业利用国家政策和法律法规的漏洞，逃避对员工的社会责任，最终导致企业发展的恶性循环。针对出现的一系列问题，我们要通过企业自身、政府、媒体、员工等各个方面，找出治理企业对员工社会责任缺失的对策，从而保护员工的基本权益，同时确保企业的可持续发展。

一、解决企业工资收入分配问题的对策

（一）解决企业克扣和拖欠员工工资问题

在市场经济快速发展的今天，我国企业无故克扣、拖欠员工工资的现象屡屡发生，应引起政府相关部门的关注，增加员工的维权途径，加大对员工合法权益的保护力度。一方面要形成员工工资发放检查的长效机制，严查相关违法行为，并对被拖欠者给予相应的补偿；另一方面要解决企业让员工无偿加班、延长员工劳动时间等问题。

在严查欠薪问题的同时，还要注意确保最低工资制度的贯彻落实。这项工作的实施一定要遵循国家的相关法律法规，尽量避免市场经济对于员工利益的负面影响，保证员工的基本生活质量。要认清最低工资制度的重要意义和作用，确保其贯彻于整个劳动关系的存续期间，把握好执行的每一个细节。一方面要建立完善的法律保障体系；另一方面要加大执法力度，坚决避免拖欠、克扣工资现象的出现。

作为企业自身来说，不应以牺牲员工利益为代价来赢得最大利润。企业应杜绝无故克扣、拖欠员工工资、无偿加班等现象。作为现代企业，在获取利润的同时必须考虑社会伦理公德，认真履行社会义务，承担社会责任。

（二）解决企业工资分配不公问题

工资分配制度的好坏直接关系到企业的生存和发展，企业想有一个有效的奖罚机制，工资分配制度的优化是一条必由之路，为此要完成以下四个方面的工作。

第一，选择和设计薪酬模式。改革开放以来，我国理论界、企业界在借鉴吸收国外先进管理理念的基础上，提出了很多行之有效的薪酬模式，有的基于岗位，有的基于绩效，有的基于市场等。绩效考核是提高员工工作效率的重要管理方式，很多企业对此十分重视。绩效管理是提高工作绩效的有力工具，绩效管理的各个环节都是围绕这个目的展开的。绩效管理不仅为员工的工作绩效提供奖惩依据，更

重要的是采取适当的措施，提高员工的绩效水平，解决员工在生产和工作中出现的问题，以确保组织目标的实现。同时，绩效管理能够促进员工能力的开发。各类企业要从自身实际出发，选择并设计出适应本企业的薪酬模式，从而减少分配不公。

第二，进行薪酬方案设计。设计薪酬方案要考虑适用的人员和业务范围。确定薪酬标准时，一方面要关注外部竞争性，有条件的企业要进行行业和地区薪酬水平的调查；另一方面要关注内部公平性，要以岗位测评结果和员工能力素质等级划分为依据，使薪酬标准建立在量化分析的基础上，增强薪酬分配制度的科学性、合理性。

第三，理顺企业内部分配关系，调动员工积极性。理顺企业内部分配关系要以企业人力资源战略及规划为导向，以岗位评价、员工素质结构、绩效考核结果为依据，参考劳动力市场可比薪酬，运用科学的薪酬制度调整企业内部薪酬关系，着力解决突出问题，形成既符合按生产要素贡献分配原则，又能为多数员工所接受的新的内部分配格局。

第四，加强配套机制建设，确保工资分配制度发挥更好的激励功能。现代企业薪酬制度应避免旧的薪酬制度的弊端，把企业管理与其他领域联系起来。薪酬调整机制就是在经济效益增长的基础上，企业应根据国家发布的工资指导线、劳动力市场工资指导价位以及员工的贡献等因素，合理调整员工的薪酬，形成劳资两利的局面，最大限度地发挥薪酬管理的激励功能。

二、解决企业劳动保护问题的对策

企业对劳动保护是否重视直接关系到员工的生命安全与身体健康，如果做得不好很可能影响到社会的和谐稳定。加强企业的安全保护工作，应从以下几个方面入手。

（一）建立相关法律法规，完善劳动合同制度，规范劳动保护管理

逐步改进和完善法律法规，进行条文细化，建立长效机制。执法监督的工作要求和违法查处的执行程序，要通过法律法规来确立与完善。我国相关法律规定，不提供必要劳动保护条件的，应追究其相关负责人的责任。企业在劳动保护方面违法往往是为了降低成本。然而，违反安全法律法规，试图逃避安全保障责任，不重视营造员工安全生产环境的行为必将受到法律的严惩，付出沉重的代价。企

业应针对本单位的实际情况，在法律法规的指导下，建立适合本单位的劳动保护制度和劳动保护用品管理制度，进行定期和不定期的巡检。只有不断增强企业的安全生产意识，督促企业建立相关安全保障制度，营造企业安全文化氛围，不断强化企业安全生产技能培训，才能为员工创造一个健康安全的工作环境。

（二）加强监管，规范企业行为

采取必要的经济和法律手段，加大监察力度，促使企业重视劳动保护设施的建设以及劳动防护用品的配备，是减少安全事故、保护劳动者权益的重要途径。要把劳动保护问题作为当前和今后监察的重点。第一，坚持定期检查和不定期检查制度。对企业存在的劳动环境恶劣、安全设施缺乏、劳动者防护装备缺失等问题加强监察，要把乡镇企业、小型企业、劳动密集型企业和职业危害严重的企业作为监察的重点。第二，建立信息反馈制度和社会监督机制。企业相关负责人要定期向管理部门反馈职业病、伤亡事故情况和劳动保护制度的执行情况，只有监督有效，法律法规才不会流于形式。第三，畅通举报投诉渠道。劳动者对用人单位管理人员违章指挥等危害其个人生命安全和身体健康的行为，有权拒绝或举报。对举报投诉情况属实的，做到发现一起、查处一起。第四，加强劳动防护用品的监督管理，保证劳动防护装备的产品质量，提高防护功能。

（三）提高企业经营者和企业员工的法律意识与劳动保护意识

加强企业经营者和从业人员的培训与考核，提高企业的法律意识、转变思想观念、建立安全意识是减少安全事故，保护劳动者权益的重要途径。特别是从事高危工作的人群更需要具有相关的安全知识和熟练的业务技能以及对突发事件的经验和处理能力。

总之，企业的劳动保护问题，关系千千万万劳动者的生命安全与身体健康，关系到千千万万家庭的安宁与幸福，关系到社会的稳定与发展。因此，安全生产的工作方针是“安全为先、预防为主、综合治理”，只有这样才能起到预防和治理安全事故的作用。

三、解决企业社会保障问题的对策

社会保险对于整个社会的稳定具有极其重要的意义，员工有了社会保险才能在年老、生病、失业、生育期间或丧失劳动能力后有一个比较可靠的保障，这是合理配置劳动力资源和建设现代企业制度的重要条件。同时，社会保险在维护员工权益、与员工构建和谐关系、维护社会稳定等方面都起着重要的作用。解决社会保障缺失问题必须完善企业社会保险立法、执法和监督、检查制度。具体表现在以下几个方面。

（一）加速立法进度，进一步完善相关法律法规

保障企业社会保险实施的第一步就是加强立法。通过立法教育广大人民群众，使其认识到社会保险的重要性和必要性，强制要求所有企业为员工缴纳社会保险费。

（二）扩大宣传范围，加强宣传效果

通过宣传提高用人单位和劳动者的参保意识。对企业来说，要意识到缴纳社会保险的意义和重要性，了解社会保险对企业和社会的作用，知晓为员工缴纳社会保险费是一项强制性义务。对于员工来说，要认真学习有关社会保险的相关法规政策，消除对社会保险的陌生感和排斥感，意识到社会保险的好处和必要性，从而自觉自愿地要求企业缴纳社会保险费。

（三）对企业缴纳社会保险费的情况进行年检

由相关政府权力部门制订年检计划，每年对辖区内企业的社会保险费缴纳情况进行统一年检和登记，对于合格单位授予证书，对于不合格单位进行处罚。

（四）加大处罚力度

由于历史和现实的原因，我国对社会保险违法行为的处罚一直都很轻，罚金数额不大，一般只是让企业补缴费用。违法成本很低，导致大量企业存在侥幸心理，得过且过。虽然我国目前社会保险立法还不是很健全，但已经初具规模，在健全法规的同时，我们必须进一步加大处罚力度，做到有法可依、执法必严、违法必究。让欠缴、拒缴企业付出惨痛的代价，不敢再违法，彻底改观现在的不良局面。

（五）健全社会保险服务体系

目前，我国很多企业为员工缴纳社会保险费，缴纳社会保险费已经成为很多人的共识，成为衡量一个企业是否重视员工福利的重要标准。今后我们的发展方向是不但企业要为员工缴纳社会保险费，个体劳动者也应缴纳社会保险费。为了

扩大社会保险的参与范围，在个人自愿参保的前提下，可以成立专门的部门为广大个体劳动者参保、续保提供支持和意见，如成立自谋职业服务站，专门为个体劳动者提供社会保险相关咨询服务。要加强劳动保障、工商行政、财政、税务、人事、公安、统计、人民银行、总工会等部门的相互配合，实行部门联动，强化企业社会保险扩张和缴费力度。完善基金征缴办法，建立五险保费合征机制。

（六）鼓励有条件的企业建立补充性社会保险

补充性社会保险主要包括企业年金、补充医疗保险。作为养老保险的重要补充，企业年金不仅可以进一步保障员工的晚年生活，还可以树立企业形象，吸引和留住优秀人才。

目前，我国的企业年金制度还不是很完善，但一些资金雄厚的企业已经开始逐步推行。相比而言，为员工缴纳补充医疗保险费的单位还非常少。但作为对员工承担社会责任的趋势，建立补充性社会保险是很多企业未来的必然选择。

总之，完善企业社会保险，需要围绕和谐社会建设目标，立足于解决人民群众最关心、最直接、最现实的切身利益问题。必须顺应时代发展的需要，不断满足人民群众日益增长的社会保障需求，为构建社会主义和谐社会作出更大的贡献。

四、解决企业工会维权问题的对策

随着企业数量的大规模增加，吸纳就业人员的能力快速增长，如何将员工组织起来纳入工会组织体系，保障他们的合法权益，成为我国工会面临的最紧迫的任务。解决企业工会维权问题，可以从以下几个方面入手。

（一）完善立法，加强员工参与

企业工会工作由工会组织主导开展，但其主体却是广大的企业员工。也就是说，如果没有员工的积极支持和参与，这项工作也就失去了生机和活力。因此，企业员工除了通过参与工会组织本身的活动之外，还要借助于其他形式支持工会的工作，比如集体谈判、厂务公开等。

（二）把握劳动关系本质，增强工会组织能力

从本质上看，企业和员工是一种利益关系。双方是以各自的经济利益作为主要目的，为了建立和谐互利的关系，双方都需要履行一定的社会责任。既然各自都是为利益而来，又都需要通过企业组织这个平台实现各自的利益，那么双方的

利益矛盾与纠纷便不可避免。在此性质上，“利益平衡”显得尤为重要。双方通过力量的较量，在某个利益的均衡点达成某种妥协，使利益之争暂时告一个段落，在相对平稳、和谐的关系中更好地实现各自的利益。

工会的产生对员工而言，可以使员工组织起来，推选出自己利益的代表者，从而弥补自身力量的不足。对工会而言，最大的问题在于如何增强自身的力量。力量的衡量有许多指标，而不仅取决于组建率或入会率。如组织设置的科学性、组织的严密程度、会员之间的团结程度、工会干部的组织能力以及职工群众的民主意识、参政议政能力、维护自己利益的决心与意志等，这些问题对企业的工会组织来讲是至关重要的。同时，我国的工会工作者需要树立利益意识、斗争意识，在理论修养以及工作方法上与时俱进，与市场经济的发展要求相适应，为企业员工的利益请命，为工会事业的发展而不懈工作。

（三）再造工会形象，提升社会影响力

工会形象是工会长期的实践活动留给人们的印象和看法。这种看法既会影响工会开展工作的力度，又会影响工会对职工群众的感召力和吸引力。再造工会形象要做好以下几个方面的工作。

1. 好建立工会发言人制度

如山西黑砖窑事件，中央和省市一级的工会就通过自己的发言人在第一时间向社会公开自己的观点，表明自己的态度和立场，对非法经营者和草菅人命、玩忽职守的地方官员予以谴责，同时组织调查委员会亲赴现场调查，主动与政府沟通，提出处理意见。这种处理方法，让广大职工群众在第一时间能够听到工会组织旗帜鲜明的声音、在电视上看到工会工作人员在现场忙碌的身影，把工会的良好形象展现在职工群众的面前，从而提高工会组织在职工群众心目中的地位，增强他们对加入工会组织的向往。

2. 试行工会干部问责制度

当企业工会组织不作为、不代表职工群众的利益，从而使职工群众意见较大时，上级工会要及时发现问题并根据责任人的具体情况提出处理意见，向社会表明自己的态度，该处分的处分、该批评的批评。这样做能缩小员工和企业的距离，使员工具有安全感。

3. 加大基层工会干部直选力度

由工会会员直接选举工会组织负责人，能增强工会工作者对职工群众的责任心与自觉性。目前，一些企业已经直接选举产生工会主席，反映了群众对工会民主化的要求。因此，基层工会干部直选将会成为企业工会改革的新方向。

五、解决企业劳动争议问题的对策

随着全球一体化的不断加快，我国经济的市场化程度越来越高，劳动关系发生了前所未有的重大变化。劳资关系日趋复杂，劳资纷争、劳资冲突越来越严重，已经成为一个不争的事实。所谓“劳动争议”是指“劳动关系当事人由于对相互之间权利义务关系的要求不一致而发生的争议”。解决劳资争议、避免劳资冲突，须着力做到以下几点。

（一）预防为主，健全相关劳资制度，防患于未然

对于现有劳动合同制度要进一步完善，真正让法律制度发挥促进劳资关系和谐稳定的作用。要认识到工会的巨大作用，支持企业工会建设，让工会成为员工的强大后盾，成为凝聚员工力量的坚强集体。除了建立工会帮助员工维权之外，还要注重员工自主谈判能力的培养，通过办培训班、加强普法宣传等形式逐步让员工掌握协商技巧，提高维权能力。此外，我国现有的劳动保护监察制度还非常不完善，执行力上也很欠缺，都需要我们继续努力。

（二）注意群体性事件的处理原则和方法

当企业发生劳动争议时，有可能发生群体性事件。此时，工会应立即赶赴现场，迅速控制局面，充分听取意见，代表员工立场，组织协商谈话，促进协议的达成，并积极组织复工，总结事件发生的经验和教训，做到对事件的有序处理，避免类似状况的再次发生。

对于劳动关系危机要建立预警机制，目的是将危机扼杀在萌芽状态，调节劳资关系，达到“防调结合”的目的。各企业可结合自身情况在调解委员会中建立预警领导小组，根据劳动法规政策，对企业中的劳动关系实施统一管理、协调和预警。企业工会作为员工自己的组织，应主动报告劳资纠纷事件始末，承担起应有的职责。为了公正处理劳动纠纷，还必须完善劳动争议处理制度，用法律做武器来捍卫劳动者的权益。

六、解决企业侵犯员工隐私权问题的对策

保护好员工的隐私权，需要员工个人、单位和社会的共同努力，具体应注意以下几点。

（一）发挥政府部门在保护员工隐私权方面的作用

政府部门应对员工隐私权加强立法，制订相应的法律法规进行规范。同时，按照政府部门的相关规定，签订劳动合同之前，企业应把了解员工什么样的隐私资料属于合法、对什么类型的隐私了解属于侵犯员工隐私权等加以明确的界定，并且和员工达成共识。

（二）完善保护员工隐私权的法律法规

在“自律管理”还非常有限的今天，世界上一些发达国家的法律法规在员工隐私权保护方面发挥着“他律管理”的直接保护作用。这种保护作用是指当员工隐私受到侵犯时，员工有权利向法院提起诉讼，请求法律保护和救济。如美国在1974年颁布了《隐私权法》，它是对公民隐私权保护最典型的国家。在我国，许多法律如《中华人民共和国宪法》《中华人民共和国刑法》《中华人民共和国民法典》《中华人民共和国未成年人保护法》《中华人民共和国档案法》中都涉及对公民个人隐私权保护的问题，但是还没有一部完全针对公民隐私权的法律，针对企业组织中员工隐私权的法律更是不存在。因此，国家应在法律上对员工的隐私权加以相应的规范和重视，从而为保护员工隐私权提供相应的法律依据。

（三）培育以人为本的企业文化

企业文化是在一定的民族文化、伦理道德背景下形成的，是影响员工的主导思维方式。以人为本，强调关心、理解、尊重，这是企业文化建设的核心理念，对约束和教化员工的企业文化行为，培养员工形成尊重他人的文化氛围起着重要的作用，形成既善待自己又善待他人的个人修养，从而减少或消除侵犯员工隐私的行为。

（四）提高员工的法治观念和维权意识

在隐私权保护方面对员工进行法律法规的教育，使员工在隐私权受到侵犯时，敢于说“不”，并寻求法律保护，懂得如何维护自己的权利。

七、解决企业存在性骚扰问题的对策

首先，要改变传统观念，加大法律宣传力度。在我国的封建社会时期，女子一直处于从属地位，没有自己应有的社会地位和话语权。中华人民共和国成立后，虽然在《中华人民共和国宪法》中明确规定男女平等，但是女子“失去贞洁”和“不守妇道”要比男子受到更强烈的批判与谴责。在实际生活中，即使女性员工没有过错，在受到男性员工的性骚扰时，多数女性员工也会选择沉默或息事宁人，其原因是大家已经形成了“苍蝇不叮无缝蛋”的刻板印象。在这样的观念束缚下，女性员工很难有勇气用法律的手段保护自己的合法权益。因此，观念的变革在当下显得尤为重要，需要通过宣传和教育，改变传统的错误的社会观念，真正实现男女在人格上的平等，使女性勇于拿起法律武器维护自己的合法权益，使违法者受到法律的惩处。

其次，要树立性权利的意识，建立符合时代气息的性文化的社会大环境。1999 年 8 月 23 日，世界性学会在中国香港举办第十四次世界性学术会议，会议通过了《人权宣言》。该宣言认为:“性是人类的基本需求之一，是与每个人的人格密切相连的。社会结构和个人之间的互动建立起了性，其充分展现了个人和社会的健康与幸福。性的权利乃普世人权，以全人类固有之自由、尊严与平等为基础。”该宣言虽然到目前为止还不具有一定的法律效力，但它代表了对性的正确认识和理解，符合时代发展的方向。

总之，解决性骚扰问题是一个长期的过程，需要社会各方面的合作与协调。当下，我们应利用现有的社会资源和法律资源，高度重视在工作场所的性骚扰问题，使其得到有效的遏制，降低发生率。

第七章　企业对消费者的社会责任

第一节　企业对消费者的社会责任概述

一、企业对消费者的社会责任

18 世纪中后期英国完成第一次工业革命后，现代意义上的企业充分地发展，但企业社会责任的观念还未出现，企业对消费者的责任更是没有凸显。直到 19 世纪中后期企业制度逐渐完善，劳动阶层维护自身权益的要求不断高涨。1993 年，《中华人民共和国消费者权益保护法》颁布，有效抑制了企业的不良行为，客观上对企业履行社会责任提出了新的要求，企业社会责任观念的出现成为历史的必然。2000 年，联合国实施启动“全球契约”计划，提倡包括人权、劳工、环境和反腐败四个方面的十项原则。同时，世界经济合作与发展组织、国际劳工组织、国际标准化组织、国际雇主组织等也都积极推行企业社会责任，就如何进一步推动企业社会责任形成共识。可见，世界上的国际组织对推进企业社会责任非常重视。而“企业社会责任”是一个相当复杂的概念，指企业在创造利润、对股东和员工承担法律责任的同时，还要承担对消费者、社区和环境的责任。企业社会责任要求企业必须超越把利润作为唯一目标的传统理念，强调要在生产过程中对人的价值的关注，强调对环境、消费者、社会的贡献。

在《WTO 经济导刊》举办的“责任竞争力——中欧企业社会责任 2005（北京）”国际论坛中，公司治理专家殷格非首次倡导提出企业责任竞争力理念。责任竞争力是可持续发展的世界观和方法论。责任就是组织对其利益相关方的责任，其本质含义是对利益相关方的利益实现和期望满足。特别是实现和满足的平衡问题，一个组织要公平地对待每个利益相关方，同时平衡好对各利益相关方的利益实现和期望满足。

进入 21 世纪后，企业社会责任研究的重点聚焦于企业与消费者关系方面。企业在不同的利益间寻求平衡，不仅要关注股东及员工的利益，更要关注对企业生存与发展起着决定作用的消费者的利益。

二、我国企业对消费者社会责任的发展

战国时期的孟子有句名言“穷则独善其身，达则兼济天下”，体现了财富创造者的社会责任观念。但是，现代意义的企业社会责任概念进入中国较晚。纵观企业对消费者社会责任建设工作在中国近几十年的发展，大致可将其分为以下三个阶段：第一阶段，20 世纪 90 年代中期到 21 世纪初，在国际销售商、品牌商的推动下，我国企业逐步重视社会责任问题，建立了在国际采购中实施社会责任的准则、标准或体系。我国企业开始接受跨国公司对工厂进行的与社会责任有关的审核。第二阶段，从 21 世纪初到 2006 年，企业社会责任开始得到广泛关注。我国的学术机构、非政府组织以及在华国际组织开始对社会责任进行系统的介绍和广泛的研究、讨论。政府部门也开始关注企业社会责任建设工作，如劳动部、商务部着手调查我国企业社会责任建设情况。第三阶段，从 2007 年至今，企业落实社会责任，实现企业经济责任、社会责任和环境责任的动态平衡，从而提升企业的竞争力，为企业树立良好的声誉和形象。

2023 年修订的《中华人民共和国公司法》第十九条规定：“公司从事经营活动，应当遵守法律法规，遵守社会公德、商业道德，诚实守信，接受政府和社会公众的监督。”第二十条规定：“公司从事经营活动，应当充分考虑公司职工、消费者等利益相关者的利益以及生态环境保护等社会公共利益，承担社会责任。”我国在法律上保障企业积极承担对消费者的社会责任。

三、企业对消费者社会责任的内容

企业与消费者是一对矛盾统一体。企业利润的最大化最终要借助于消费者的购买行为来实现。作为通过为消费者提供产品和服务来获取利润的组织，提供物美价廉、安全、舒适、耐用的商品和服务，满足消费者的物质和精神需求，是企业的天职，也是企业对消费者的社会责任。一方面，企业对消费者的责任是法律法规强制规定的企业社会责任。企业必须在法律和规章制度规定的范围之内开展活动，合法经营，完整披露产品和服务的相关信息，为消费者提供合格的产品和服务。另一方面，企业对消费者有着明确的承诺。这些虽然属于企业的经营策略，

尚未成为相关的法律法规，但因其能够对企业形象产生较大的影响，也引起了企业的关注。相关的内容包括：利用合理的营销手段、完善对产品和服务的售后服务、合理利用消费者个人信息、诚信经营等。

（一）提供健康、安全的产品和服务

这是企业对消费者最基本的责任。《中华人民共和国消费者权益保护法》规定，经营者应当保证其提供的商品或者服务符合保障人身、财产安全的要求。企业经营者应遵循相关规定，向消费者提供不含安全隐患的产品，在保障消费者安全的前提下，满足消费者的物质或精神需求，否则，企业将承担相应的法律责任。乳制品在人们的饮食结构中占有重要的位置，而近年来乳制品企业事故频发，乳制品企业社会责任行为也越来越多地被消费者关注。轰动一时的“长生疫苗”事件爆发后，曾领跑国内疫苗产业的长生医药集团随之陨落，全行业亦陷入质量泥沼，民众对医药行业的信心指数降至最低点。企业盲目追求利润最大化，忽视企业自身的品牌形象，漠视消费者的生命安全和身体健康，造成不可挽回的结果，是企业没有担当起社会责任的典型表现。有社会责任感的企业，应高度重视产品和服务的安全，不仅考虑企业的既得利益，而且考虑企业的社会责任，两者缺一不可。

（二）尊重消费者的知情权和自由选择权

按照消费者权益保护法的规定，消费者享有人身、财产安全不受损害的权利，享有知悉其购买、使用的商品或者接受的服务的真实情况的权利，享有自主选择商品或者服务的权利以及享有公平交易的权利。在经营和消费过程中，企业应当保证所披露的产品信息以及相关说明具有真实有效性，形成买卖双方公平、公开的贸易行为，不得混淆市场，侵害消费者的正当权益。真正有实力的企业，是赢得顾客更多信任，获得顾客满意程度更高，为顾客创造更多价值的企业。例如，扑尔敏原料药供应企业滥用市场支配地位，实施囤货、拒绝交易等行为，导致扑尔敏原料药供应紧张，价格上涨，严重破坏市场公平竞争。2018 年 12 月 30 日，国家市场监督管理总局对相关企业的违法行为作出行政处罚决定。

（三）创新产品，创造产品价值，为客户定制服务

创新是新的发展动力，是新时代下企业新的竞争力。在“大众创业，万众创新”的时代背景下，企业如雨后春笋般不断涌现，但可以长期存活下来的企业数

量却相当有限。取得创新，意味着赢得先机，先机是企业得以取胜的关键。企业间的竞争，很大一部分体现在企业的创新能力。随着互联网、物联网时代的到来，用户消费需求升级，不再满足于单一模板化的产品，而是向个性定制化过渡。海尔集团抓住了这一新的变化契机，提出“物联网时代引领者”的品牌定位，创新开启智能定制模式。根据消费人群和场景的不同，提供多种智慧家庭解决方案，满足消费需求升级之下，用户追求个性定制、品质时尚、智能享受的要求。海尔集团通过不断探索创新，与用户建立个性化关系，让用户真正参与产品设计，诠释了海尔集团以用户为中心，致力于技术革新与工业设计、智能科技与生活美学融合共生的全球智慧家电品牌形象。

（四）制订公正合理的价格，诚信经营

我们常说“物美价廉”，消费者青睐以合理的价格消费合适的产品或服务。因此，合理的价格可以决定企业产品或者服务的销售好坏，影响整个企业的销售利润。企业把商品的价格制订得越合理，在保持利润额的情况下，尽可能接近和满足顾客对商品的价格需求，就越能吸引更多的消费者进行消费。提起“沃尔玛”就会想到“低价”两字，且不谈沃尔玛超市是如何降低成本，只谈沃尔玛超市低价不低质的产品和服务，吸引无数消费者前往，沃尔玛超市收获一大批忠实消费者。可以说，沃尔玛超市在保证自身盈利的同时，很大程度上照顾了消费者的心理，提供消费者可以接受的价格，为消费者创造巨大价值。除此以外，沃尔玛超市“天天低价”的承诺始终如一，诚信经营，童叟无欺，树立了良好的企业形象，极大地增强了消费者的忠诚度。

（五）完善的售后服务，延伸产品价值

完善良好的服务始终是消费者所喜闻乐见的。一个完善的企业应提供完善的产品和服务。售后服务管理是在销售目标完成以后，对成交客户的继续跟进，或针对企业营销产品提供各种后续服务活动所进行的管理。售后服务管理也是一种经营手段。在营销过程中通过强调售后服务来提高企业的竞争力，扩大产品的市场占有率，促进二次营销的形成，是企业的重要选择。对于一个企业来说，服务好一个老客户，并通过这个老客户持续产生更多的效益所需要花费的成本是远小于开发一个新客户的成本的。海尔集团的优秀之处除了创新，还有值得称赞的售后服务体系，不论是完善的售后网络分布，还是可以及时和顾客沟通的海尔论坛，

都在打造迅速、便捷的海尔服务，急顾客之所急、想顾客之所想，“真诚到永远”是海尔集团永恒的理念。

对消费者的社会责任要求企业对提供的产品质量和服务质量承担责任，履行对消费者在产品质量和服务质量方面的承诺，不得欺诈消费者和牟取暴利，在产品质量和服务质量方面自觉接受政府和公众的监督。

四、消费者对企业社会责任的响应

（一）消费者对企业社会责任的外在响应

消费者的外在响应即指消费者对开展企业社会责任的组织所作出的直接、外显的意向及行为，如购买意向、消费者满意、消费者忠诚、品牌忠诚等。实验研究发现，企业在环保和慈善方面的努力，将带来积极的信任，从而对消费者购买意向和品牌评价有显著影响。周祖城的实验情景设计将企业社会责任（CSR）区分为行业领先、中等和落后水平，发现 CSR 的水平越高，消费者的购买意向也相应越高。在大样本的问卷调查中也证实了企业社会责任与消费者的购买意向和行为之间存在积极的关系。企业可通过一些权变因素（消费者对企业社会责任活动的支持、企业评价及企业声誉）与消费者建立更深入的联系，如消费者忠诚度、重复购买意愿等。

（二）消费者对企业社会责任的内在响应

消费者内在响应指的是消费者的一种潜在心理感知，是消费者对自身心理活动的一种感受。与消费者外在响应不同，其不能用直接的指标来测量，但往往作为企业社会责任与消费者外在响应的中介变量来发生作用，主要包括消费者对企业或产品的评价及态度、消费者满意、消费者认同等。比较而言，消费者对企业的评价和态度与企业社会责任关系的研究文献相对丰富。研究结果均证实，当消费者对企业的社会责任活动有正向评价时，他们对企业或企业的产品的评价也相对较高。

消费者对企业社会责任的感知与响应直接影响企业对社会责任的参与度，而企业的社会责任表现直接影响消费者对企业的评价与购买企业产品的意向。因此，研究企业社会责任的一个重要角度就是消费者视角。消费者的购买意向和行为直接影响企业的财务业绩甚至生存状态。我国学者李海芹和张子刚通过实证研究发现，企业履行社会责任是为了提高消费者对企业的感知度，从而促进产品销售。然而，并非所有企业都充分认识到消费者感知的重要性。如果企业希望通过 CSR 来提升企业价值，那么企业应当努力提高 CSR 的消费者感知程度。

五、承担消费者责任

（一）树立“企业责任意识”

“顾客就是上帝”，这不仅是人们口口相传的言语，而应是渗入企业内部的文化内涵，内化成企业的养分，成为企业的箴言。只有树立强烈的责任意识，才能使企业对自身之外的利益相关方尤其是消费者更加重视，才能更好地维系两者关系，创造更大的社会财富。

（二）本土化的社会责任相关措施

一方面，随着改革开放不断深入，沃尔玛等很多外资企业进入我国，外资企业在我国的发展的同时应承担相应的社会责任。由于不同的文化背景，外资企业在承担社会责任方面，需要结合中国本土的特点，制订适合本土发展的社会责任方案。另一方面，即使是不同区域，也应针对性地制订某一特定区域的特色方案，不能生搬硬套。

（三）完善相关组织体系

企业社会责任是独立的板块，应设有单独的部门进行管理和监督，督促企业社会责任的强化和落地，做到统筹安排、重点关注、落实方案，形成完整、行之有效的体系。消费是企业产品或服务的最终环节，消费者对企业有重要意义。企业的价值和利润能否实现，受消费者很大程度影响。消费者是“最不忠诚的”，可以随时拒绝购买，进而影响企业发展。企业提供满意的产品和服务，可以得到消费者的认可，只有使消费者忠诚于企业，企业才能持续生存和成长。因此，企业社会责任的倡导者应将企业对消费者的责任视为企业社会责任的重要内容。

第二节　产品的质量责任与价值责任

一、产品质量责任

（一）产品质量概述

根据国际标准化组织制订的国际标准——《质量管理和质量保证：术语》（ISO8402：1994），产品质量是指产品"反映实体满足明确和隐含需要的能力的特性总和"。产品质量除实物产品质量外，还有无形产品质量，即服务产品质量。

产品质量是指产品适应社会生产和生活消费需要而具备的特性，及其满足顾客和其他相关方要求的能力，它是产品使用价值的具体体现。它包括产品内在质量和外观质量两个方面。

产品的内在质量是指产品的内在属性，包括性能、寿命、可靠性、安全性、经济性等五个方面。一是产品性能，指产品具有符合用户要求的物理、化学或技术性能，如强度、化学成分、纯度、功率、转速等。二是产品寿命，指产品在正常情况下的使用期限，如房屋的使用年限，电灯、电视机显像管的使用时数，闪光灯的闪光次数等。三是产品可靠性，指产品在规定的时间内和规定的条件下使用，不发生故障的特性，如电视机使用无故障、钟表的走时精确等。四是产品安全性，指产品在使用过程中对人身及环境的安全保障程度，如热水器的安全性、啤酒瓶的防爆性、电器产品的导电安全性等。五是产品经济性，指产品经济寿命周期内的总费用的多少，如空调、冰箱等家电产品的耗电量，汽车每百公里的耗油量等。

产品的外观质量指产品的外部属性，包括产品的光洁度、造型、色泽、包装等，如自行车的造型、色彩、光洁度等。

产品的内在质量与外观质量进行比较，内在质量是主要的、基本的，只有在保证内在特性的前提下，外观质量才有意义。

（二）产品质量标准

产品质量检验报告说明产品的质量表现为不同的特性，对这些特性的评价会因为人们掌握的尺度不同而有所差异。为了避免主观因素的影响，在生产、检验以及评价产品质量时，需要有一个基本的依据、统一的尺度，这就是产品的质量标准。

产品的质量标准是根据产品生产的技术要求，将产品主要的内在质量和外观质量从数量上加以规定，即对一些主要的技术参数所作的统一规定。它是衡量产品质量好坏的基本依据，也是企业生产产品的统一标准。我国采用的产品质量标准有以下四种类型。

1. 国际标准

国际标准是指某些国际组织，如国际标准化组织（ISO）、国际电工委员会（IEC）等规定的质量标准，也可以是某些有较大影响力的公司规定的并被国际组织所承认的质量标准。积极采用国际标准或国外先进标准是我国当前的一项重要技术经济政策，但不能错误地把某些产品进口检验时取得的技术参数作为国际标准或国外先进标准，这些参数只是分析产品质量的参考资料。

2. 国家标准

国家标准是在全国范围内统一使用的产品质量标准，主要是针对某些重要产品而制订的。

3. 部颁标准

部颁标准也称行业标准，是指在全国的某一行业内统一使用的产品质量标准。

4. 企业标准

企业标准是企业自主制订，并经上级主管部门或标准局审批发布后使用的标准。一切正式批量生产的产品，凡是没有国家标准、部颁标准的，都必须制订企业标准。企业可以制订高于国家标准、部颁标准的产品质量标准，也可以直接采用国际标准、国外先进标准，但企业标准不得与国家标准、部颁标准相抵触。

把产品实际达到的质量水平与规定的质量标准进行比较，凡是符合或超过标准的产品被称为合格品，不符合质量标准的被称为不合格品。合格品中按其符合质量标准的程度不同，又分为一等品、二等品等。不合格品中包括次品和废品。产品质量法明确规定，只有质量合格的产品才能进行生产和销售。对于制造企业而言，生产和销售质量合格的产品是其应尽的社会责任，也是企业生存的基本保障。一般来说，质量合格应包括三层意思：第一是符合相关标准要求；第二是符合签订的合同或协议上的相关技术要求；第三是符合企业以文字方式向公众承诺的质量水平。达到上述三层技术要求的产品可称为质量合格产品。

（三）产品质量的作用

1. 产品质量是企业生存根基

产品的质量是企业的生命，是企业质量最直接的体现。企业一旦成立，就面临激烈的市场竞争，一时的低价可能会维持短暂的优势，只有过硬的产品质量才是企业在激烈的市场竞争中长期发展的关键。从企业发展战略的角度来说，优良的产品质量是企业创品牌的前提和先决条件，以质量作保证才是创名牌的根本途径；从消费者和社会公众的角度来说，产品质量往往关系到他们的人身安全，企业的产品必须保证消费者的生命安全和身体健康。

市场竞争已经决定性地从“价格竞争”转向“质量竞争”。影响用户购买选择的有三个因素，即价格、质量、交货方式（交货期和地点）。其排列次序为质量、交货方式、价格。质量成为决定用户购买的首要因素，“质量竞争”在某种程度上正在取代“价格竞争”。

2. 产品质量是企业核心竞争力

企业是向市场提供商品或服务的组织，产品质量是企业的核心竞争力，企业需要通过不断调整、优化，提升产品种类与产品质量。

3. 产品质量增强国家综合实力

质量同整个国家劳动生产率的水平有关。产品或服务的质量不仅是决定企业素质、企业发展、企业经济实力和企业竞争优势的主要因素，也是决定一国竞争能力和经济实力的主要因素。

（四）提高产品质量

新时期要准确把握新常态下质量工作的目标任务，认真贯彻落实党的二十大精神，坚持“质量为本、安全第一、改革当先”的原则，切实加强产品质量治理能力，努力提高产品质量监督工作的有效性、整体性和协调性，以新的发展理念为引领，以供给侧结构性改革为主线，努力推动质量监督事业创新发展，为全面建成小康社会提供坚强的质量安全保障。我们必须主动作为、敢于担当，全力开展质量品牌提升行动。

二、产品价值责任

（一）产品价值概述

按照马克思政治经济学的观点，价值就是凝结在商品中无差别的人类劳动。产品价值是产品的功能、特性、品质、品种与式样等所产生的价值。它是顾客需要的中心内容，也是顾客选购产品的首要因素，因而在一般情况下，产品价值是由顾客需要决定的。

在经济发展的不同时期，顾客对产品的需要有不同的要求，构成产品价值的要素以及各种要素的相对重要程度也会有所不同。例如，我国在计划经济体制下，产品长期短缺，人们把获得产品看得比产品的特色更为重要，因而顾客购买产品时更看重产品的耐用性、可靠性等性能方面的质量，而对产品的花色、式样、特色等较少考虑；在市场商品日益丰富、人们生活水平普遍提高的今天，顾客往往更为重视产品的特色质量，如要求功能齐备、质量上乘、式样新颖等。

在经济发展的同一时期，不同类型的顾客对产品价值也会有不同的要求，在购买行为上显示出极强的个性特点和明显的需求差异性。这就要求企业必须认真分析不同经济发展时期顾客需求的共同特点以及同一发展时期不同类型顾客需求的个性特征，并据此进行产品的开发与设计，增强产品的适应性，从而为顾客创造更大的价值。

提高产品价值，既是用户的要求也是企业的追求。但是，企业不能为了单纯地提高功能，片面降低成本，而应在产品设计和产品改进设计中，运用提高价值的途径，探索一切可以提高价值的方法，以满足用户的实际需要，同时提高企业的技术经济效益。

（二）产品价值、顾客价值和社会价值的辩证统一

1. 企业产品价值就是企业获得的利润与支出费用之比

顾客价值是指顾客对企业整体经营活动的感知价值。企业社会价值是指现代企业在价值创造过程中，要兼顾社会责任，讲求社会效益。对于消费者而言，他们主要关注的是企业生产的产品是否质量优良、安全可靠，提供的服务是否优质、价格合理。产品价值实现的前提是以顾客为中心，提供满足顾客需求的产品或服务，创造顾客价值。只有提高顾客价值，企业才能赢得顾客的认可，从而实现企业产品价值，推动企业的全面进步，进一步增强企业社会价值，谋求更高的顾客价值。

2. 产品价值、顾客价值和社会价值的辩证统一

只有以消费者为中心，以满足消费者需求为宗旨，不断改革完善产品和服务，提供满意优质的产品，才能创造顾客价值，提升顾客满意度，进而实现产品本身的价值，在为企业创造利润的同时也为社会进步创造价值。

（三）重视对消费者的产品价值责任

1. 政府约束和激励企业创造产品价值

政府可以通过法律、政策和制度约束与激励企业创造产品价值。政府应不断完善消费者权益保护法、产品质量法等相关法律法规，规范企业生产行为，激励企业生产更加符合消费者需要的产品。

2. 社会引导企业重视产品价值

通过营造良好的社会环境来引导企业重视产品价值。随着社会进步，人民生活水平提高，消费者的维权意识不断增强，社会维权风气有所改善，督促企业生产更有价值的产品来服务消费者。同时，消费者对于产品的需求朝着个性化方向发展，“私人定制”“个人专属”“独家享有”等标签更受消费者喜爱。新时代消费者需求更加“刁钻”，企业要想继续保持市场份额，产品的创造就必须紧跟消费者步伐，打造为消费者量身定制的专属产品或服务，正可谓“独具匠心者，得市场”。

3. 企业应将产品价值责任融入企业的管理体系

企业应将对消费者的产品价值责任融入企业的管理体系。研究可见，企业履行对消费者责任与企业的价值呈显著的正相关关系。第一，企业要树立对消费者的产品价值责任意识，关注消费者的需要；第二，将生产有价值的产品作为企业长期坚持的战略目标，实现企业和消费者互利共赢。

第三节　企业经营管理诚信责任

一、企业诚信的概述

诚信，以真诚之心，行信义之事。“诚”更多地指“内诚于心”，“信”则侧重于“外信于人”。“诚”与“信”组合，就形成了一个内外兼备、具有丰富内涵的

词，其基本含义是指诚实无欺，讲求信用。千百年来，诚信被中华民族视为自身的行为规范和道德修养，在基本字义的基础上形成了独具特色且内涵丰富的诚信观。

从营商角度来看，“诚信”主要指以诚待客、货真价实、公平买卖、信守合同、偿还借贷、不做假账等。徽州商人吴南坡宣示：“人宁贸诈，吾宁贸信，终不以五尺童子而饰价为欺。”因此，他出售的“南坡布”货真价实，深受顾客信任。久而久之，四方顾客都十分相信“南坡布”。只要去买布，看见是吴南坡的铺面，推门就进，买了就走。商家只有以诚待客，方能赢得顾客盈门。

美国著名学者富兰克林从理性的角度出发，认为诚信是一种工具，而信用就是金钱。他认为：“如果一个人把他的金钱放在我这里，逾期不取回，那就将利息或者在那段时间用这笔钱可以得到的一切给了我。只要一个人信用好、信誉高，并且善于用钱，这种所得的总额就相当可观。”这就是说，信用是一种能为人们带来物质财富的精神资源。在市场经济中，必须充分发挥这种无形资产的社会功能。

二、构成企业诚信的因素

（一）企业财务信用

企业财务信用是指企业在财务方面遵守财务信用制度，在与金融机构、供应商、客户交往时按合同约定及时支付应付账款。

（二）企业产品信用

企业产品信用是指企业提供的每一单位产品的质量都必须符合其约定提供产品的质量。为此，企业应做到以下几个方面：①不生产假冒伪劣产品。这是最基本的条件，也是法治化市场经济的必然结果。②严格按照规定的生产程序生产产品，控制产品质量，保障生产的产品符合约定的质量。只有在生产时严格按照规定的程序，每一个流程都按质完成，才能保证最终产品的质量达到企业的预期。③严格按照产品装卸、运输的要求来对产品进行地点上的转移。很多产品对运输有严格的要求，如果不能保证运输的质量，可能导致产品质量的大幅下滑。④对存在缺陷的产品进行及时处理与调换，保证客户购买的产品都是符合约定质量的产品。

（三）企业促销信用

企业促销信用是指企业在产品的促销过程中，促销行为必须是与产品、所宣传的相一致，不作虚假、夸大其词的介绍。

（四）企业服务信用

企业服务信用是指企业必须提供与其所宣称的服务标准相一致的服务。为此，企业必须做到以下几点：①按约定准时提供产品；②按约定对产品进行售后服务；③按约定实现产品的换货、退货；④提供与约定相符合的服务态度；⑤提供与约定相符合的服务速度。

（五）企业内部信用

企业内部信用是指对内部顾客（企业员工）提供与其所宣称相一致的工作环境、薪资、晋升机会。为此，企业必须做到以下几点：①按约定准时支付员工的薪资；②按约定的计量方法计算员工的薪资；③为员工提供约定的工作环境；④为员工提供约定的公平的竞争或晋升机会；⑤为员工提供培训，提升个人价值。

诚信是增强企业凝聚力的源泉。一方面，诚信作为企业文化的核心价值观，有助于员工将对企业的情感变为责任心，将自发意识转化为员工的自觉行动，使每个个体的积极性汇聚为一个整体；另一方面，企业对外诚实守信，就能形成巨大的吸引力，从而不断赢得创新和发展的机遇。只有坚持“内诚外信”的企业，才能拥有更多的合作方并与其建立“共生共赢”的合作关系。

（六）企业公众信用

企业公众信用是指企业的公众行为（行为的影响）与其所应有的身份、所宣称的标准以及所应负的责任相一致。为此，企业应做到以下几个方面：①具备危机公关的意识，对突发事件有一整套的处理程序，保障企业在发生危机时，妥善地处理一切事务；②保护环境，积极控制环境污染；③企业的日常行为不能影响周边居民的正常生活；④企业积极完成其宣传的公益行为；⑤企业积极参与公益活动；⑥企业承担其应承担的社会责任。企业只有积极参与到各种公益活动中来，在社会中承担自己应承担的责任，并有效地预防和处理危机，才能使“诚信”形象树立得更加醒目。

三、企业诚信管理

（一）加强企业诚信文化建设

进行诚信理念宣传、教育、培训，树立企业上下诚信意识，是加强企业诚信文化建设的主要任务。“国家利益至上，消费者利益至上”是烟草行业的共同价值观，也是红云红河集团的价值评价标准，是全体员工崇尚的基本信念和奉行的共同准则。在践行“两个至上”过程中，红云红河集团树立了强烈的大局意识、责任意识和使命意识，为国家创造价值，为消费者提供服务，为地方经济作出贡献，为社会和谐奉献力量，为员工发展提供平台。红云红河集团内部的杂志、报纸、网站、电视台等媒体也时时处处宣传贯彻着集团的文化。集团还组织人员定期、不定期到各厂进行专题培训、文化宣贯等，以及多种形式开展诚信理念、质量意识等方面的教育、培训和竞赛，从而不断巩固和提升全体员工的诚信理念与质量意识。

（二）依法依规诚信经营

企业要遵循依法决策、依法管理、依法生产经营的原则，严格依法办事。在生产经营管理中，企业要严格遵守国家相关法律法规。制订员工道德准则，提出行为要求，反对商业贿赂、欺诈行为。严格遵守《中华人民共和国宪法》《中华人民共和国公司法》《中华人民共和国招标投标法》等国家各项法律法规；严格按照《中华人民共和国烟草专卖法》《中华人民共和国烟草专卖法实施条例》《烟草专卖品准运证管理办法》等烟草专卖法律法规及行业内部管理监督的各项要求，规范企业生产经营行为。自集团成立以来，红云红河集团无违反国家相关法律法规的生产经营行为，全体干部职工遵纪守法，无触犯国家法律法规的情况。

（三）完善诚信机制体系

企业要设立诚信管理部门，建立健全企业诚信管理制度体系，打通与消费者的沟通渠道。产品质量和服务质量是企业综合素质的外在体现，也是企业信用建设的基本着力点。企业在生产过程中应坚持严格的质量标准和管理流程，遵守对消费者的相关承诺，加强售后服务工作，确保产品和服务质量合格。红云红河集团视产品质量为生命，追求质量“零缺陷”，注重现场管理，从生产制造环节开始，每一位员工、每一道工序都做到用工作质量保证产品质量，用产品质量推动品牌成长。集团以品牌培育为核心，通过工业、商业、零售户、消费者“四位一体”的协作和努力，形成平等、互动互信、资源共享的市场网络机制，营造良好的市场环境，提升服务市场的综合能力，追求共享共赢。

（四）营造良好的诚信环境

政府应发挥宏观调控职能，完善法律法规，加大企业失信惩戒力度，加大企业失信代价。行业协会应加强监管，为企业发展营造诚信环境。新修订的《中华人民共和国广告法》规定广告代言人应当承担连带责任，督促企业和广告代言人诚信经营、诚信营销。2019 年，中国银行业协会金融租赁专业委员会发布了金融租赁行业首个自律公约——《中国金融租赁行业自律公约》（以下简称《自律公约》）。《自律公约》主要包括遵章守法行为、严守商业道德、行业自律原则、强化内控建设、建立合理定价体系以及加强对全体会员机构从业人员的自我约束管理和教育培训等内容。

四、企业诚信经营的意义

（一）企业诚信经营是维护社会主义市场经济秩序的有效做法

市场主体以买者、卖者的身份参与市场经济活动。如果不考虑政府的作用，市场经济体系中有两个主体，一个是公众（消费者），另一个是企业（厂商），两个主体相互关联、相互作用。企业诚信经营，可以更好地维护市场主体间的关系，维护稳定的市场秩序。社会主义市场经济是法治经济与信用经济的有机统一。诚实信用是法治社会的道德规范，同时也是市场经济健康发展的基石，可以有效促进市场经济健康有序地发展。

（二）企业诚信经营是建设和谐社会的必然要求

企业信用是社会信用体系的重要组成部分，社会主义和谐社会是诚信的社会，是买卖双方和谐相处的社会。营造讲诚信、守信用的良好氛围，构建和谐的社会环境，是企业义不容辞的责任。兑现企业服务承诺，履行企业社会责任，冀北电力人用实际行动告诉我们，诚信与责任并存同行。年轻的冀北电力员工凭借精湛的技艺、过硬的业务能力和执着的奉献精神，坚守在各自的岗位上，目的就是确保通信无虞、供电无忧，保证社会生活正常稳定。

（三）企业诚信经营是增强企业竞争力的强大力量

诚信经营，树立良好的信誉和形象是企业经营成功的重要因素。喜来健公司自进入中国起，就把诚信经营作为立企之本。2016 年 2 月，喜来健公司启动诚信经营调研项目。通过调研喜来健经销店，及时发现问题并规范经营，为喜来健公司的诚信经营打下坚实的基础。专家认为，作为健康医疗类产品的领军企业，质量管理、诚信经营是喜来健得以发展前进的一大推动力。

（四）企业诚信经营是企业对消费者责任的重要内容

众所周知，食品安全是企业履行社会责任不可分割的一部分，更是企业安身立命之本。雨润食品集团对社会责任的思考，伴随着企业的成长壮大而不断改变、调整和优化。自创立之日起，雨润食品集团就始终将食品安全放在经营管理的第一位，建立起覆盖全国的检验检疫和质量检测网络，并率先提出“21+1”的检验检疫程序，做到“原料进厂有保证、生产过程有控制、产品出厂有把关”，实施严格的“检测九字方针”，即“批批检、过程检、进出检”，从原料进厂到产品出厂的每一个生产环节都有品质监管，以保障产品质量，保证消费者的消费安全，承担对消费者的责任。

第四节　产品售后服务责任

一、售后服务概述

售后服务是售后的重要环节，是在商品出售以后所提供的各种服务活动。从推销工作来看，售后服务本身同时也是一种促销手段。在追踪跟进阶段，推销人员要采取各种形式的配合步骤，通过售后服务来提高企业的信誉，扩大产品的市场占有率，提高推销工作的效率和收益。

售后服务已经成为企业保持或扩大市场份额的要件（如天猫商城、京东商城等），服务的优劣会影响消费者的满意程度。在购买时，商品的保修、售后服务等有关规定可使顾客摆脱疑虑、摇摆的心理，下定决心购买商品。客观地讲，优质的售后服务是品牌经济的产物，名牌产品的售后服务往往优于杂牌产品。名牌产品的价格普遍高于杂牌，一方面是基于产品成本和质量，另一方面是因为名牌产品的销售策略中已经考虑到了售后服务成本。在竞争激烈的市场环境中，随着维权意识的提高和消费观念的变化，消费者们不再只关注产品本身，在同类产品的质量与性能都相似的情况下，他们更愿意相信这些拥有优质售后服务的公司。

二、重视售后服务责任

售后服务质量影响消费者的行为，是企业增强竞争力的关键因素。随着人口消费水平和消费质量的不断提高，消费升级的趋势势不可挡。近年来，我国已进入消费发展的新阶段，消费呈现从注重量向追求质的提升、从有形产品向更多服务消费等的升级态势。服务在社会经济中的地位和作用与日俱增，一个国家的服务水平也反映了该国的社会经济发展水平以及国际竞争力。服务质量逐渐转变为企业成功的关键因素。

凭借日趋完善的生鲜供应链管理体系和更加严格的门店食品安全管理，沃尔玛公司将“省心新鲜 100% 退款”服务推广至全国沃尔玛购物广场。顾客在沃尔玛超市购买了鲜食商品，如有任何不满意，均可于购买后 14 天内，凭小票或沃尔玛超市磅秤标签进行退款。作为一项行业创新型服务，“省心新鲜 100% 退款”服务自推出伊始便备受关注。消费者调查结果显示，83% 的受访者反馈对沃尔玛超市的鲜食品质更加放心，近 70% 的受访者比以前更喜欢沃尔玛超市，并且会增加到沃尔玛超市购物的频率。

优质的售后服务能够提升消费者的消费体验和消费质量。2017 年，质检总局在全国范围内组织开展了“汽车三包”落实情况的检查评估活动。检查评估结果显示，“汽车三包”实施五年来取得积极成效。该规定鼓励生产者作出高于“汽车三包”最高要求的质量担保承诺，很多生产者作出了 3 年 10 万公里甚至 5 年 10 万公里的超长质保承诺，让消费者有了更高的质量获得感。

售后服务责任是企业对消费者的承诺责任，重视产品售后服务品质和能力的提升，有利于增强客户满意度，进而促进企业发展。有效的售后服务可以降低营销成本。研究表明，企业争取一位新客户的成本是保留一位老客户的 7—10 倍，新客户不仅开发费用高，而且成交机会也少得可怜。因此，企业必须采取措施尽最大努力维系客户，防止客户流失。若是流失一位比较重要的企业客户，企业要多花 7—10 倍的力气去寻找一位替代客户，或找更多的普通客户来弥补业绩及利润的损失。如果一位企业客户月平均消费为 3500 元，而普通客户月平均消费为 275 元，那么该公司每次只要损失一位这样的客户，就要找到 13 位普通客户才能弥补那 3500 元的业绩。可见，有效的服务可以挽留老客户，从而降低营销成本，提升利润水平。

三、提高售后服务品质

（一）完善售后服务系统

随着互联网和信息时代的快速发展，市场信息处理的速度也相应提升，顾客问题解决的时效问题是企业当下应重视的问题。快速妥善处理顾客问题，完善服务系统，履行对顾客的售后服务责任，是企业亟须解决的问题，其中包括系统平台的搭建、在线服务的完善以及客服人员的专业咨询。例如，在 nubia 官网的售后网点模块中已标注“1 小时快修”的售后网点，对符合保修条件的机器实行“1 小时快修”，即从接待到维修在 1 小时内完成；对符合保修条件的寄修机器实行“1 天快修”，即从签收寄修机到维修后寄出在 1 天（24 小时）内完成。回收服务也是一种售后服务。戴尔官网展示提供的“免费消费者服务”就是回收使用寿命结束后的计算机相关设备，戴尔的免费回收计划就是回收旧的戴尔电子设备等。现代企业应充分利用各种现代化手段，提供各种满足消费者需要的售后服务，不断提高售后服务水平。

（二）了解顾客服务需要，做好市场调研分析

美国营销学家帕拉休拉曼（A.Parasuraman）、赞瑟姆（Valarie A.Zeithamal）和贝利（Leonard L.Berry）等人在 20 世纪 80 年代中期至 90 年代初提出的服务质量差距模型指出，造成零售商对消费者的服务期望认识出现偏差的原因在于对消费者需求缺乏深入的调查了解。所以，提供优质服务的第一步就是要了解消费者究竟需要什么。了解消费者需求不能凭主观的判断，需要实际的调查，以掌握消费者真实的期望。其主要途径有：①消费者调查。对消费者的调查可以采取三种不同的形式：全面调查、及时满意调查和消费者访谈。②重视消费者抱怨。消费者抱怨往往能提供更具体的信息，处理抱怨是提高服务水平最有效的手段之一。需要注意的是，不能被动地依赖消费者抱怨来获取信息。因为不满意的消费者通常不会抱怨，所以鼓励消费者抱怨应成为提高消费者服务的重点之一。③坦诚进行服务沟通。双向有效的沟通有利于企业更好地开展服务。

（三）管理层重视参与，制订服务规范

掌握了顾客的期望和感受后，企业要利用这些信息来制订适当的标准、建立相应的系统，为顾客提供满意的服务。服务质量标准要尽可能地体现管理层对顾

客服务期望的认识，减少标准差距。需要注意的是，只有管理层重视顾客服务并集中精力投入其中时，优质服务才有可能实现。管理层必须接受因服务质量的提高而暂时出现的困难和成本。同时，管理层的决心要为一线的服务人员所感知，真正促使一线服务人员为提高顾客服务而努力。服务标准除了要遵循顾客需要这一基本原则外，还应清晰、具体和量化，否则就不能指导员工。另外，让员工参与服务标准的制订，能让他们更好地理解和接受该标准。如果由管理层强行武断地下发标准，那么就会受到员工的抵制。

（四）搞好内部营销，提高员工售后服务能力

企业服务质量与员工密切相关。国内外不同学者的理论和实证研究表明，服务质量除了与顾客、组织有关外，还和员工有着很大的关系，员工对企业服务质量有着极大的影响。外部营销针对顾客，内部营销针对员工。员工是内部营销的对象，内部营销是提升服务质量的方法与途径。这种观念始于西方国家，主要是为了满足员工的需求，给员工提供较高质量的服务。国内学者也在进行相关研究，汪纯孝、岑成德、刘倩指出，内部营销和内部服务质量对外部服务质量有着重要影响。阎俊指出，内部营销是提高企业服务质量的新途径。赵东丽得出这样的结论：服务质量的提升与员工满意之间有着一定的正相关关系，或者说满意的员工比不满意的员工所提供的服务的质量要高，而内部营销作为一种针对内部员工的营销，其目的就是让员工满意，因而企业内部营销被用于提升和改善服务质量。

（五）建立健全售后评价体系

将顾客售后评价纳入员工绩效评价，督促员工更好地和顾客沟通，激励员工向顾客提供积极、热情、耐心的服务，从而树立企业优良的服务形象。专家认为，优秀的员工，不仅要明白售后服务的重要性，而且要知道售后服务的基本内容。售后服务主要有两个方面的内容：一是售后使用指导和回访；二是问题处理和疑惑解答。此外，员工在进行售后服务时，“要热情、要快捷、要专业”“不要推诿，不要和客户正面冲突，不要忽视客户的抱怨”。总之，售后服务应多从客户角度考虑问题，多从企业长久发展的角度看问题，投入更大力量，真正使客户在使用产品的同时获得更多的享受和满足。

第八章　企业对环境的社会责任

第一节　企业对环境的责任概念

一、企业环境责任的定义

企业环境责任是企业社会责任的关键组成部分。德萨尔丹（Desjardins）认为，企业环境责任是企业为减少对环境的影响、消除环境负担而做出的责任行为，如回收资源、利用废物、减少污染、节能减排等行为。Steg 和 Vleck 将企业环境责任定义为减轻环境危害、有利于环境的亲环境行为。我国学者贺立龙等界定企业环境责任为通过一定经济机制的规范和引导，企业主动或被动地按社会福利最大化标准配置和使用环境资源。

世界各国环保局和环保组织也对企业环境责任的定义给出了不同的阐释。美国国家环境保护局将企业环境责任定义为规制机构或非规制机构采取的用来提高环境绩效或遵守环境法规的行为。世界可持续发展工商理事会认为，企业环境责任是有利于环境的做法（或减轻企业对环境的不利影响），这些做法超出了法律上有义务执行的做法。

二、企业环境责任的具体内容

企业履行环境责任要在社会福利最大化的基础上，配置与使用环境资源，力争达到“将环境外部成本内部化”“将环境资源利用最优化”的目标。

识别企业是否履行环境责任主要有三大标准：①避免发生环境违法违规行为；②接受政府环境规制，为环境损害缴税或付费，维护环境权利交易秩序；③生产中节能环保，降低单位产出的环境成本。

基于环境配置的社会福利效应，企业环境责任主要包括以下五大内容：①环境守法守规责任；②环境事故防治责任；③环境成本内部化责任；④环境资源有效利用责任；⑤公益、内控、声誉等方面的责任。

三、企业环境责任的发展

从现代企业出现至今，企业的环境观发生了巨大的转变。20 世纪后半叶，全球开始盛行环保主义，企业环境责任概念随之诞生。总的来说，企业环境责任分为三个时期，即非绿时期、漂绿时期、超绿时期。

（一）非绿时期（20 世纪 70 年代以前）

20 世纪 70 年代以前，环境监管还处于真空状态，企业盲目地以利润最大化、成本最小化为目标，作出了一系列外部不经济行为，对生态环境造成了严重破坏。20 世纪 70 年代，人类工业化的漫长过程引发了一系列环境保护科学研究，导致公众意识发生变化，为环境保护立法奠定了基础。随着环境保护相关法律的出台，企业逐渐意识到环境保护问题，企业绿色行为进入下一个阶段。

（二）漂绿时期（20 世纪八九十年代）

“漂绿”（Green Washing）来自“绿色”（Green）和“漂白”（Whitewash）两个词的结合，是指企业徒有其表的环境行为，代表企业进行虚假环保宣传，实际上没有履行环境责任的行为。20 世纪 80 年代开始，世界各地的环保机构如雨后春笋般成立，各国也随之建立并完善相关法律法规。1987 年，世界环境与发展委员会发表了《我们共同的未来》报告，系统分析、研究了可持续发展问题的各个方面。该报告第一次明确地给出了可持续发展的定义，对生态环境的讨论拓展到对环境、社会、经济可持续发展的探讨。对企业而言，一方面，环境友好行为通常会在短期之内给企业造成高昂成本；另一方面，企业若不履行环境责任，又将面临巨大的违法风险。企业的环保意识逐渐步入漂绿阶段。漂绿阶段的环境责任被企业视为风险控制手段。很多企业实际上并没有把环境可持续发展作为提升企业竞争力的方式，它们只是通过在报告中披露企业的环境友好行为、宣传优良的环境形象等方式，来掩盖企业的环境污染行为。

（三）超绿时期（21 世纪初至今）

对于大部分国家而言，企业环境责任依旧处于漂绿阶段。但是，美国等发达国家已经进入了超绿时期。企业通过环境创新、减少污染排放等方式履行环境责任，从源头上提升竞争优势，保持行业地位。2001 年 6 月 5 日，联合国正式启动千年生态评估系统（Millennium Ecosystem Assessment），首次对全球生态系统进行多层级综合评估。作为世界上第一个针对全球陆地和水生生态系统开展的多尺度、综合性评估项目，其宗旨是针对生态系统变化与人类福祉间的关系，通过整合现有的生态学与其他学科的数据、资料和知识，为决策者、学者和广大公众提供有关信息，实现改进生态系统管理水平，保证社会经济可持续发展的目标。随后，联合国颁布了《千年生态系统评估综合报告》。评估涉及的生态系统服务中，有 2/3 的服务功能正在退化或被人们以非持续的方式利用。同时，报告针对企业的环境行为，进行了以下两方面的阐释：①企业经营会受到生态原料功能降低、短缺、昂贵成本的影响。②消费者已成为理性消费者，他们不再仅以价格导向选择商品，商品的环保性、企业履行的环境责任已成为新时代消费者购买商品时的重要条件。因此，企业应当以可持续发展为目标，自觉履行企业环境责任，将环境压力转变为提升竞争力的机遇。

四、企业环境责任的划分

（一）服从型和自愿型

按企业对环境规则的遵守程度，可以将企业环境责任划分为以下两类：服从型环境责任和自愿型环境责任。服从型环境责任是指企业迫于外在的规制、利益相关者压力而承担的环境责任；自愿型环境责任是指企业基于内生的经济动机、伦理动机而主动承担的环境责任。前者是指遵守环境管制规范并实施标准化的环境行为；后者主要包括对环境问题的创造性解决方法以及与利益相关者的合作，参与政府发起的自愿环境保护项目，或直接与客户合作提高环境绩效等行为。

（二）末端治理、污染预防、产品监控和可持续发展

企业战略只有在得到特定能力支持时才能产生竞争优势，Hart 由此构建了基于企业与生态环境关系的自然资源基础观（Natural Resource Based View），区分了四种绿色管理战略，即末端治理、污染预防、产品监控和可持续发展。他指出，由于路径依赖和嵌入性，不同战略阶段是相互联系的。环境战略各阶段之间的转换需要企业特定资源的支持，只有经过资源的积累和演化才能使绿色管理战略从较低层次发展到更高阶段。

具体而言，末端治理实质是一种污染控制措施，即在废弃物产生之后再予以

清除。该战略需要耗费成本，购入非生产性的污染控制设备，将废弃物掩埋或储存。污染预防指使用持续改进的方法实现明确界定的环境目标，而不是依靠高成本的“末端治理”，通过生产经营过程中对原材料的替代、循环利用或流程创新，在废弃物产生之前彻底清除或使之最小化。产品监控不仅使生产过程中的污染最小，而且要求所有与产品生命周期相关的环境影响也降至最低，这就需要供应商、营销部门和客户之间的紧密合作。可持续发展指采用环境友好的技术，减少企业发展对环境的影响。为此，需要在组织中形成有关环境保护的共同愿景。

（三）过程型和结果型

根据企业环境责任履行的过程，可以将企业环境责任区分为过程型环境责任和结果型环境责任。过程型环境责任是企业将环境管理组织体系以及企业与利益相关者的关系，当作企业对环境问题管理解释的组织情境，从而影响环境管理的形成。结果型环境责任是企业服从管制的程度以及对生态环境的影响，主要指企业取得的可观察和量化的结果，包括企业有毒气体排放、水源污染和危险物质泄漏情况，违法违规以及支付罚款的情况。

第二节　企业环境责任的动机与影响因素

一、企业环境责任的动机

企业履行环境责任的动机主要有以下三类：竞争力动机、合法性动机、生态责任动机。

环境竞争力是一种能够提升企业利润的生态责任潜力。以往企业仅在价格和质量上进行竞争，而现代企业在环境问题上面临更大的竞争，履行环境责任是企业提升竞争优势、提高市场占有率的重要途径之一。例如，第一家采用环保技术的纸浆公司获得了更高的利润；日本的一家公司降低了石油产品中苯的含量，进而发现了苯的新用途，为其带来了新的竞争优势。

企业也会基于合法性动机而履行环境责任。合法性指企业在一套既定的规则、规范、价值观或信念的范围内提高其行为的适当性，是影响企业经营许可、长期生存的关键因素。为应对来自政府、市场、当地社区的环境合法性压力，企业不得不采取相应的环境友好行为，如遵守环保法律、实施环保审计、建立应急系统、设立环境委员会以监督公司的生态运营等。

生态责任动机源于企业对其社会义务和价值观念的关注。生态责任动机强调伦理责任而非实用主义，其显著特征是为社会谋取福利。企业绿色行为是出于责任感、义务感或慈善意识，而不是源自对自身利益的追求。以生态责任为动机的企业往往有着较高道德责任感的高层管理者，企业高管团队的道德标准对企业环境责任的履行有着重大影响。

二、企业环境责任的影响因素

西方学者于20世纪70年代开始对企业环境责任的影响因素进行研究。学者主要基于利益相关者理论、合法性理论、资源依赖理论、资源基础理论、议程设定理论等对企业环境责任的前因变量进行剖析。在本节，我们分别从企业所处的外部环境和内部环境、行业、企业自身特征等三个角度出发，从宏观、中观、微观视角来探究企业环境责任的具体影响因素。通过对文献的梳理，我们可以将企业环境责任的具体影响因素归纳为以下三类，即组织环境因素、行业因素、企业自身因素。

（一）组织环境因素

环境问题的外部性决定了企业必然受到组织外部环境压力的制约，学者主要基于合法性理论来解释组织环境对企业环境责任的影响。合法性理论认为环境信息披露行为是为了应对社会公众的合法性压力，主动进行合法性管理的工具。组织环境主要由政府管制、媒体关注、环保运动等关键因素组成。

政府是企业环保压力的最大来源。政府部门主要通过实施法律法规、传递期望信号等方式对企业环境行为进行监管和约束。政府管制是政府行政部门主导的直接性规制工具，主要指行政部门通过制订法律、法规、政策等正式制度，以引导企业遵守环保标准和技术规范等，严格规范企业的环保生产行为。政府部门采取以环境保护相关法律法规为主、环境标准及环境信息公开为辅的环境监管措施，对企业行为形成了硬性约束。作为合法性和资源的提供者，政府监管无疑为企业履行环境责任带来巨大压力。为维持企业合法性、获得政府资源和支持，企业会响应政府号召，采取安装减排设备、净化污水、低碳生产、美化环境等措施履行环境责任。我国于2014年下半年推出环保约谈举措，为环境执法监督研究提供了难得的准自然实验场景，环保约谈显著改善了被约谈地区企业的环境责任履行情况。

媒体关注通过以下两种渠道影响企业的环境保护行为：一方面，新闻媒体是把企业信息传播给大众的中间人，目的是减少企业和利益相关者的信息不对称；另一方面，媒体又充当了社会构建的角色，对公众如何评价被关注企业、企业行为如何满足大众预期产生影响。因此，媒体有关企业环境表现的报道能促进企业履行环境责任。

环保运动主要包括公民投诉与公民抗议。环保运动可以直接影响政府对环保问题的关注和舆论导向。环保运动压力越大，企业面临的合法性压力也越大，为获得政府支持、维持积极的企业形象，企业会选择履行更多的环境责任。

（二）行业因素

作为企业和组织环境的中间层次，行业因素是影响企业环境责任的重要因子。学者主要基于资源基础理论、合法性理论，探究行业情境因素和消费者对企业环境责任的影响。

基于环境责任能够为企业提供新的竞争优势和资源的观点，企业资源异质性是产生行业竞争力优势的重要因素，而环境责任是企业获得竞争力优势的重要途径之一。三大行业情境因素，即行业包容性、不稳定性、复杂性是影响企业履行环境的关键因素。包容性指能够帮助组织成长的外部资源的丰富性和可得性。包容性的环境赋予企业自信和精力来发展长期策略，进行环保投资，如安装新的、高效的环保设备，开发有效的环境管理系统等。因此，在包容性高的行业中，企业往往会参与更多的环境责任活动来提升企业可持续发展的竞争优势。相反，在包容性低的行业中，边际利润低、可成长机会少，企业往往会参与非法的、不负责任的活动，以掠取外部资源，维持企业的生存发展。

不稳定性反映了行业变化的不可预见性和波动性，增加了企业未来的不确定性。在不稳定的行业中，企业很难应对必要变革，企业业绩波动也较大。应对不确定性的有效方式之一是提升企业的合法性，而环境责任是帮助企业获得外部合法性的重要途径。因此，不稳定的行业环境往往会激励企业履行更多的环境责任。

行业复杂性指行业的集中度和异质性。一方面，行业复杂性增加了企业与利益相关者的协调难度，让企业难以获得准确信息去履行环境责任；另一方面，复杂度高的行业竞争更加激烈，企业在竞争性高的环境中为维持其行业地位和竞争优势，往往不愿意投入资金履行环境责任。因此，行业复杂性与企业环境责任呈负相关关系。

由于认知能力有限，消费者通常通过对特定企业的行为分析而推断整个行业的行为。在很多行业中，行业的声誉会受到其中某个具体企业行为的影响。例如，1989 年 3 月，在“埃克森·瓦尔迪兹”号油轮石油泄漏事件发生之后，美国整个石油业遭受了巨大损失。造成这种影响的一个重要原因是，消费者和广大公众没有足够的信息来区分单个公司和整个行业的差别，产生了严重的“声誉共享问题”。此外，环境友好行为具有广告效应。在与消费者有更多接触的行业中，企业更有可能履行环境责任，由此向公众传递环境友好的信号。

（三）企业自身因素

在相同或相似的制度环境压力下，企业应表现出相似的环境行为。然而，组织与管理学者却对此提出了疑问：在同一个行业内，有些企业会因积极的环境管理行为而受到政府褒奖，另一些企业则因为没有遵守环境法规而被罚款；即使在同一企业集团内，不同的子公司或者工厂之间也会存在不同的环境行为；甚至在同一企业内，某些环境问题被处理得很好，但在另一些环境问题上却表现得很糟糕。为了解释这些现象，学者们开始将研究视角转向企业内部。

研究者通过大量的研究，努力探究企业层面因素对环境绩效的影响，归纳起来主要有以下六类：员工认知、组织信息流、企业声誉、董事会、CEO、政商关系等。

组织成员对环境问题的态度非常重要，是影响管理者制订环境决策的关键因素。当员工意识到环境保护是企业发展的机会，而不是消极的威胁时，企业往往会制订更多的环境战略。

及时的信息流对企业来说，也是至关重要的。环境专家是企业获得有效环保信息的途径。设有可持续发展官、环保职能部门员工越多的企业，往往会承担越多的环境责任。

声誉是企业重要的无形资产，它建立在企业日常行为的基础上，能在公众和企业之间建立起相互信任的关系。企业的外在声誉体现为品牌、获得 ISO9000 认证、与著名会计师事务所长期合作等。企业的外在声誉对市场释放积极信号，表明企业存在高质量的管理体系，可以赢得投资者、债权人、客户和其他利益相关者的信赖与尊重。在信息不对称的情况下，企业出于维护或提升其社会声誉的目的，会选择履行环境责任，向市场传递企业具有良好环境管理的信号，使企业获得市场占有率或竞争优势。

董事会的基本职责之一是监督管理层的活动，基于董事会成员可能拥有更多丰富经验、环境知识和财务资源的观点，研究者发现董事会规模、独立董事比例等与企业环境责任呈正相关关系。此外，女性董事比例高的企业往往会承担更多的环境责任。

基于高阶理论，学者指出 CEO 的人口地理学特征、心理特征对企业环境责任履行有着至关重要的作用。例如，Lewis 等发现，新上任的 CEO 对企业的运营发展持有更加开放的态度，因此会履行更多的企业环境责任。相反，任期长的 CEO 更多地致力于既定的企业运营模式，他们往往认为履行企业环境责任是不必要的行为。Ortiz-de-Mandojana 等发现，职业视野更开阔的 CEO（更年长的 CEO）更加关注企业的未来发展而非当下盈利，更加关注社会需求而非个人利益，他们会更多地实行对社会有利的行为，如履行企业环境责任。Lewis 等认为，企业自愿承担环境责任是对制度压力的应对，履行企业环境责任是机遇与风险并存的行为。而教育背景不同的 CEO 感知到的制度压力存在差异。Lewis 等学者主要从 MBA 教育背景和法律教育背景入手，发现有 MBA 教育背景的 CEO 更会把环境责任当作提升企业名誉、环境合法性的战略机会，因此会实施更多的企业环境责任行为。拥有法律学位的 CEO 往往更加谨慎，厌恶风险，他们会更多关注核证减排量（Certification Emission Reduction，简称 CER）带来的风险而非机遇。由拥有法律教育背景的 CEO 领导的企业，往往不太容易接受这种制度压力，从而履行更少的企业环境责任。Ortiz-de-Mandojana 等认为，履行环保责任是有利于企业长期发展的行为，有助于提高 CEO 对企业的认同感，让他们作出对企业未来发展前景有利的决策。通过对美国电力行业的环境责任行为的实证研究，学者发现股权更高的 CEO 会履行更多的环境责任。国内学者贾明等也发现，给予高管高额的固定报酬可以削弱高历史相对绩效情况下高管采取企业环境污染行为的倾向。此外，部分学者也关注 CEO 的心理特征对企业环境责任的影响。例如，Arena 等基于对英国污染行业企业的分析，发现自大的 CEO 与企业环境责任存在正相关关系。环境创新是一项具有挑战的、复杂的、高风险的、失败率极高的行为，自大的 CEO

具有偏好风险、喜欢挑战的特点，因此他们会更加积极地参与企业环境责任活动。而 Zhang 等通过对我国上市公司的实证研究发现，自大的 CEO 更会做出环境污染行为。

近年来，越来越多的国内学者开始关注政企关系与企业环境责任的关系。目前，学者并未就该问题得出一致结论。一部分学者认为具有政治关联的企业往往会履行更多的环境责任。我国中央政府和地方政府都在反复强调环境治理问题，官员的政治生涯也与企业的环境绩效息息相关。有政治关联的企业会以身作则，更会积极履行环境责任。然而，另一部分学者认为政企关系是企业环境污染行为的保护伞。企业具有向地方政府行贿以寻求环境规制的放松，从而扩大生产的动机；而地方政府出于政治和经济两种利益的考虑，均有放松环境规制以帮助企业扩大生产的动机。由此形成企业和地方政府的政企合谋，放纵企业参与环境污染活动。

第三节　企业环境责任的影响效应

企业履行环境责任会带来哪些影响？综观现有研究，企业环境责任的影响效应体现在对组织间的影响、对组织层面的影响以及对组织绩效的影响等三个层面。

一、企业环境责任对组织间的影响效应

企业环境责任对组织间的影响效应主要体现在企业环境责任对金融市场的影响上。Flammer 运用事件研究法，在对 1980—2009 年美国企业环境事件的新闻报道进行分析后发现，环境责任是企业的重要资源，股票市场会对企业的环境行为作出激烈反应。当企业污染行为被曝光时，企业股价会显著下降；相反，若企业良好地履行环境责任，企业股价会显著提升。

二、企业环境责任对组织层面的影响效应

（一）提升竞争优势

环境友好行为能够帮助企业构建竞争优势、培育品牌资产。从动态的观点看，经济动机是影响企业绿色行为的关键要素之一，企业履行环境责任能够提升生态

效率，降低改善绿色管理带来的成本。相似地，基于资源基础观，企业获得可持续竞争优势的三种战略为污染防治、产品管理和可持续发展。企业可以通过预防污染来降低成本，或是通过加强产品研发与生产中的环境管理来取得行业领先地位，从而在未来环保趋势中占得先机。

（二）降低贷款成本

良好的企业环境责任能够向外部利益相关者传递出合法性、高威望的信号，环境责任高的企业往往能够获得较低的贷款成本。为了增强借款人的环保意识，国家金融监督管理总局要求国有银行严格执行绿色信贷政策。在对企业进行贷款审查时，银行和其他债务提供者不仅要对企业年度报告中的硬指标（如净资产收益率、资产负债率、权益乘数）进行评估，而且还要对软信息（如企业环境责任）进行分析，从而作出贷款决策。

（三）减小非系统风险

环境责任是减小企业非系统风险的有效方式之一。基于制度理论，环境责任是企业获得环境合法性的重要来源，环境合法性减小非系统风险的原因有以下三点：①企业通过顺应制度期待获得了合法性，企业良好的环境行为降低了环境事故发生的概率。②合法性为企业带来了更多资源。一方面，这些资源能够帮助企业履行更多的环境责任；另一方面，在企业爆发环境污染事件时，这些资源能够很快帮助企业走出困境。③合法性让企业受到的监督更少。在环境危机事件爆发时，合法性能够让企业与违法活动脱钩，并向外部利益相关者发出危机事件是偶然发生的信号，从而维护利益相关者对企业的信赖度。因此，对于环境责任高的企业而言，在危机事件爆发时，企业面临的非系统风险更小。

（四）加强利益相关者管理

利益相关者为企业提供了大量资本（如人力资本、财务资源等），他们与企业的生存、盈利、成长息息相关。环境友好策略能够让企业与对绿色产品感兴趣的消费者维持良好关系，让员工主动参与环保活动中。相反，如果企业树立了环境不友好的形象，利益相关者对企业的信任度降低，严重威胁企业的生存，导致企业不得不投入大量时间、资源来修复与利益相关者的关系。

（五）更好融入供应链

积极履行环境责任的企业也更易得到供应链上下游合作者的支持。研究表明，越来越多的零售商、分销商只向履行环境责任的供应商或厂商购货。近年来，沃尔玛、家乐福、雅芳、通用电气等超过 50 家跨国公司开始在订单中加上社会责任的条款，其中很重要的部分就是环境责任的自愿履行情况，企业必须通过相应的审核才能进入其电子订单系统。可以预见，未来随着公众资源环境意识的日益高涨、绿色消费的日益流行，这种由市场力量推动的节约资源、保护环境的压力肯定会进一步增大。因此，企业只有很好地实施资源环境管理，才能成为产业链核心企业的供应商或分销商，否则大额订单将会流失。

（六）企业环境责任对组织内的影响效应

环境责任对组织内部层面的影响效应主要体现在对员工的价值理念、态度行为上。基于社会交换理论、社会学习理论、自我决定理论等视角，学者发现企业如果投入大量时间且良好地履行环境责任，员工也会耳濡目染地上行下效，在日常工作场所采取环境友好行为；相反，如果企业不重视环境责任，员工也不会主动采取环境友好行为。此外，企业环境责任还能够增强组织学习能力，加强企业人力资源管理，提升员工技能。

三、企业环境责任对组织绩效的影响效应

企业环境责任对企业绩效影响的作用机制比较复杂。目前，学者并未就企业环境责任与企业绩效的关系得出一致的结论。传统经济学的理论认为，环境责任和企业财务绩效呈负相关。根据交易理论，企业的环境保护活动会消耗大量的财务资源，而环境友好行为带来的短期收益却小于成本，因此履行环境责任会减小企业的财务绩效。此外，自愿履行环境责任被认为是一项慈善活动，违背了利益最大化的原则，这与以最大化短期收益为目标的股东的利益相悖。

自然基础观认为，企业应积极应对日益严重的自然环境挑战。污染是经济上的浪费，意味着资源没有得到有效利用。参与环境友好活动能够帮助企业增强控制资源的能力，获得持续的竞争优势，实现卓越的财务业绩。环境管理活动可能对决策过程与组织文化产生根本性和有益的变化，进而为企业带来竞争优势，实现更好的财务绩效。利益相关者理论同样为企业环境责任和环境绩效呈正相关关

系提供了理论支撑。利益相关者期望公司对自然环境承担责任，而环境责任被看作真正实现这一期望的方式之一。通过满足利益相关者的需求，企业能够获得良好的信誉，能够与供应商、消费者、投资者维持长期良好、稳定的关系，从而提升企业财务绩效。

但是，也有学者得出其他结论。Callan 和 Thomas 对俄罗斯与加拿大报业进行比较研究后发现，企业环境行为与企业绩效之间并不是一种线性关系。他们指出，以往研究结论不一可能是由于企业环境责任、企业绩效的衡量方式选择不够准确。

第九章　企业对政府的社会责任

第一节　企业对政府的社会责任概述

一、企业对政府的法定责任

在现代社会，政府演变为社会的服务机构，扮演着为公民和各类社会组织服务与实施社会公正的角色。在这种制度框架下，企业应当扮演好社会公民的角色，自觉按照政府有关法律、法规的规定，合法经营、照章纳税，承担政府规定的其他责任和义务，并接受政府的监督和依法干预。企业责任问题的探讨具有重要的现实意义。企业责任分为法定社会责任和道义责任两大类，这两者绝对不能混同。企业的法定社会责任是法定的必须承担的责任，其特点是具有法定性和强制性。因此，企业是否真正履行这种责任，直接涉及法律问题。一般来说，企业的法定社会责任包括以下三大内容。

第一，为政府提供税收。这是企业的重要社会责任，企业应勇于承担这个社会责任，坚决按照法律规定为政府缴税。企业可以合理合法地避税，但绝不能偷逃税收，因为前者是企业的合法权益，而后者则是企业不承担社会责任的不法行为。所有企业都应充分认识到纳税是自己应当履行的法定社会责任。

第二，为社会提供就业机会。这也是企业极为重要的社会责任。不过，这种就业机会是指合乎法规的就业机会。例如，在生产条件和劳动条件等方面合乎法律规定，不能有害于就业者健康甚至摧残就业者生命的就业机会；又如就业机会必须体现责权利对称的原则，就业者应在就业机会中获得自己应有的劳动收入和社会保障。

第三，为市场提供合格产品或服务。企业的这个社会责任关乎人们的生命安全和身体健康，关乎整个社会的生活质量和经济生活的正常运转。因此，企业的这个社会责任要求其必须保质保量地为市场提供优良产品和优质服务，绝对不能提供伪劣产品和虚假服务。否则，就是根本没有履行自己的社会责任，甚至是在践踏自己应有的法定社会责任。

总之，企业必须认真履行上述社会责任，因为它们是具有法定性和强制性的企业社会责任。那些偷逃税收、以不惜危害就业者身心健康的生产方式从事生产经营活动、生产和销售伪劣产品等行为，是绝不允许的。相应地，评价企业的社会责任，主要指标应是为政府缴税的状况、为社会提供就业机会的状况、为市场提供产品或服务的状况。

企业的道义责任是指属于道德性质的企业责任，它不像法定社会责任那样具有法定性和强制性，而是企业所做出的自愿行为，是意愿性责任。企业道义责任的最主要表现形式就是社会捐赠，也就是人们所讲的慈善事业。我们虽然希望企业更多地将自己的财富贡献于慈善事业，但不能像要求企业完成自己应有的法定社会责任那样去强制履行，而是要立足于企业的意愿。

因为企业的社会责任具有法定性和强制性，而道义责任具有自愿性，所以企业首先应当完成法定社会责任，在此基础上再考虑道义责任的问题，然后从事慈善事业，多多为社会捐赠。现在有些企业不认真履行自己应有的法定社会责任，而通过慈善事业沽名钓誉，这也是不对的。就企业责任来说，法定社会责任第一，道义责任第二。西方国家对于那些从事慈善事业的企业，经常会给予减免税收等政策，但这是建立在企业履行自己的法定社会责任的基础上的，并不是无视企业的法定社会责任而只注重企业所从事的慈善事业。因此，企业社会责任的履行不能将慈善事业作为唯一的标准。

企业必须履行法定社会责任，这是没有讨价还价余地的。但对于道义责任，也就是慈善事业，企业要量力而行，不能为了慈善事业而危及自己的正常经营。如果只注重慈善事业，那就必然影响企业社会责任的履行，这对社会发展是不利的。企业为政府提供税收、为社会提供就业机会、为市场提供产品和服务的行为，比慈善事业更能推动社会的发展。因此，企业应在确保社会责任有效完成的基础上，根据自己的具体情况，量力而行地从事于慈善事业。也就是说，企业千万不要为了慈善事业而影响自己履行法定社会责任。当然，社会也不要强迫企业从事那些超越自身能力的慈善事业。

在新时代背景下，我国企业被赋予了新的历史使命，强化企业社会责任是构建和谐社会的重要内容。改革开放以来，我国企业得到了很大的发展，为社会与人民群众提供了丰富的产品和服务，为城乡人员就业、市场繁荣、经济增长和人民生活显著改善作出了巨大贡献，并通过税收等形式履行着社会责任。同时，我们也看到了一些企业不履行社会责任——急功近利、过度开发、污染环境、逃避税收、财务欺诈、拖欠工资、忽视安全、坑害顾客等。经济学家陈佳贵指出，这些行为造成了企业与员工之间、企业与消费者之间、企业与投资者之间、企业与自然环境之间的不和谐，为我们构建和谐社会设置了障碍。因此，有必要采取政府引导、法律保障、社会监督、企业自身规范相结合的办法，通过建立企业履行社会责任激励约束机制，来实现构建和谐社会这一重要目标。还需要特别指出的是，强化企业履行社会责任不是新的“企业办社会”，也不能等同于公益事业和社会捐赠，同时也是不可能“一蹴而就”的。

陈佳贵还强调，强化企业社会责任是中国企业走向世界的必要环节，是实现自身可持续发展的有效途径。面对全球化的浪潮，中国企业在积极融入全球生产体系的同时，必须遵守国际准则和全球协定，这是我们在进入国际市场时无法回避的。可以说，企业社会责任问题已经同国际贸易问题紧密地交织在一起，成为中国企业进入世界市场的必要环节。同时，追求“基业常青”“永续经营”“可持续发展”是所有企业的愿望。而这个愿望背后的含义，就是企业自身同外部社会相适应和匹配的过程，企业不断得到外部社会认同的过程。

具体而言，企业在不同阶段所拥有的资源和能力条件不同，履行企业社会责任的方式和内容也不同。在孕育期和求生存期，由于所掌握的资源较少，能力较弱，社会压力较大，企业应从树立社会责任观念做起，履行法律框架下的社会责任。在高速成长期，随着自身实力的增强，企业在履行法律框架下的社会责任的同时，更应从企业战略发展的角度，思考更广泛利益层面的社会责任。进入成熟期，企业已经积累了相当多的资源，并拥有了一定的能力，更应承担起资源节约、社区责任、慈善和公益事业等道义层面的社会责任，塑造良好的社会形象。进入衰退期，企业必须思考如何真正有效地履行社会责任。进入蜕变期，如何进行社会责任观念的升华成为企业必须思考的问题。

二、企业对资源环境和可持续发展的责任

（一）工业文明对人类社会带来的影响

实践证明，工业文明在给人类社会带来前所未有的繁荣的同时，也给我们赖

以生存的自然环境造成了灾害性的影响。企业对自然环境的污染和消耗尤为严重。近半个世纪以来的环境革命改变了企业对待环境的态度——从矢口否认对环境的破坏转为承担起不再危害环境的责任，进而希望对环境施加积极的影响。然而，环境日渐好转的情况仅发生在发达国家，整个人类社会并未走上可持续发展的道路。造成这种局面的根源，在于新兴国家人口和经济的飞速增长。虽然这些政治与社会问题超出了任何一个企业的管辖和能力范围，但是集资源、技术、全球影响以及可持续发展动机于一身的组织又只有企业。因此，企业应当承担起建立可持续发展的全球经济这个重任，进而利用这个历史性转型实现自身的发展。

（二）企业可持续发展——企业和社会的共赢发展

经济全球化带来了社会和环境问题的全球化，与之相伴而生的是经济、社会和环境问题的全球治理，以及国际社会对迈向可持续发展的期望。同时，企业在全球配置资源、开展国际化经营是上述全球化问题产生的重要来源，也是问题解决的重要力量。也正因为如此，国际社会对企业承担社会责任、促进可持续发展的呼声越来越高，其中，企业社会责任、可持续发展和企业可持续发展是经常被交替使用的概念。虽然三者之间确实关系密切，但分别有不同的内涵和侧重点，本节试图厘清三者之间的关系，并从实现企业和社会共赢的角度提出企业可持续发展的路径选择建议。

1. 企业社会责任、可持续发展和企业可持续发展的概念

对于社会责任和可持续发展，国际上有相对一致的理解。社会责任可定义为，组织通过透明和道德的行为，为其决策和活动对社会与环境的影响而承担的责任。这些行为致力于可持续发展，包括：健康和社会福祉；考虑利益相关方的期望；遵守适用法律，并符合国际行为规范；融入整个组织并在其关系中得到践行。其聚焦的对象是组织个体，关注点在于组织对社会和环境的责任。当这种组织是企业时，就是企业社会责任。

对可持续发展的定义是，既满足当代人需要又不危及后代人满足其需要的能力的发展。其聚焦的对象是整个社会，关注点在于全社会和地球的可持续性，而不是任何特定组织的可持续性或持续生存。可持续发展包括经济、社会和环境等三个维度。

对企业可持续发展，国内外有不同的理解。一种理解是指企业的永续经营和

持续发展；另一种理解是与整个社会可持续发展相关的发展，即企业在生产运营过程中考虑对经济、社会和环境的影响，最终实现企业自身的发展和社会整体的发展的有机结合。这也是企业可持续发展、企业社会责任和可持续发展可以交替使用的原因所在。本节所指的企业可持续发展是后者。

2. 企业社会责任、可持续发展和企业可持续发展之间的关系

企业社会责任与可持续发展密切相关。可持续发展是人类共同的经济、社会和环境目标，反映了更广泛的社会期望，是组织在负责任行为中应关注和考虑的内容。企业社会责任的目标是致力于可持续发展。负责任的组织应将全社会的可持续发展融入其社会责任的相关决策和活动中，为可持续发展作出贡献。但同时也应认识到，单个组织的社会责任并不必然与全社会的可持续发展保持一致。比如，一家烟草企业可以为其经营活动对社区和环境产生的影响承担相应的责任，遵照相应的社会责任标准开展实践，但是烟草企业本身的存在就是不利于整个社会可持续发展的。

在谈到单个组织的可持续发展时，也需要注意区分组织自身的可持续发展和整个社会的可持续发展。单个组织的可持续发展与整个社会的可持续发展可能一致，也可能不一致，甚至在一些情况下，两者是矛盾的。仍以烟草企业为例，单个企业的可持续发展是对整个社会可持续发展的损害，还有一些企业利用社会不可持续的发展模式而赚取高额利润，实现自身的盈利和发展。但是从总体来说，单个组织作为整个社会的组成部分，不可避免地受到社会环境的影响，其能否实现自身的可持续发展也高度依赖整个社会的可持续发展，如经济萧条、环境恶化等问题对企业的运营带来很大的不确定性。同时，组织的可持续发展模式能有效促进整个社会的可持续发展，促进经济、社会和环境问题的解决，实现组织自身和整个社会的共赢发展。

对企业而言，企业社会责任是实现企业的可持续发展与整个社会的可持续发展的重要方式和手段。企业通过识别自身决策和业务活动对经济、社会与环境以及不同利益相关方的影响，充分考虑不同利益相关方和整个社会对企业的期望，识别并确认自身的社会责任；通过负责任的行为来回应利益相关方和整个社会的期望，在自身的运营与社会的发展之间建立有机联系，以此来识别业务活动的风险；发现和利用自身优势有效促进社会发展的商业机会，实现自身的可持续发展，进而实现社会的可持续发展。

3. 全球治理背景下企业可持续发展的路径选择

在全球治理背景下，企业运营环境更加复杂，不仅受到来自政府部门的监管，更受到来自非政府组织、媒体、社区及其他利益相关方的影响和监督。2015 年联合国可持续发展目标（SDGs）的发布、2016 年关于气候变化的《巴黎协定》的生效等，为企业运营设立了宏观背景；同时各国出台的可持续发展的法律法规和标准，以及民间层面为应对社会和环境问题而出台的各类可持续性标准 / 私营标准，对企业运营提出了具体的要求。从供应链的角度看，这些可持续性标准 / 私营标准已经成为企业能否获取订单的关键所在。可以说，企业可持续发展不仅是社会对企业的期望，更是企业在全球治理背景下生存和发展的必然选择，只有将自身的业务发展和整个社会的可持续发展紧密结合，才能真正实现企业自身的永续发展。

在上述背景下，企业如何实现可持续发展？简而言之，就是要识别与可持续发展相关的风险和机遇，并在此基础上结合自身业务特点，合理防范风险，抓住机遇，将自身的业务发展和社会整体的可持续发展有机结合，来实现企业的可持续发展。

首先，识别企业自身决策和活动对经济、社会和环境的影响，特别是对不同利益相关方的影响。识别利益相关方和社会整体对企业的期望，从而识别企业经营面临的风险和机遇，以及可以采取的措施和商业机会。在这一过程中，要充分考虑全球治理大背景下国际社会对本行业发展的期望，考虑相关国家政府的法律法规和标准，以及行业层面各类私营可持续性标准的要求；同时也要考虑非政府组织、媒体、运营所在地社区等利益相关方的关注和要求。

其次，充分发挥利益相关方参与的作用，积极与利益相关方开展有效的双向沟通，使利益相关方不仅是问题的来源，更成为问题解决的重要参与方。以整个社会的可持续发展作为企业和利益相关方的共同目标，来调动利益相关方的积极性并获取利益相关方的理解和信任，共同面对和解决相关的可持续发展问题，以此来防范企业运营的风险，同时为可持续发展作出贡献。

最后，根据企业的特点，有选择地参与国际、国内、行业或地区等层面的可持续发展平台和活动，特别是行业性的集体行动，来共同应对可持续发展相关的挑战，降低处理相关社会和环境问题的成本。

还应特别注意的是，企业的可持续发展应成为企业的核心竞争优势之一。企业应积极与利益相关方沟通其在可持续发展方面面临的问题、付出的努力和取得的成果，以此来获得政府、客户、消费者、社区等重要利益相关方的理解和信任，并争取更好的营商环境和市场机会。

在全球治理背景下，社会责任日益成为企业生存和发展的必要选择，只有聚焦核心业务的可持续性，才能永续发展。通过设立“520社会责任日”，在全社会培育企业社会责任的普遍信念和文化规范，从而在政府和企业之外扶持与培育社会力量，有效推动企业承担社会责任；同时，为各类企业提供一个一年一度评估其在社会责任领域所取得进展的机会，以推动企业的相关信息披露，增加企业透明度，从而增进企业的公信力和合法性。

第二节　企业依法纳税责任

党和政府为企业创造了良好的经济环境，提供了优质周到的公共服务，不断完善创业条件，给企业的经营提供便利。所以，经营企业，不论规模大小，都应依法纳税和守法经营。每年按照国家相关的税务法规，自觉、及时、足额地向国家和地方缴纳税费，这是一个现代企业所应履行的最基本义务。企业依法纳税对于振兴经济、繁荣社会和提高人类生活福利，必然会产生积极的影响。

一、企业应在经营过程中始终坚持诚信，视诚信为企业之生命

企业三大生存法则就是“做人、做事、做诚信”。在企业的发展过程中，必定会经历来自内外部的危机和挑战。但是，企业可以依靠平时的商誉积累，赢得供应商和经销商的支持，赢得银行的支持，从而顺利度过危机。一个生命力强大的企业，在每一次危机来临时，都会顺利度过并总结宝贵的经验教训，从而继续理顺内外部关系，实现自我超越。

二、企业与政府的关系；企业依法纳税，守法经营

（一）企业与政府的关系

政府与企业之间的关系，应是鱼和水之间的关系，相互促进，不可或缺，唇

齿相依，共同发展。“依法纳税，守法经营”是政府对现代企业最基本的要求。不管宏观经济环境如何，企业应当不找借口、不推卸责任，主动按照法律法规的要求缴纳税款，一如既往地支持政府的各项工作，争做模范企业。

（二）企业依法纳税，守法经营

税收是国家财政收入的主要来源，是国家财力的重要支撑，“取之于民，用之于民”。在经济运行和社会发展中发挥着重要的杠杆作用。在新时代大背景下，重视和加强税收工作，依法纳税、诚信纳税，对于调控经济、维护公平、促进区域协调发展、实现社会收入再分配、增强政府对社会管理和公共服务能力，具有非常重要的现实意义和深远的历史意义。依法诚信纳税既是社会主义和谐社会建设的客观要求，也是广大纳税人共建共享和谐社会的具体体现。企业应始终坚持依法纳税、诚信纳税，认真履行纳税的责任和义务，坚持强化依法纳税管理工作，既保证税收工作的健康开展，又促进和带动自身及地方经济的发展。

诚信是企业的立身之本，是企业进入市场的通行证，更是现代企业的生命。在加快转变发展方式，实现又好又快发展的新一轮发展时期，企业应一如既往地贯彻执行国家税收政策，秉承诚信纳税宗旨，自觉履行依法纳税义务，加强与税务部门的沟通与配合，依靠国家税收政策的扶持和税务部门的支持，谋求更好更快的发展，为地方经济作出更大的贡献。

第三节　企业安排就业的责任

一、用人单位与社会就业的关系

（一）用人单位

机关、团体、企业、事业单位和民办非企业单位被统称为用人单位。

（二）用人单位扶持残疾人就业的责任和义务

用人单位应当依照有关法律、行政法规的规定，履行下列扶持残疾人就业的责任和义务：①用人单位应当按照一定比例安排残疾人就业（比例不得低于本单位在职员工总数的 1.5%，具体比例由省、自治区、直辖市人民政府规定），并为其提供适当的工种、岗位。用人单位安排残疾人就业达不到规定比例的，应当缴纳残疾人就业保障金。②政府和社会依法兴办的残疾人福利企业、盲人按摩机构和其他福利性单位应当集中安排残疾人就业。集中使用残疾人的用人单位中从事全日制工作的残疾人员工，应当占本单位在职员工总数的25%以上。③用人单位招用残疾人员工，应当依法与其签订劳动合同或者服务协议。④用人单位应当为残疾人员工提供适合其身体状况的劳动条件和劳动保护，不得在晋职、晋级、评定职称、报酬、社会保险、生活福利等方面歧视残疾人员工。⑤用人单位应当根据本单位残疾人员工的实际情况，对残疾人员工进行上岗、在岗、转岗等培训。

（三）用人单位解决社会就业，为社会和谐稳定作出应有的贡献

劳动者就业，不因民族、种族、性别、宗教信仰不同而受歧视。

妇女享有与男子平等的就业权利。在录用员工时，除国家规定的不适合妇女的工种或者岗位外，不得以性别为由拒绝录用妇女或者提高对妇女的录用标准。

残疾人、少数民族人员、退出现役的军人的就业，法律、法规有特别规定的从其规定。

禁止用人单位招用未满16周岁的未成年人。

二、就业市场群体

就业市场存在两个群体：一是体制内群体；二是体制外群体。而这两个群体的就业和失业相对于不同经济发展环境下的地区差异与心理差异，会产生经济学上的三种失业现象——隐性失业、摩擦性失业和系统性失业。

（一）隐性失业和摩擦性失业

对于隐性失业的大致理解是，个体有就业能力，但因对就业环境的不满意而逆向选择失业。摩擦性失业是不可控的经济波动导致的专业劳动力失业。

（二）系统性失业

系统性失业是在国家整个经济系统的宏观政策下的失业，比如军队裁军、政府减员。当然，如果从不同角度进行分化，失业有很多形式和种类。而万变不离其宗的是就业与失业的底线——社会的资产回报率与国家赤字的国债利息率的增长。单从体制外就业环境分析，当国家赤字超过市场投资回报时，体制外人群就很难找到理想的工作，其就业底线（包括工资和劳动环境）被拉低，市场萎缩，

出现滞胀；反之，就业环境就会变好。另外，对于社会就业采取市场化主导还是政府主导的选择，是导致就业失业现象波动的关键。如果政府严格控制市场资源，那么对于失业与低收入人口的转移支付和福利就应适当提高。如果纯粹的市场化主导经济发展，政府就要通过提高市场收益率、采取减免税、扶持民间资产等方式刺激市场活力和资本效率达到双赢。现代人性化社会必须保证底层或沦为底层的人能够通过某种劳动，拥有社会平均水平的劳动收入，并通过适当的福利支出保证社会成员的基本物质需求。

目前，中国的教育水平和现实社会的脱钩导致大学生的就业能力不足。人社部应加强劳动技能的普及与职称能力的考查权威，在高等教育基础上适当增加个体素质评定中人事部的作用，减少教育部的学术垄断，加强民间学术技术团体对于实用技术和科学文化发展的协同作用，以避免出现高学历低能力的大学生。教育市场化也要保证对落后的大学或学科进行淘汰或缩减招生，当然这一点需要教育界舆论和媒体脱离教育部与各级地方教育机构既得利益集团的舆论控制，把整个社会的教育体系实用化、普通化，从而使精英教育拥有本土化的蓬勃发展的土壤。法国社会学家勒庞认为，过度泛滥的人文学科大学的形而上教育是造成社会动荡的一个主要原因。诚然，人人都有上大学的权利，但市场不给每个人提供从事精英岗位的环境。盲目追捧高考、全日制统招、考研考博的社会风气，导致了教育需求市场盲目化、形而上化，这也是高等教育毕业生就业困难的主要原因。

最后要说的是，以工资和货币获取作为社会整体资源的分配权与要求权的资本主义分配方式，必然会把人性基础边缘化。欧美国家最近也兴起了社会主义改革，制约这种过度的货币资本形式对于人类整体生存权的剥削。单纯地以货币资本作为资产的分配和要求方式，必然导致严重的分配不公。虽然金融和信贷可以在某一历史发展时期刺激经济的发展与社会资源的流动，但信贷金融体制本身就是建立在一种资本主导者骗取共同资源的隐性手段之上的全人类剥削。而一个社会群体越是无法从繁重的基数商品流通中解脱出来，这个社会整体就越缺乏必要的发展活力。只有居民的衣食住行占收入水平的比重通过各种方式逐步降低，才能真正激发民族的创造力和活力，否则只能做发达国家的二级市场和低端产业链的奴隶。

第四节　企业信用监管、评价与促进

一、企业信用监管

在全面深化改革和经济转型升级的大背景下，“放管服”改革不断深化，商事制度改革纵深推进，信用监管在加强事中事后监管、提升城市精治共治法治水平、优化营商环境中的作用日益凸显。强化信用监管是实现市场监管科学化、法治化、社会化、信息化的重要手段。在国家层面明确由工商和市场监管部门牵头国家企业信用信息公示“一张网”建设的大背景下，工商和市场监管部门应主动发挥好信用监管的先行优势，推动信用监管工作深入开展。

二、当前企业信用监管评价

当前，企业部门信息未有效融合，信息共享不够充分。由于缺乏前期规划，各部门数据采集的重点不同、标准不同，数据的碎片化问题比较严重，加之一些数据变化较大，准确性也难以保障。很多部门都有自己相对独立的监管系统，企业在生产经营过程中形成的各类信息分别归属不同部门，信息融合度、共享度不高，难以形成完整的企业信用信息链，影响了企业信用信息的高效应用。

信用约束机制不够完善，失信惩戒力度不足。目前，各地信用约束制度不统一，对存在失信行为的经营者“限制或禁入”的规定不明确，失信惩戒标准不统一，信用约束机制难以收到预期效果。而且，目前的信用约束机制主要限制失信企业参与招投标、获取银行贷款，但受限于全社会信用意识不强、社会信用体系建设不健全、企业自律意识较弱，这些手段难以对失信企业形成足够的威慑力。同时，占市场主体数量较大比重的中小企业和个体工商户在经营过程中很少涉及政府采购、招投标等事务，现有信用监管体系很难对这部分市场主体实施有效的信用监管。

“双随机”抽查制度全面落实尚需时日。“双随机”抽查制度是信用监管体系的重要环节，也是市场监管部门加强事中事后监管的主要方式。当前，基层执法力量比较薄弱，人员配备不足，面临人员老化、业务知识更新不及时等问题，检查人员少和检查对象多、监管要求较高和执法水平偏低的矛盾比较突出。此外，基层执法人员对抽查范围之外的市场主体承担何种监管责任，现有法律法规未有明确规定，基层面临较大的问责风险。

三、加强信用监管

加强信用监管，应贯彻落实党的十九大关于深化商事制度改革的要求，围绕进一步优化营商环境的目标，进一步创新监管模式，提升监管服务能力，夯实信用数据基础，完善信用约束机制，构建“数据下沉、部门协同、放管结合、应用融合”的信用监管体系。具体可以从以下几个方面入手。

第一，统筹推进，形成信用监管合力。各级党委、政府应加大对信用监管体系建设的领导力度，统筹协调各部门积极参与，明确各部门工作职责，将信用监管体系建设纳入各部门目标管理和绩效考核，推动各部门主动作为，形成信用监管合力。

第二，加强宣传，提升信用监管社会认知度。进一步加大对商事制度改革及信用监管相关法律法规、措施的宣传力度，纠正社会公众的片面认识。同时，积极引导社会机构、企业、消费者主动应用国家企业信用信息系统查询相关信用信息，提升系统的关注度和利用率。

第三，借助大数据技术，进一步深化信用评价结果的应用。加快推进各行业信用信息系统互联互通，以靶向监管、精准监管为目标，建立信用分类管理机制和信用风险评价机制；借助大数据技术融合、分析各类企业信用信息，发布企业风险提示，加强分类监管和风险预警，构建科学的信用评价机制；深化信用信息应用，充分调动社会力量参与信用体系建设，鼓励信用服务业发展，逐步实现市场化信用约束和惩戒，为城市治理精治共治法治提供强有力的信用支撑和保障。

第四，加快完善信用约束机制，加大失信惩戒力度。建立和完善失信联合惩戒机制，出台量化措施，拓宽信用惩戒的范围，确保惩戒措施的执行力和执行效果；探索把违法企业及负有责任人员有关信息纳入个人征信系统，通过联合惩戒和公示，实现“一处违法、处处受限”，提升信用约束的威慑力。

第五，完善“双随机”抽查机制，让抽查效果最大化。建立负面清单制度，做到清单外无检查、清单外可免责，明确监管责任的边界，消除基层因无限监管责任产生的顾虑；进一步细化和完善抽查清单，严格控制抽查规模和频次，既便于基层统筹安排、有机整合、分步实施，又能有效减轻检查者和被检查者的负担，降低基层监管风险；整合抽查事项，自上而下实施综合监管；积极推动基层信用监管平台建设和应用，汇聚信用大数据资源，促进信息互联互通，实现多网融合，为科学实施跨部门“双随机”抽查提供大数据支撑。

参考文献

[1] 陈杰 . 现代企业管理 [M]. 北京：北京理工大学出版社，2018.

[2] 杜莹，秦学京，屈荣，等 . 中国企业社会责任理论与实践 [M]. 石家庄：河北科学技术出版社，2015.

[3] 黄顺春，宋建晓 . 现代企业管理教程——卓越绩效管理践行读本 [M]. 上海：上海财经大学出版社，2019.

[4] 李亚杰，王风云 . 现代企业管理与社会责任理论研究 [M]. 天津：天津人民出版社，2022.

[5] 刘秋华 . 企业管理 [M]. 大连：东北财经大学出版社，2019.

[6] 王磊，王成飞 . 企业运营管理 [M]. 北京：北京交通大学出版社，2019.

[7]《新时代员工与企业社会责任》课题组 . 新时代员工与企业社会责任 [M]. 北京：中国经济出版社，2020.

[8] 张阳，王一柳，章泓 . 企业管理理论与应用研究 [M]. 长春：吉林人民出版社，2022.

[9] 张喆 . 企业伦理与社会责任 [M]. 西安：西安交通大学出版社，2020.